リベレツ（ライヘンベル
プラハ
ブルノ
ミュンヘン
ブラチス
ウィーン
インス
リュブリャナ
ザグレブ
トリエステ
フィウメ（リエカ）
アドリア海
ハプスブルク帝国の国境線
オーストリアとハンガリーの境界
その他の国境線
ドイツ語
チェコ語
スロヴァキア語
ポーランド語
ウクライナ語
スロヴェニア語
クロアチア・セルビア語
ブルガリア語
ルーマニア語
イタリア語
フリウリ語、ラテン語、レトロマン語
ハンガリー語
トルコ語
アルバニア語

ハプスブルク帝国周辺の言語分布図

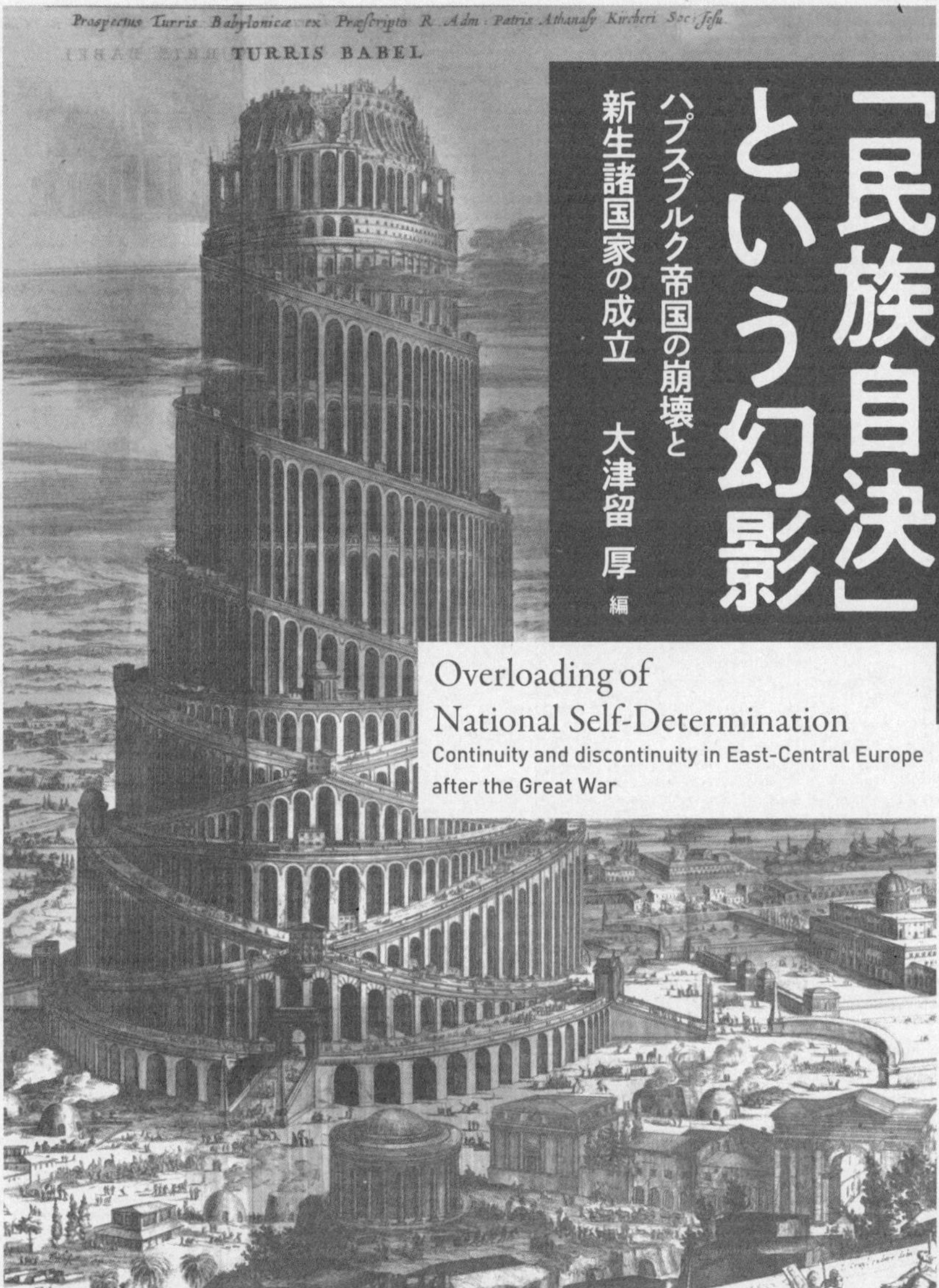

「民族自決」という幻影

ハプスブルク帝国の崩壊と新生諸国家の成立

大津留　厚　編

Overloading of National Self-Determination

Continuity and discontinuity in East-Central Europe after the Great War

昭和堂

はじめに

旧約聖書の中の「バベルの塔」の章では、人類はもともと一つの言語を話していました。ところがシナルの地に住みついた人々は示し合わせて煉瓦を焼いて町を作り、天にも達する塔を造ろうとしました。それを見たヤハウェは、同じ言語を持った人類が神をも恐れぬ所業に走ることがないように、言葉を混乱させ、たがいに意思疎通ができないようにしました。そして人々はシナルから世界に散らされることになります。バベルとは「乱れ」を意味しており、神が言葉を乱したので、人類は多数の言語を持つにいたったということになります。いわば「原罪」としての多言語性という聖書の教えは、様々な解釈が可能であり、現在にいたるまで多くのバベル像が描かれてきました。

この聖書の物語を、時間を逆転させてみましょう。つまり多数の言語を持って世界に広がった人類がもう一度一つのところに集まって塔を作ったとしたら、どんな形になるのでしょうか。多言語国家ハプスブルク帝国はそこでできる第二のバベルの塔になぞらえることができます。その大胆な試みはもう一度灰燼に帰し、現在のように単一言語に近い一二の国家に分かれた、という解釈は充分に可能です。しかしそこに帰結するためには特定の住民の抹殺や強制的移住が欠かせなかったことを考えると、その結果を歴史の必然として肯定することもできません。

中・東欧という地域は、ほぼハプスブルク帝国の「継承国家」と重なり合います。「第二のバベルの塔」としてのハプスブルク帝国が崩壊したあとのこの地域は、これまで「帝国秩序」から「民族自決国家体系」へ転換した歴史として考えられてきました。ここではむしろ「第二のバベルの塔」が崩壊した後も、なおそのパーツを継承した諸国家が作り出す歴史として捉え直そうとするものです。読者の皆さんとともに考えていければ、と思います。

編　者

目次

第Ⅲ部　記憶と記録のはざまで

ロシア
ヴィスワ川
クフ
ルヴフ
プシェミシュル
ガリツィア
スロヴァキア
チェルノヴィッツ
ブコヴィナ
モルダヴィア
ハンガリー王国
コロジュヴァール
トランシルヴァニア
マロシュ川
ティサ川
ルーマニア
ワラキア
ベオグラード
セルビア
ブルガリア

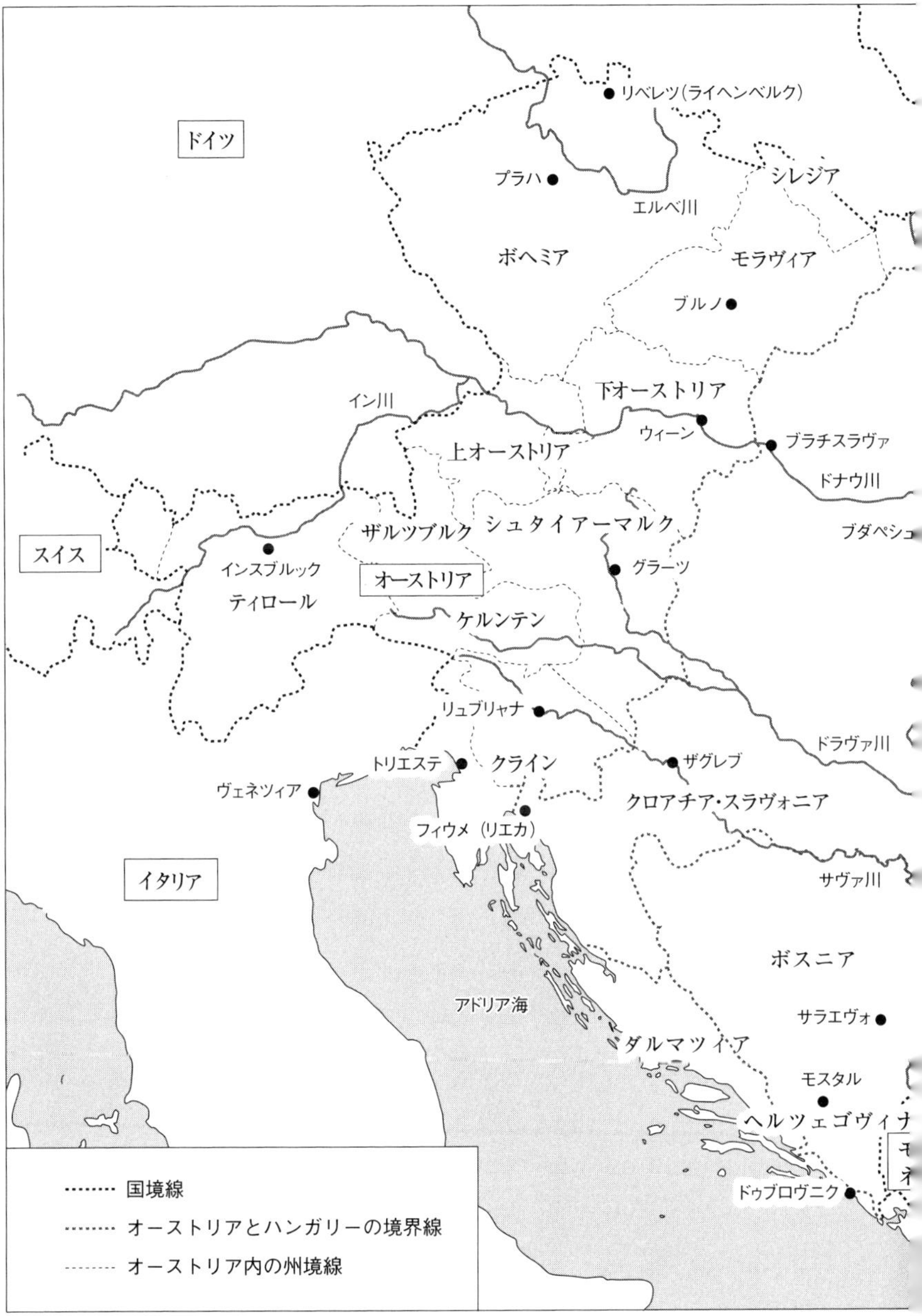

ハプスブルク帝国の行政区分図

出所） Geographischer Atlas zur Vaterlandskunde an den österreichischen Mittelschulen, Wien: G. Freytag & Berndt, 1910, pp. 10-11.

アラド
ティミショアラ
バナト
ベオグラード
モラヴァ川
ティモク川
セルビア
ニシュ
ツァリブロド
ソフィア
ボシレグラド
キュステンデル
スコピエ
ブラゴエフグラド
ヴァルダル川
マケドニア
ストルミィツァ
ビトラ

南スラヴ地域の変遷

出所）P. R. Magocsi, *Historical Atlas of Central Europe*, Seattle: University of Washington Press, 2002, p. 153.

ポーランド
キエフ
ソ 連
ドニエストル川
ルーマニア
モルダヴィア
ベッサラビア
黒 海
ワラキア
ブカレスト
ラード
ドブルジャ
ドナウ川
セルビア
ブルガリア
ソフィア
1914 年時点の国境線
1914 年時点の
ハンガリー王国国境
1923 年時点の国境線
1918−23 年の
暫定的国境

1918～23年の中央ヨーロッパ

出所）大津留厚編『中央ヨーロッパの可能性――揺れ動くその歴史と社会』昭和堂、2006年、28～29頁。

凡例

1　人名や地名などの固有名詞は原語での発音に即したカタカナ表記を原則としたが、一般に通用しているものがあるときにはその表現に従った。ユーゴスラヴィア関連の記述では、柴宜弘編著『バルカンを知るための六六章』第二版（明石書店、二〇一六年）の用法に従った。

2　ハンガリー人の名前は姓・名の順で表記した。

序　章

「民族自決」という幻影

大津留厚

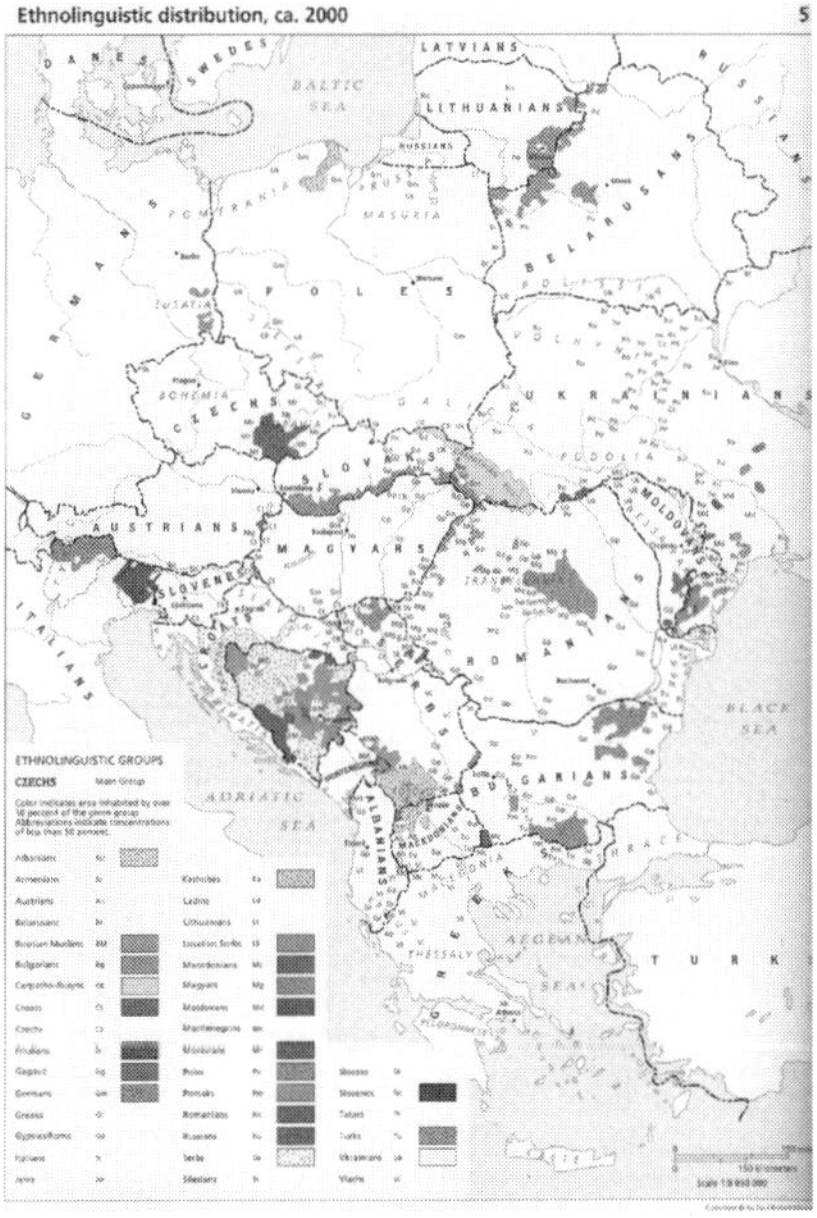

中・東欧の言語分布（2000 年）あるいは破壊された多言語的世界

出所）P. R. Magocsi, *Historical Atlas of Central Europe*, Seattle: University of Washington Press, 2002, p. 198.

1 「民族」は「自決」するか

一九一四年七月二八日にオーストリア＝ハンガリー（ハプスブルク帝国）がセルビアに対して宣戦を布告して始まった戦争は、ヨーロッパの主要国を巻き込み、またその同盟国や植民地も加わることで世界戦争の様相を呈するようになった。この戦争のヨーロッパ戦線で停戦が実現した一九一八年一一月、チェコスロヴァキア日本代表部のニエメッツ大尉は、日本陸軍に対し、習志野および青野原に収容されている旧ハプスブルク帝国軍のチェコスロヴァキア系捕虜と面会し、新生国家チェコスロヴァキア軍に参加する意思があるかどうか確かめたい旨の要望を示した。これに対して日本陸軍は、ニエメッツ大尉の要望に理解を示しつつも、その場合面接を受けたチェコスロヴァキア系捕虜が同じ旧ハプスブルク帝国軍のドイツ系捕虜および旧ドイツ帝国軍捕虜から圧力を受けることがありうるので、それを避けるため、各収容所長が面接を行い、その結果を外務省を通じてニエメッツ大尉に報告する方がいいのではないか、という立場をとった。[1]

その結果、旧ハプスブルク帝国兵の多数が収容されていた青野原捕虜収容所で収容所長の面接を受けた者が四八人、そのうちシベリアにあるチェコスロヴァキア軍に参加することを条件に解放されることになった捕虜は二三人（習志野に収容されていた捕虜と合わせると二五人）だった。彼らが衛兵に護衛されながら青野原から敦賀に向かい、そこで捕虜の身分から解放され、在日チェコスロヴァキア代表部に引き渡されて、そのままウラジオストックに向かった様子は、四月二五日の兵庫県知事の報告がよく伝えている。

四月一七日付発秘第二七二号既報ノ管内青野原俘虜収容所ニ収容中ナリシ『チェック、スロヴァック』ニ属スル俘虜二三名ハ本日午前七時収容所発同八時四六分播鉄社駅発上リ列車ニ乗シ、同一〇時一三分加古川駅発新潟駅行列車ニ乗換

ヘ敦賀ニ向カイタルヲ以テ大阪府ヘハ電話セリ管内通過中面会者等ナク異状ナシ
収容所ヨリ三宅中尉外下士卒五名警戒及引渡ノ為同乗セルカ二六日午前中敦賀ニ於テ『チェック、スロヴァック』国民議会代表者ニ引渡後一行ハ同日午後出帆ノ鳳山丸ニテ浦汐ニ向ヒ同地ニ於テ『チェック、スロヴァック』軍ニ合スル趣ナリ[2]

旧ハプスブルク帝国兵で青野原に収容されていた捕虜のうち、新生チェコスロヴァキア国家に「本籍」があって、収容所長の面接を受けて、シベリアのチェコスロヴァキア軍に合流することを条件に解放されることになった者が二三人であったとすれば、同じようにチェコスロヴァキアに「本籍」があって、しかしチェコスロヴァキア軍への参加を拒んだ者が二五人であった。彼らに関してはこの年の七月に改めて面接調査が行われた。そのうち一六人はチェコスロヴァキア国民としての義務は認める、あるいは帰国したのち態度を決めたいと回答し、八人はチェコスロヴァキア国家の存在を認めないと回答した（無回答一人）[3]。

一九一九年に青野原捕虜収容所で、チェコスロヴァキアに帰属すべき旧ハプスブルク帝国兵に対して収容所長自らが行った意向調査は、たくまずして新生国家に対する世論調査になった。チェコスロヴァキア軍の一員になっても祖国のために貢献したいと考えた者が二三人、新生国家の存在は認めるが、それほどのアイデンティティを持たない者が一六人、チェコスロヴァキア国家の存在そのものを否定する者が八人という結果であった。新生チェコスロヴァキア国家の「支持率」はほぼ五〇％であったといえるだろう。そしてここでチェコスロヴァキア国家への忠誠を誓い、いち早く解放された捕虜たちが向かった先が故国ではなく、シベリアの戦線であったことは、世界戦争がまだ終わっていないことを端的に示していた。

しかしともあれ一九一八年一一月にヨーロッパ戦線で休戦が実現したとき、すでにハプスブルク帝国は当事者能力を失い、そのあとに成立した新生、再編諸国家にとって代わられていた。したがってこのときの講和条約体系の中に、ハプスブルク帝国解体に関する特別の条約があるわけではない。それに相当するものがあるとすれば、オーストリアに関する講和条約としてのサンジェルマン条約で、オーストリアが国境を接する新生ないし再編された諸国家の存在を認めていたことであった。だからそこには特にハプスブルク帝国の解体に関する言及があるわけではないし、新生、再編国家の成立の原理が述べられているわけでもない。しかしサンジェルマン条約の中に、敗戦国としてのオーストリアだけでなく新生、再編諸国家もまた主要戦勝国との間で少数民族保護を約束する条項が設けられていた。サンジェルマン条約第五七条は、「チェコスロヴァキアは、主要連合国との間で条約を交わし、民族、言語、宗派において国家の多数派とは異なる住民の利害を守るために必要と認める条項を承諾することとする」と述べている。つまりパリに集まった主要連合国の考えに基づけば、新生、再編諸国家は民族、言語、宗派において多数を形成する集団によって主導されるが、同時にそこには民族、言語、宗派の点で多数派とは異なる少数者の集団が存在し、その権利が認められて初めて多数派の「国家」も成立することになる。[4]

一九一九年のパリ講和会議へのアメリカ合衆国代表団でオーストリア＝ハンガリー担当であったチャールズ・シーモアは次のように述べている。

> 講和会議が始まったとき、オーストリア＝ハンガリー帝国はすでに「過去」の話だった。〔中略〕セルフディタミネーションの考え方に従えば、構成する民族が自分たちで決めるということであり、彼らが別れたいというのであれば、だれもそれを止めることはできないのである。〔中略〕協商諸国とウィルソン大統領がオーストリア＝ハンガリー帝国を解体させるなどとは考えていないと明言していたことは事実だし、ウィルソンの一四か条がせいぜい領内諸民族の自治を考えていたことも確かである。しかし一九一八年九月にオーストリアが初めて休戦を求めてきたときにウィルソンが答えたように、そのときまでに状況は急変しており、もはや自治では収まらないところまで来ていた。チェコ人の主権やユーゴスラヴィア人の宿願は皆の認めるところとなっていた。[5]

ウィルソンのいうセルフディタミネーションは、「民族」が「自決する」という強い意志を表現したものではなく、民族的な特性、言語、宗派などで多数派とは区別される集団に、多数派からは強制されない自律的な領域を保障するほどの意味であったと考えられる。[6] それは例えば「民族」とは何かということを規定しないまま「民族の平等」を謳ったハプスブルク帝政期のオーストリアの基本法とも接続しうるものであったし、「五〇％」の支持率の新生国家の存続の条件にもなりうるものだった。

しかし現実にハプスブルク帝国に代わって新生ないし再編諸国家がこの地域の権力を掌握していったとき、ハプスブルク帝国の崩壊は、ロシア帝国やオスマン帝国の崩壊と並んで旧体制の終焉を象徴するものとして、したがって必然の帰結として捉えられた。同時代人としてこの地に生き、ハプスブルク帝国が崩壊した後のハンガリーのカーロイ政権で閣僚を務めたヤーシ・オスカルは次のように書いている。

ハプスブルク帝国の崩壊とそのあとに新たな国民国家が成立したプロセスは、ヨーロッパのほかの多くの国で起こったものと同じプロセスだった。すなわち言語や文化を同じくする人々が国家に統合されるプロセスだった。つまり民族的に同一な国家に統合される過程とハプスブルク帝国という多民族のモザイクが解体する過程は、一つのコインの表と裏のような関係だった。[7]

しかしこの地域がその後苦難に満ちた歴史を歩まざるをえなかったこと、そして国民国家の枠を超えたＥＵが成立してこの地域の多くの国がその一員になったことは、この地域の「保護者」の役割を担い、ＥＵの先駆けとも見えるハプスブルク帝国の再評価につながることになった。ＥＵ創設を定めたマーストリヒト条約が調印された一九九二年に、イギリスの歴史雑誌『過去と現在』に複合国家論を寄せたエリオットは、この一〇〇年の間に起こったヨーロッパにおける国家観の転換を以下のように語った。

ヨーロッパは、一五〇〇年には程度の差はあれ自立的な五〇〇以上の政治体からなっていたが、一九〇〇年にはそこには二五の政治体しかなかった。その中でも強力な政治体は、国民の統合を高度に進めた完璧な国民国家の体をなしていた。そこにも古い形態を残した例外も存在していた。その最たるものがオーストリア＝ハンガリー君主国だったが、それも第一次世界大戦という大変動でその時代錯誤なあり方が露呈されてしまった。その結果ヴェルサイユ会議で国民原理は勝利を確定し、国民国家こそがヨーロッパ一〇〇〇年の歴史の論理的で必然的な帰結であると考えられるようになった。しかし時が移れば見方も変わる。[8]

一方で国家の枠組みを超えた政治や経済の組織化が進み、他方で国家の枠内で地域的なアイデンティティを探る動きが強まる中で、国民国家というシステムが「完成形」としての役割を終えた。マーストリヒト条約の成立はそのことを端的に示していた。そのときにあたって、「最後の」複合国家としてのハプスブルク帝国が再評価されることになる。つまり、ハプスブルク家を君主とする領邦の集合体としてのハプスブルク国家は、一方で他のヨーロッパ諸国と同じように近代国民国家への体裁を整えていきながら、どこまで行っても近世国家的な自立した政治体の存在を許容して初めて成立した国家だった。だからこそ、一九一八年一一月にヨーロッパ戦線で休戦が成立したときに、それぞれの政治体が自立した国家を形成するだけの統治空間を持っていたといえるだろう。そこにハプスブルク帝国が「解体」できる根拠があると同時に、ハプスブルク帝国の歴史とその後のこの地域の歴史との接続が可能になる根拠がある。『重荷になった講和――ヴェルサイユと世界　一九一八〜一九二三』の著者レオンハルトは、次のように的確に表現している。

皇帝カールがハプスブルク帝国の再建の夢に耽っている間に、新しい国家群がそれぞれはっきりしない国境線や相反する利害をめぐってせめぎあっている、というのが一九一八年秋の真相だった。それがいつ戦争につながるのか予断を許さない情勢だった。新国家群は新たに獲得した国家としての主権に相応しい存在たることを示すためには自分たちの主張を貫き通さなければならなかったが、そのために利用できたのはその年の一一月までハプスブルク帝国を担っていた装置だった。一見したところ断絶が目立ちながら、よく見ると幾重にも連続するものがあった。『皇帝にして国王の』つまりハプスブルク共通陸軍の兵士が動員解除されると、そのままそれぞれの国民国家の軍隊に編入されて、すぐさま戦場に駆り出された。[9]

2　本書の構成

本書はハプスブルク帝国が姿を消し、そのあとに新生ないし再編された諸国家が成立する一九一八年から一九年を一つの核として、中央ヨーロッパの歴史を再構成しようとするものである。第一部「アイデンティティのはざまで」は、一人の人間が多様なアイデンティティを持ちうるこの地域で、一つのアイデンティティに収斂させていくことを目指す「国民国家」として成立する新生、再編国家の中で、もう一度自らのアイデンティティを見つめ直すことを迫られた人々を考察する。第一章「ウィーン・ユダヤ人の憂鬱――帝国オーストリアからドイツオーストリアへ」では、野村真理が、政治的には熱烈な帝国オーストリアの愛国者であり、文化的にはドイツ文化に帰属するが、エスニックな帰属においてはドイツ人ではなくユダヤ人としての意識を持つウィーンのユダヤ人を取り上げる。彼らにとって多民族帝国の崩壊後に成立したドイツ人の国民国家オーストリアが持った意味と、その中で生きる集合体としてのユダヤ人社会が抱えた葛藤を論じる。第二章「それぞれのユーゴスラヴィア――セルビア義勇軍の理念と実態」では、柴宜弘がロシア戦線で捕虜になったハプスブルク帝国の南スラヴの兵士から結成されたセルビア義勇軍に焦点を当てている。自らの国家建設を目的として結成された義勇軍ではあったが、新生国家のあり方には葛藤があった。第三章「聖戦からユーゴスラヴィアへ――大戦とボスニア・ヘルツェゴヴィナのムスリム」では、米岡大輔が、一八七八年以来ハプスブルク帝国治下におかれていたボスニアのムスリムが、大戦中に帝国の統治体制といかなる関係を結んでいたのかを考察する。そのうえで、帝国崩壊、南スラヴ統一国家創立の動きが現実のものとなる中で、彼らがその新国家への帰属を最終的に選択していく過程を分析する。第四章「農村からハンガリー文化を見直す――トランシルヴァニアの若手研究者の活動」では、辻河典子がトランシルヴァニアの知識人を取り上げる。トランシルヴァニアは第一次世界大戦末までハンガリーの歴史的領土を構成する地域の一つであったが、この地域を拠点とした知識人の間では侯国という歴史的経験に基づく地域的独自性の意識も見られた。一九四〇年八月の第二次ウィーン裁定でコロジュヴァールを含むトランシルヴァニア北部の支配を回復したハンガリーは、この地域の再統合を進めたが、そのときにあたって、地域的独自性とハンガリー民族の一体性との矛盾に悩む知識人たちが論じられる。

第二部「連続と非連続のはざまで」で論じられるのは、行政機構などの制度が持っている持続性とそこに現れてくる変容、そしてそこで生きる人々のあり方を考察するものである。第五章と第六章はともにチェコスロヴァキアを取り上げている。篠原琢「『名前のないくに』――『小さな帝国』チェコスロヴァキアの辺境支配」は、名前のない地域に「ポトカルパツカー・ルス」の名を与え、その地域とそこに住む人々を文明化することを使命としたチェコスロヴァキアの存在を「小さな帝国」と定義した。それはガリツィアやボスニアの「文明化」を使命としたかつての「帝国」を継承すると同時に、世界大戦後の階層化された国際秩序の中で優劣を競う「小さな諸帝国」として普遍化されうることを示唆している。桐生裕子が「帝国の遺産――チェコスロヴァキアの行政改革の事例から」において論じているのはチェコスロヴァキアの行政制度である。基本的にハプスブルク帝国の行政制度を引き継ぎながら、新国家を効果的、合理的に運営してゆくためには、行政制度を改革していくことが重要な課題となった。しかしその実現のためには従来チェコ人の政治的要求の中核をなしていた「歴史的領邦の自治」という概念に根本的な変化が迫られることになる。第七章「ウィーンにおけるチェコ系学校の『戦後』――『民族の平等』と『少数民族保護』のはざまで」で大津留厚が論じるのは、ウィーンにおいてチェコ語で授業をする教育機関であったコメンスキー学校の大戦をはさんだ四〇年間である。帝政期、この学校の存立の根拠はオーストリアの人権に関する基本法一九条で認められていた民族言語の平等性だった。しかしウィーンを含む領邦下オーストリアの言語ではないチェコ語で授業をする学校であるがゆえに、帝政期を通じて卒業証明が出せないという制約が課されていた。大戦後はチェコスロヴァキアとオーストリアとの少数民族保護の条約の下で、ウィーンには公立のチェコ系小学校が生まれるが、私立のコメンスキー学校は卒業証明が出せないままだった。しかしコメンスキー学校はしなやかに二つの世界を生き抜きながら、したたかにチェコ系の子どもたちにウィーンで生きていく術を身につけさせていった。第八章「国境はどのように引かれたか――日本人が見た南スラヴ」においてボシティアン・ベルタラニチュが論じるのは、大戦後の国境画定の過程と、そこにおいて果たした日本人委員の役割である。日本はヨーロッパにおける「中立国」として領土条項を含む講和条約の実施を監督する責任があった。講和条約に基づき、新たな国境画定にあたる国境委員会が設立されたが、日本人将校も現地に赴き、この国境委員会に参加して新国境の画定作業に協力した。ベルタラニチュは国境画定における日本人委員の活動を取り上げながら、国境画定の実際に迫っている。そこには「理念」では計れない生の実体があった。スロヴェニアに生を享け、日本学を学んで日本に留学し、研究者としてのアイデンティティを模索してきたベルタラニチュの現在における到達点がここにある。そしてまたそこに、歴史的実態に即してこの地域の連続と非連続を問う本書との接点がある。

第三部「記憶と記録のはざまで」では、新たな国家の形成がもたらした、国家のアイデンティティとしての新たな歴史認識の形成の問題を考察する。その意味での「記憶」を作りだす作業はその根拠となる「文書」の帰属をめぐる問題となった。そして残された文書や遺産が「記憶」になるのも、そこに生きる人々の「現在」と深く関わることなのである。第九章「文書は誰のものか――複合国家の文書館とハンガリーの歴史家たち」で飯尾唯紀が論じるのは、帝国崩壊に直面した各国国民の文書館をめぐる対立や葛藤である。具体的には、ハンガリーとオーストリアの間で一九二六年に結ばれた文書館に関するバーデン合意に着目する。歴史文書の保管のあり方にはハプスブルク帝国の複合国家としての特徴が凝縮されており、その分割をめぐる議論には、新生国家の過去との向き合い方が投影されることになる。第一〇章「帝国遺産の相続——文書・文化財の移管をめぐる国家間交渉」で、馬場優が論じるのは、ハプスブルク帝国に関するさまざまな分野の清算問題である。つまり大学図書館や博物館、文書館などにあるハプスブルク帝国の文化財や公文書の帰属の問題である。旧帝都ウィーンを抱えるオーストリアは、芸術品や古文書、公文書の散逸をなるべく防ぎたいと考え、他方で新たに誕生した国家は「歴史」を構築(または再構築)するためにそれらを必要としていた。第一一章「帝政期の都市の保全活動をめぐって——チェコの労働者住宅の事例から」で森下嘉之が考察するのは、現在のチェコ共和国北部の工業都市リベレツ(ドイツ名ライヘンベルク)の労働者住宅である。帝政時代にドイツ系住民が多くを占めていた同地域は、新国家において「ズデーテン」と呼ばれる地域にあたる。森下は、帝政期に建設されたドイツ人の労働者住宅という視点を通して、都市社会の変容過程を概観するとともに、二一世紀のEU統合後に加速した同住宅の保全運動をめぐる議論を分析することで、「帝国の遺産」が今に持つ意味を再検討する。第一二章「サラエヴォ事件の黒幕を求めて——オーストリア第一共和政における開戦責任論争」では、村上亮がオーストリアにおける第一次世界大戦の開戦責任をめぐる論争を考察する。ハプスブルク帝国は戦後、国家として存続しなかったため、世界大戦開戦の責任から免責されている感がある。しかしサンジェルマン条約にはドイツと同様の戦争責任条項が盛り込まれるとともに、一九二〇年代にはオーストリアにおいても多くの議論が見られた。ここではその論争を通じて、崩壊した国家の戦争責任を考える。

注

1 JACAR(アジア歴史資料センター)Ref. B07090923900「ネメック大尉ヨリ在本邦チェックスロヴァック種俘虜ニ関シ依頼ノ件回答(大正八年二月四日)」「『チェッコ・スロヴァキア』人俘虜解放に関する件」外務省外交史料館、戦前期外務省記録五門軍事二類 戦争八項 俘虜、非戦闘員、傷病者、救護、日独戦争ノ際俘虜情報局設置並独国俘虜関係雑纂 第一五巻。

2 JACAR Ref. B07090924000「解放俘虜出発ノ件（大正八年四月二五日）」「『チェッコ・スロヴァキア』人俘虜解放に関する件」外務省外交史料館、戦前期外務省記録五門　軍事二類　戦争八項　俘虜、非戦闘員、傷病者、救護、日独戦争ノ際俘虜情報局設置並独国俘虜関係雑纂　第一五巻。

3 JACAR Ref. B07090924000「チェックスロヴァク人俘虜ニ関スル件回答（大正八年八月一五日）」「『チェッコ・スロヴァキア』人俘虜解放に関する件」外務省外交史料館、戦前期外務省記録五門　軍事二類　戦争八項　俘虜、非戦闘員、傷病者、救護、日独戦争ノ際俘虜情報局設置並独国俘虜関係雑纂　第一五巻。

4 Treaty of Peace between the Allied and Associated Powers and Austria. http://www.emersonkent.com/historic_documents/treaty_of_saint_germain_1919_pdf.htm（最終閲覧二〇二〇年三月二六日）

5 C. Seymour, The End of An Empire: Remnants of Austria-Hungary, in E. M. House and C. Seymour (eds.), *What Really Happened at Paris: The Story of The Peace Conference, 1918-1919*, New York: Charles Scribner's Sons, 1921, pp. 89-90.

6 J. Fisch, translated by A. Mage, *The Right of Self-Determination of Peoples: The Domestication of an Illusion*, New York: Cambridge University Press, 2015. フィッシュは、ウィルソンにとっての「セルフディタミネーション」は「セルフガヴァメント」くらいの意味だった、と述べている。そして「人々はウィルソンの『セルフディタミネーション』ではなくレーニンの『セルフディタミネーション』に共感していたが、その言葉がレーニンの口からではなく、ウィルソンの口から語られるのを聞きたかった」と述べている。*Ibid*., p. 136.

7 O. Jászi, *The Dissolution of the Habsburg Monarchy*, Chicago/London: University of Chicago Press, 1929, p. 7.

8 J. H. Elliott, A Europe of Composite Monarchies, *Past and Present*, 137, 1992, pp. 48-71. 古谷大輔・近藤和彦編『礫岩のようなヨーロッパ』山川出版社、二〇一六年、第二章「複合君主政のヨーロッパ」を参照。

9 J. Leonhard, *Der überforderte Frieden. Versailles und die Welt 1918-1923*, München: Verlag C. H. Beck, 2018, pp. 276-277.

第Ⅰ部

アイデンティティのはざまで

第1章

ウィーン・ユダヤ人の憂鬱

帝国オーストリアからドイツオーストリアへ

野村真理

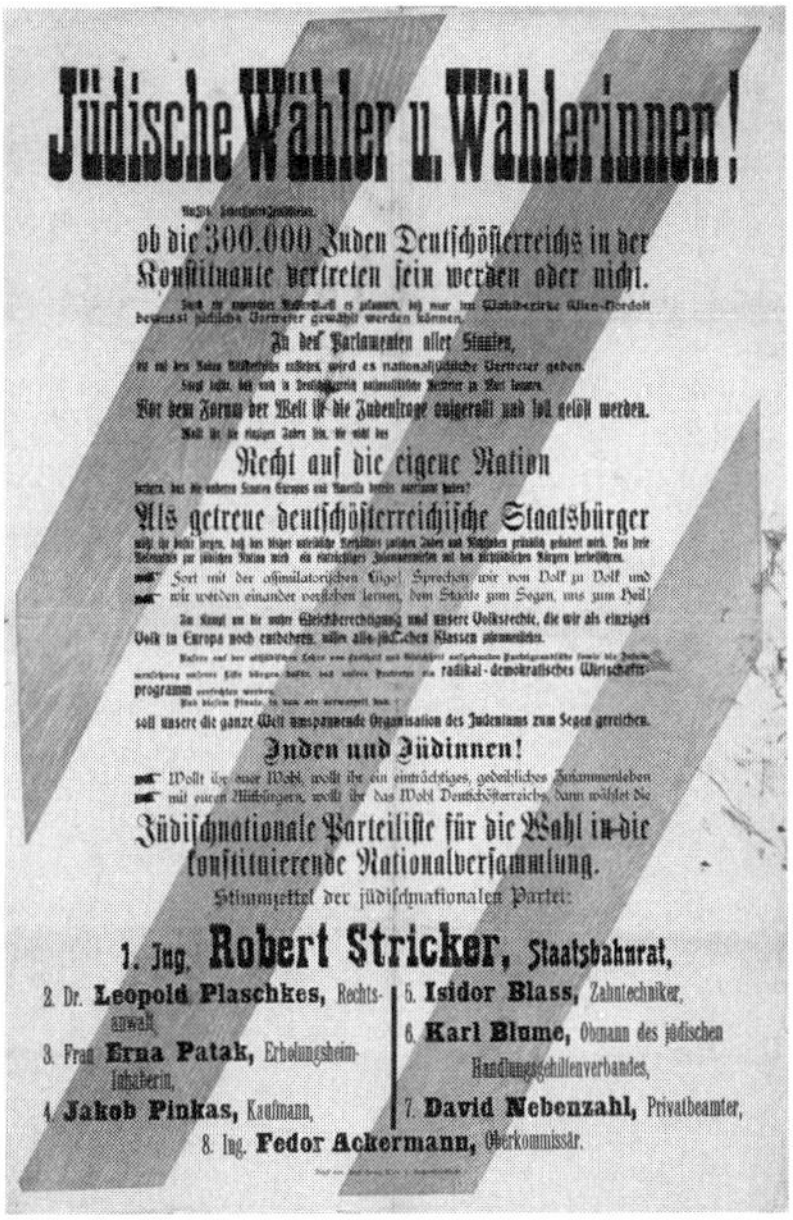

1919年2月16日の憲法制定国民議会選挙に臨むユダヤ民族党の選挙ポスター

出所）オーストリア国立図書館提供（ÖNB Vienna: PLA16304241）。

1　ドイツオーストリア誕生

(1)　ドイツオーストリア共和国設立宣言

一一月半ばのウィーンは、晩秋というより、日本でいえばすでに初冬の気配が漂う。一九一八年一一月一二日、昼ごろ降った雨はあがったものの、湿って気が滅入るような寒さの中、社会民主労働者党（以下、社会民主党）に動員された女性多数を含む労働者や、物見高い群集が国会議事堂前を埋めつくしていた。

午後三時に開会したドイツオーストリア暫定国民議会の議決を告げるため、日没間近の午後四時、国家評議会員ならびに首相カール・レンナーをはじめとする閣僚が議事堂正面を飾る列柱前に立ち並ぶ。国家評議会第一議長のフランツ・ディングホーファーが、よく聞き取れぬ声でドイツオーストリア共和国設立宣言を読み上げ、続いて新国家の赤白赤の国旗が掲揚される運びのはずが、ポール付近で騒ぎが起こった。赤衛隊のメンバーが旗を奪って中央の白地部分を破り取り、上下の赤地を結んだ「赤旗」を掲揚したのだ。議事堂正面の列柱には、居並ぶ面々の頭上高く、「社会主義共和国万歳」の横断幕が掲げられていた。騒ぎに構わず、首相レンナーが淡々と国制ならびに政府の改革にかかわる法を読み上げ、国家評議会第三議長のカール・ザイツが言葉を発した後、全員が国会内にもどろうと動き始めると同時に、ジャーナリストと群集の一部が国会玄関口をめがけて殺到した。その群集を割って、銃剣や軍刀をかざした赤衛隊が突き進む。そのとき、誰が発したともわからぬ一発の銃声がとどろいた。国会前が大混乱に陥る中、赤衛隊は国会突入を試みるも、厚いブロンズのドアに阻まれてはたせず、窓ガラスを割って国会ホール内に銃弾を撃ち込む。群集は、倒れた女も子どもも容赦なく踏みつけながら逃げ惑い、死者二名が出たが、そのうち一人は母親とはぐれた一〇歳の男の子だった[1]。

なんともみじめなドイツオーストリア共和国の幕開けだが、この、いささか茶番じみた赤色テロの失敗後、コミュニストはウィーン市民に見捨てられる。終戦直後のウィーンの街頭で繰り広げられたのは、赤色テロや白色テロというより、ユダヤ人追放を叫ぶ反ユダヤ主義者のデモンストレーションだった。

(2) 過激化する反ユダヤ主義

一九一四年八月に第一次世界大戦が勃発した後、オーストリア＝ハンガリー軍は、国境を越え、ガリツィアに攻め込んだロシア軍に押されて敗走し、九月にはガリツィア、ブコヴィナのほぼ全域がロシア軍の手に落ちた。ユダヤ人にとってロシアはポグロム（ユダヤ人に対する集団的な殺りくや略奪）の国であり、おそらくヒトラー以前のヨーロッパ・ユダヤ人の歴史において、最大の悪党は、一六四八年にウクライナ・コサックを率い、ユダヤ人に対して暴虐非道の限りをつくしたと記憶されるフメリニツキイであろう。そのロシアの襲来でパニックに駆られたユダヤ人は、ガリツィア脱出を開始した。もちろんこの時期、戦火を逃れて脱出したのは、当地のポーランド人やウクライナ人も同様である。情報と援助を求め、最も多くの難民が流れ込んだ帝都ウィーンでは、一九一五年三月末で、その数は、国家が把握しているだけで一五万三〇〇〇人にのぼった。これに国家が把握していない多数の者たちが加わる。これらウィーンに集中する難民のうち､半数を下回らぬ者たちがユダヤ人と推定された。[2] 戦争難民が国民同胞の同情を集めたのは、一九一四年九月のほんの一時期だけである。予想外に長引く戦争で、とりわけ食糧事情が逼迫するにしたがい、難民は招かれざる客人どころか、国から難民に与えられるなけなしの扶助のために、いわれなき妬みと攻撃の的になった。

一九一五年夏にドイツとオーストリア＝ハンガリーの同盟軍がガリツィアの失地を回復した後、特に戦争末期の一九一八年春に入ると、難民の元の居住地への帰還が精力的に進められる。しかし、ウィーンでは、長引く難民生活の間に伝を頼って何らかの職につき、生活基盤を築いたユダヤ人もおり、一一月に戦争が終結しても、もはやガリツィアに戻ることを望まぬ者も少なくなかった。戦火で何もかも破壊された町や村に帰っても、生活のめどが立たないからである。加えて第一次世界大戦後、ガリツィアは独立を回復したポーランド国家の領土となったが、そこでは、七二人とも一五〇人とも推定される死者を出した東ガリツィアの都市ルヴフ〔現在はウクライナのリヴィウ〕のポグロムを最大規模として、[3] ポーランド・ナショナリズムに煽られた住民のユダヤ人に対するポグロムが頻発し、ガリツィアから新たなポグロム難民がウィーンに到着する始末だった。一九一九年三月一二日付のキリスト教社会党系の反ユダヤ新聞『ライヒスポスト』は、根拠のない数字を並べ立て、市民の反ユダヤ感情を煽る。

昨日、北鉄道で、八家族を下らぬユダヤ人がガリツィアのブレスコからウィーンに到着した。そのうち一家族などは九人連れだ。〔中略〕これでウィーンのユダヤ人は四〇万人に達した。「すべての門戸を引き開けよ」――されば、まもなく一〇〇万人になるに違いない。その暁にはしかし、当地のアーリア人民は没落するだろう。[4]

戦後ウィーンで、まず反ユダヤ主義者の攻撃の的となったのは、戦中、戦後にガリツィアから流入したユダヤ人だった。一九一九年二月四日、キリスト教社会党議員のアントーン・イェルツァベクら一九名は、暫定国民議会に対し、「負担にして危険な移民に対する住民保護」のための法案を提出した。ウィーンでは、わが国民が飢餓破局の淵にあり、さらに住宅難のため、戦線から帰還したわが兵士たちに住むところもない。ユダヤ人難民は犠牲者であるどころか、食糧難や住宅難を深刻化させるばかりの外国人であり、われわれの方こそ彼ら難民から「保護」されなければならないというのだ。ガリツィアはいまやポーランド領であり、したがって当地の出身者はもはや同胞ではなく外国人であり、ドイツオーストリア共和国から出て行かなければならないと主張された。

イェルツァベクは、同年六月に超党派組織「反セム同盟」を立ち上げ、ユダヤ人を攻撃する大規模集会を繰り返した。集会はデモへと移行し、それに抗議するユダヤ人の若者グループとの間で乱闘騒ぎになることもまれではなかった。暴徒化したデモ隊はしばしば、ユダヤ人が集まり住む第二区や第二〇区への突入を試みたため、それらの地区にはユダヤ人の若者による自警団が結成された。暴力には暴力で対抗する覚悟であった。[5]

ウィーンのユダヤ人は、一昔前には考えられなかった事態に眉をひそめたが、彼らにとってガリツィア・ユダヤ人難民への攻撃は他人事なのだろうか。

旧帝国議会のドイツ人議員により、第一回ドイツオーストリア暫定国民議会が開催された一九一八年一〇月二一日、すなわち帝国オーストリアが死に、ドイツオーストリアが誕生したこの日によせて、コラムニストのハインリヒ・シュライバーは、広くウィーンのユダヤ人中間層に読まれた『ブロッホ博士の週報』に「ユダヤ人とドイツオーストリア国家」と題する長文を寄稿する。そこでシュライバーは、やがて彼らが「昨日の世界」と懐かしむことになる旧帝国に対し、哀惜の念を隠さない。

われわれユダヤ人は、例外なく、党派の違いを超えて、真のオーストリア人だった。その肉と霊において、真のオーストリア人だった。[6]

では、いまドイツ人の国民国家となったドイツオーストリア国家において、自分たちユダヤ人は何者であるのか。シュライバーは、ドイツ民族主義に対抗するシオニストのユダヤ民族主義を拒否していう。

われわれはユダヤ人であり、オーストリア人である。そして、それでは不足だというのであれば、われわれは、出生と慣習、教養と文化、態度と感情においてドイツオーストリア人である。[7]

シュライバーは、だからわれわれウィーンのユダヤ人と、つい昨日までイディッシュ語をしゃべっていたガリツィア・ユダヤ人とは違うといいたいのだろう。しかし、新国家において、シュライバーに代表されるウィーン・ユダヤ人の自己理解は、反ユダヤ主義者とユダヤ民族主義者の双方から挑戦状を突き付けられることになる。

2　世紀末ウィーンのユダヤ人

(1)　三層のアイデンティティ

アメリカの歴史研究者マーシャ・ローゼンブリットの整理を踏まえれば、[8]世紀末ウィーンのユダヤ人のアイデンティティは三層をなす。すなわち、第一に帝国政治のレベルでは、彼らは熱烈なオーストリア＝ハンガリーの愛国者であった。第二に、その多民族帝国において、彼らは文化的にはドイツ文化に帰属するが、しかし、第三に、エスニックな帰属において、彼らはドイツ人ではなく、ユダヤ人意識を持つ人々であった。

第一、第二については説明を要しまい。帝国への愛は、ウィーンに限らず、帝国のほぼすべてのユダヤ人に共通する。一八六七年憲法によって信教の自由を保障し、それまでキリスト教世界の被差別民であったユダヤ人を平等な帝国臣民としたオーストリア＝ハンガリーは、彼らにとって生命、財産の安全を保障してくれる唯一の祖国であった。

文化についていえば、一八四八年革命以前のウィーンは、原則的にユダヤ人の居住を禁止しており、世紀末ウィーンのユダヤ人とは、革命後、ユダヤ人に対する移動の制限が撤廃されるに伴い、帝国の諸地域から移住してきたユダヤ人とその子孫である。最も早い時期に移動を開始したのは、ウィーンに近いボヘミアやモラヴィアのユダヤ人で、それに続いたのは、今日のスロヴァキア地方にあたる上ハンガリーなどのユダヤ人であった。最後に、鉄道網の整備と農業不況による窮乏を背景として、一九世紀末になってガリツィアからの移動が本格化する。メンデル・ノイグレッシェルが指摘するように、[9]あるいはガリツィア出身のドイツ語作家ヨーゼフ・ロートが『放浪のユダヤ人』で描くように、[10]彼ら移住者の第一世代は、ユダヤ人解放以前の彼らの先祖の、言語的にも文化的にも周囲のキリスト教徒の世界から孤立したユダヤ人社会の痕跡を引きずり、ガリツィアのユダヤ人に至っては、世紀末になってもなおイディッシュ語を母語とする者が多数だった。しかし、彼らは、何よりも経済的、社会的上昇を求めてウィーンに出てきた人々である。彼らが夢を託した子や孫は、ウィーンでドイツ語で教育を受け、ドイツ文化を吸収し、その信奉者となったのみならず、世界に名を知られるドイツ文化の創造者へと成り上がった。

厄介なのは、第三のエスニック・アイデンティティである。例えば居住地に着目すると、世紀末ウィーンのユダヤ人は、ドイツ語／ドイツ文化への同化にもかかわらず、ユダヤ人としてなお強いまとまりを持つ集団であった[11]。ウィーン第二区のレオポルトシュタットは、かつて一七世紀にユダヤ人の居住地が存在したところだが、一九一〇年のウィーンのユダヤ人一七万五三一八人（総人口の八・六％）の三二・四％がユダヤ人ゆかりの地である第二区に集中し、区の総人口の約三四％を占めた。さらに第二〇区のブリギッテナウは、もとは第二区の一部であったのが、一九〇〇年に第二〇区として分離されたものである。したがって、この第二〇区に住むユダヤ人と合わせれば、第二〇区分離以前の第二区に住むユダヤ人はウィーンのユダヤ人の四〇％を超え、もとの第二区の総人口に占めるユダヤ人人口の割合はほぼ四八％に達した。これに次ぐのが第九区と第一区で、それぞれウィーンのユダヤ人の一二・三％と六・二％がここに居住し、こうしてこれら四区にウィーンのユダヤ人の約六六・五％が集中する。

第二〇区分離以前の第二区のように、ユダヤ人が区の総人口の四八％近くに達すると、初等学校から大学への進学を前提とするギムナジウムに至るまで、学校での交際や、あるいは隣近所の付き合いが、ユダヤ人同士で行われる率が高まらざるをえない。経済的、社会的上昇を目指すユダヤ人の教育熱はつとに知られるところだが、実際、一九世紀末から二〇世紀はじめにかけてウィーンの人口に占めるユダヤ人の割合は九％弱であるのに対し、ギムナジウムの総生徒数に占めるユダヤ人の割合は三〇％前後に達する。レオポルトシュタットにあった二校のギムナジウムについて見れば、一九一〇年当時の区の人口に占めるユダヤ人の割合は約三四％であるのに対し、一校では五九・七％、もう一校では八一・五％がユダヤ人の生徒であり、後者では、学校の友人のほとんどすべてがユダヤ人ということになるだろう。同様に、第一区では、区の人口に占めるユダヤ人の割合は二〇・四％であるのに対し、二校のギムナジウムでは、ユダヤ人生徒が四〇％前後を占め、第九区では、区の人口に占めるユダヤ人の割合は二〇・五％であるのに対し、ギムナジウムのユダヤ人生徒の割合は六六・四%に上った。

さらに職業においても、特定の分野へのユダヤ人の集中が存在する。法律上の差別が撤廃されても、キリスト教ヨーロッパ社会で数百年間にわたって蓄積された偏見や社会的差別は容易に消え去るものではない。ギムナジウムから大学に進学したユダヤ人は、昇進で不利が予想される公務員や軍事・警察関係の仕事より、個人に能力さえあれば収入や名声を手に入れることのできる弁護士や医師、あるいは文筆業やジャーナリストを目指した。一八九〇年当時、ウィーンの弁護士六八一人のうち三九四人がユダヤ人であり、一八八九/九〇年のウィーン大学では、医学部生の四八%がユダヤ人であった。[12]また一般に、世紀末ウィーンの若いユダヤ人の職業選好は、父や祖父の世代の商人から、銀行や保険会社などの行員やセールスマン、あるいは商社や企業の事務系社員へと移行する。工場労働者に占めるユダヤ人の割合はきわめて低い。住まいの近さに加え、こうした似たような職種への従事もまた、ユダヤ人同士の交際を親密化させた。

他方で、ユダヤ人に否応なくユダヤ人であることを思い知らせずにはおかなかったのが、執拗な反ユダヤ主義の存在である。日常的に体験する差別や差別発言はもとより、一八八〇年代に入ると、チェコ民族主義の先鋭化に対抗して、ドイツ人の側からも新手の民族主義が登場した。その急先鋒のゲオルク・シェーネラーは、多民族帝国の解体とドイツ人居住地域における純粋なドイツ人国家の設立を唱え、返す刀で公務員や学校、大学、文化的諸団体、ジャーナリズムなどからのユダヤ人排除を唱えた。シェーネラーによれば、ユダヤ人はドイツ語をしゃべり、ドイツ文化をわが文化のごとく語っているが、チェコ人のようなスラヴ人にもましてドイツ人国家のドイツ的性格を脅かす存在だった。

こうして彼らは、ユダヤ人同士で親しく交わり、反ユダヤ主義者によって否応なくユダヤ人であることを意識させられたが、しかし、いったい彼らの何によって彼らはユダヤ人であるといえるのか。彼らユダヤ人のみに共通する何かが存在するのだろうか。

(2) ユダヤ人にしてオーストリア人であること

彼らの価値判断や行動様式を規定しているのは、ユダヤ教信仰の敬虔な実践者を別にすれば、ユダヤ教ではない。いまの日本に葬式仏教という言葉があるのと同様、ウィーンのユダヤ人の大半は「三日間ユダヤ教徒」であり、ユダヤ教の新年であるロシュ・ハシャナと贖罪の日であるヨム・キプル、出エジプトを祝うペサハの大祭日にのみユダヤ教徒に立ち返った。

あるいは文学に着目するとき、確かに、例えばアルトゥル・シュニッツラーの戯曲『ベルンハルディ教授』のような、世紀末ウィーンの反ユダヤ主義を扱ったユダヤ人作家ならではのテーマ設定というものが存在する。しかし、そのテーマの分析や解釈、それらの文学的表現は、はたして「ユダヤ的」なのだろうか。シュニッツラーの思考や文体は、彼が受けたドイツ語による教育の中で鍛えられ、文学作品を生み出すにあたって彼が参照するのも、彼のユダヤ的教養ではなく、彼がドイツ語によって修得したドイツ的教養ではないだろうか。

それでは彼らのユダヤ人意識とは、いかなる文化に同化しようと、キリスト教に改宗しようとも変わることのない、古代パレスティナへと遡るルーツの記憶と結びついたユダヤへの原初的愛着とでもいうべきものだろうか。だが、これも微妙である。というのもウィーンのユダヤ人は、自分たちが、イディッシュ語をしゃべり、ユダヤ教信仰に凝り固まったガリツィアのユダヤ人と同じユダヤ人と見なされることを神経質に嫌ったからだ。『ウィーン最後のワルツ』でクラール家四代の歴史をたどったジョージ・クレアがいうように[13]、ガリツィア出身のウィーン・ユダヤ人は、出身地ゆえの劣等感につきまとわれ、家族に残るガリツィアの痕跡をそぎ落とすことに必死だった。

結局、先にシュライバーが述べた通り、ウィーンのユダヤ人は、「出生と慣習、教養と文化、態度と感情において」ウィーンのドイツ人と変わらず、何か彼らのみに共通するものをつかみ出そうとしても、つかみ出したとたんにその輪郭が崩れてしまうのだが、にもかかわらず、彼らはそのエスニックなアイデンティティにおいて、ユダヤ人以外ではありえないと感じる人々だった。そんな彼らにとってオーストリア＝ハンガリーがこの上なく心地よい祖国であったのは、多民族帝国が、彼らのエスニック・アイデンティティに関して、とやかく弁明することを求めなかったからである。

彼らユダヤ人の理解によれば、一八六七年憲法によって民族の平等を認めた帝国が諸民族に求めたのは、民族を超越した存在であるオーストリア君主への忠誠、すなわちチェコ人であると同時にオーストリア人であること、ポーランド人であると同時にオーストリア人であること等々である。ここでのオーストリア人とは、実在する民族ではなく、帝国のすべての民族がそうであることを求められる理念にほかならない。そして、シュライバーが自負する通り、ユダヤ人は熱烈なオーストリア人であったのだ。だが、理念的存在であるオーストリア人とドイツオーストリア人は同じではない。後者は、多民族帝国が各民族の国家に分解された後、ドイツ人の国家となったドイツオーストリアのドイツ人のことだ。ユダヤ人であると同時にオーストリア人であることは可能であったが、ユダヤ人であると同時にドイツ人であることはできるのか。

これに対して、ユダヤ人はドイツオーストリア国民だが、ドイツ人ではなく、ユダヤ人少数民族を構成すると主張したのがユダヤ民族主義者たちだった。

3　政治的ホームレス

(1)　ドイツ自由派の没落

世紀末から戦間期にかけて、国政選挙におけるウィーンのユダヤ人の投票行動を分析したウォルター・サイモンは、投票先を失った彼らを「政治的ホームレス」と呼んだ。[14]実際、彼らのホームレス化は世紀末に始まる。

一八六七年一二月の立憲体制への移行後、ウィーンのユダヤ人有権者が一貫して支持したのは、彼らと一八四八年ウィーン三月革命の記憶を共有するドイツ人リベラリストの陣営、すなわち反封建、反教権のドイツ自由派である。ユダヤ人にとって、一八四八年革命こそ彼らの解放の出発点であった。ドイツ自由派は、「ドイツ」を冠し、ドイツ文化の優越を確信するものの、その出発点においては狭隘なドイツ民族主義の信奉者ではない。彼らの「ドイツ」は、カントやゲーテの精神に代表される世界市民主義に開かれた「ドイツ」に通じ、ウィーンのユダヤ人が言語的、文化的に同化したのは、この「ドイツ」だった。ドイツ自由派は、階層的には一八五〇年代の自由主義経済政策の恩恵を受けた上・中流のブルジョア層に支えられる。一八七三年の選挙法改正で、帝国議会議員が「大地主」「都市」「商工会議所」「地方共同体（大・中の農業者）」の四部門《クーリエ》から直接選挙で選出されるようになって以後、男性人口のわずか約六％しかカバーしない身分と財産に基づく有権者制限と、帝国の支配民族であるドイツ人が議席の過半数を確保できるように設計された選挙制度の下で、ドイツ自由派は一八九六年の選挙法改正まで政治的優位を保った。

しかし、一八九六年の選挙法改正による第五クーリエの導入で二四歳以上の男性に議員選出枠が配分され、さらに一九〇七年の改正でクーリエ制の廃止と男子普通選挙が実現されると、帝国政治は本格的に大衆政党の時代に移行する。一九〇七年の帝国議会選挙では、ブルジョア自由主義陣営は五一六議席中わずか二〇議席しか確保できず、代わって躍進したのが、合わせて九六議席を得たキリスト教社会党ならびに保守派の陣営と、八七議席を得た社会民主主義陣営であった。依拠するイデオロギーは異なるが、両陣営がともに唱えたのは、自由主義経済競争の弱者である中間層や労働者のための社会改革の必要である。雑多なグループの集まりであるドイツ民族主義陣営も九〇議席を獲得する。かつてのドイツ自由派の政治家やそのドイツ人支持者は、一方では労働者による階級形成の圧力を受け、また一方では帝国諸民族の民族主義の圧力を受けつつ、一部はキリスト教社会党陣営へ、一部はドイツ民族主義陣営へと合流した。

ドイツ自由派の没落、変質に当惑を隠せないのがユダヤ人だった。ドイツ民族主義陣営の「ドイツ」は、当時はなお穏健な民族主義であったといえども、ドイツ自由派の「ドイツ」と異なり、ウィーンのドイツ文化に同化したユダヤ人を包摂するものではない。したがって、ユダヤ人がその支持者になることは困難であったが、他方で民族を差別しない社会民主党も、自らが社会主義者でない限り、無条件で彼らの新たな投票先にはなりえなかった。社会民主党はプロレタリアの政党であることを標榜し、自営業者やホワイトカラーのサラリーマンなど、ユダヤ人のほとんどが属する「プチ・ブル」のための政党ではない。その経済政策は、しばしば「プチ・ブル」ユダヤ人の利害に反した。しかし、また、「プチ・ブル」の政党であるキリスト教社会党は、党名に「キリスト教」を冠し、反ユダヤ主義者のカール・ルエーガーが率いる政党だった。

この八方塞がりの状況に対して、チェコ人がチェコ人の政党に、ポーランド人がポーランド人の政党に投票するように、ユダヤ人はユダヤ人の政党に投票すべきだと主張したのがシオニストたちである。男子普通選挙が実現され、選挙区によっては、ユダヤ人有権者の票がまとまればユダヤ人議員を選出できる可能性も開けると考えられた。そのため、一九〇六年七月一日にクラクフで開催されたオーストリア・シオニストの大会は、パレスティナでのユダヤ国家設立運動と並行して、現在の居住国オーストリアでのユダヤ人の民族的権利の獲得を目指す国内政策《ランデスポリティーク》の推進ならびにオーストリアの全ユダヤ人を代表する政党としてユダヤ民族党（Jüdische Nationalpartei）の設立を決定する。シオニスト大会に続いて開催された同党の大会では、党綱領にユダヤ人を含むオーストリア諸民族の民族自治要求が盛り込まれたが、自治の詳細には踏み込まれなかった。

こうして臨んだ一九〇七年の初の男子普通選挙で、ユダヤ民族党はオーストリアの全ユダヤ人を代表すると称しながら、実際にはガリツィア、ブコヴィナのシオニストがそれを認めず離反するなど、波乱含みではあったが、とにかくガリツィアの選挙区から三人、ブコヴィナの選挙区から一人のユダヤ民族主義候補が当選し、帝国議会内にユダヤ・クラブを結成する。しかし、次の一九一一年の選挙で再選されたのは、四人のうちブコヴィナから当選した一人のみであった。

ガリツィアは、一九〇〇年当時で約八一万人、ブコヴィナは約九万六〇〇〇人のユダヤ人人口を持つ。しかも彼らの多数はイディッシュ語を日常使用言語とし、ユダヤ教独自の風俗習慣を維持していた。ガリツィアやブコヴィナに限れば、ユダヤ人を当地のポーランド人やウクライナ人とは言語的にも文化的にも異なる民族と認めることに少しは意味があったかもしれない。しかし、そのガリツィアやブコヴィナでさえ、ユダヤ人有権者が一致してユダヤ民族主義候補に投票したわけではなかった。まして一九一八年の帝国崩壊で、状況は劇的に変わった。一九二三年のオーストリア第一共和国のユダヤ人人口はわずか約二二万人で、その九〇%以上の約二〇万人がウィーンに集中する。この同化ユダヤ人の都と呼ばれたウィーンで、シオニストは何をしようというのか。しかし、シオニスト国内政策の闘士、ローベルト・シュトリッカーの動きは迅速だった。

一九一八年一一月一二日のドイツオーストリア共和国宣言に先立つ一一月四日、シュトリッカーは、ユダヤ人のさまざまな組織から同志五二人を集めてドイツオーストリア・ユダヤ民族評議会を設立する。彼らは、ドイツオーストリア国家評議会に対して「覚書」を提出するとともに、一一月八日付のシオニストの新聞『ユダヤ新聞』に、ユダヤ人に宛てた「マニフェスト」を公表した[15]。それらで明らかにされたユダヤ民族評議会の要求の中核は、ドイツオーストリアのユダヤ人を一つの民族として承認すること、文化や、とりわけ教育など、ユダヤ民族のみにかかわる事柄に関して、ユダヤ人にそれらを自治的に決定し、執行する権利を認めることである。そして、その決定ならびに執行の機関となるのは、既存のユダヤ教徒の信徒共同体《ゲマインデ》[16]に代わるユダヤ民族ゲマインデであるとされた。

(2)　ユダヤ人票の行方

ユダヤ民族評議会の暴走に仰天したのが、信徒ゲマインデの理事会である。ユダヤ教徒の信徒ゲマインデは、国家によって公認されたユダヤ教徒の代表機関であり、一八九〇年の法によって、ユダヤ教徒はすべて、本籍権や国籍の有無にかかわりなく、その居住地の信徒ゲマインデに所属することが義務づけられた。信徒ゲマインデは、構成員からゲマインデ税や各種の手数料を徴収し、構成員の宗教、文化、福祉にかかわる事柄を自治的に執り行う権利を持つが、ユダヤ民族を政治的に代表する機関ではない。これに対してユダヤ民族評議会は、今後、ドイツオーストリア共和国の全ユダヤ人はユダヤ民族ゲマインデに組織され、それを政治的に代表するのがユダヤ民族評議会だというのである。しかし、信徒ゲマインデの理事会は、曲がりなりにも信徒の選挙で選出されたのに対し、ユダヤ民族評議会はユダヤ人によるいかなる選挙の洗礼も受けず、シオニストが勝手に設立した組織であり、またシオニスト各派が対立、分裂している状況下では、ドイツオーストリア共和国のシオニスト全体を代表する組織とすらいえなかった。

旧オーストリア＝ハンガリーにおいて、ユダヤ教徒は存在したが、民族的権利の行使主体となるべきユダヤ民族は存在しなかった。[17] ドイツオーストリア共和国においてもこれに変わりはない、というのが信徒ゲマインデ理事会の立場だった。『ユダヤ新聞』にユダヤ民族評議会のマニフェストが掲載されたのと同日、信徒ゲマインデの理事会は、『ブロッホ博士の週報』紙上に、信徒ゲマインデの構成員宛ての「声明」を掲載した。声明はいう。ウィーンおよびドイツオーストリア共和国のユダヤ人の多数は、信徒ゲマインデ理事会と立場を同じくしている。民族についていえば、ウィーンのユダヤ人は「誰でも、その信念に従い、自らが属すると信じる民族への帰属を誓うことにおいて完全に自由でなければならず、また将来も自由であらねばならない」。[18]

これに対してユダヤ民族評議会は一二月三日に声明を出し、われわれはユダヤ民族に帰属するユダヤ人のみを代表する。自らの意思によってユダヤ民族に帰属しない者たちの利益の擁護は、われわれの義務ではなく、その者たちが属する民族の代表者の義務となる、と切り返す。[19] 自らをドイツ人と感じるユダヤ人はドイツ人に守ってもらえばよかろうと、反ユダヤ主義が過激化するドイツオーストリア共和国で、ドイツ同化ユダヤ人の痛いところを突いたのだ。確かに、反ユダヤ主義的ドイツ民族主義の急進化は深刻な問題だったが、ウィーンのユダヤ人の多くは、自分たちが民族と認められることによってそれが解決されるとは考えなかった。彼らにとって、教育における民族自治権など無意味であるばかりか、逆に民族としての承認は、ユダヤ人の人口比率に対応した大学入学者数制限枠の設定など、ユダヤ人差別のために悪用されかねなかった。

一九一九年二月一六日実施の憲法制定国民議会選挙で、[20] ウィーンのユダヤ人有権者のほとんどはシュトリッカーにそっぽを向く。シュトリッカーは、戦前の党を再編したユダヤ民族党（Jüdischnationale Partei）から立候補し、ウィーン北東地区選挙区で独自リストに対して七七六〇票を得るが、レオポルトシュタットとブリギッテナウというユダヤ人集住地区を含むこの選挙区でさえ、自力での当選に必要な一万五〇〇〇票にははるかに及ばなかった。シュトリッカーが当選できたのは、連結リストを組んだことにより、シュトリッカーより獲得投票数が少なかったリベラル派の候補者二名の票がシュトリッカーに加算されたおかげである。

一一月一二日のドイツオーストリア共和国宣言の第二条には、「ドイツオーストリアはドイツ共和国の一構成部分をなす」と書かれていた。すなわち、この宣言では、ウィーンを首都とするドイツオーストリアとベルリンを首都とするドイツが合邦し、ドイツ人の民族自決国家が設立されることが想定されていた。しかし、ドイツの大国化を懸念する連合国によって合邦は禁じられる。ドイツオーストリア共和国の国名から「ドイツ」の三文字が外され、一九一九年九月一〇日のサンジェルマン条約は、連合国と「オーストリア共和国」の間で調印された。

すでに述べたように、この新生オーストリア共和国の「オーストリア」と、旧帝国の「オーストリア」は同じではない。帝国の崩壊に伴い、旧帝国民の国籍を確定する必要があったが、サンジェルマン条約は、その者が本籍権を持つ本籍地の所在地をその者の国籍決定の基準とすることを原則としつつ、それによって、その者が帰属することになる国家の住民の多数者とその者との間に「言語的」「人種的」不一致が生じる場合には、条約第八〇条において、「言語的」「人種的」帰属に基づく国籍選択権を認めていた。では、ドイツ語／ドイツ文化に同化したユダヤ人は、第八〇条に基づきオーストリア共和国の国籍を選択することができるのか。これに「ノー」を突き付けたのが、一九二一年に内務大臣に就任した大ドイツ国民党のレオポルト・ヴァーバーである。ヴァーバーによれば、ユダヤ人はドイツ語使用者であることによって「言語的」条件を満たしたとしても、「人種的」にはドイツ人に属さず、したがって第八〇条の二つの条件を満たさず、オーストリア国籍を選択取得する資格を持たないというのである。[21]

一九一八年一〇月二一日のコラムでのシュライバーの期待に反して、ヴァーバーら反ユダヤ主義者にとって、ウィーン・ユダヤ人もガリツィア・ユダヤ人も、人種的には同じユダヤ人でしかなく、ドイツ人の国家オーストリア共和国の正統な構成員ではありえなかった。一九一九年の国会で唯一のユダヤ民族主義議員であったシュトリッカーは、一〇月二一日の議会で、「われわれはドイツ語を日常使用言語としてはいるが、ドイツ民族には帰属しない」と気勢を上げたが、[22]後のヴァーバーの議論を先取りするかのようなユダヤ人シュトリッカーの演説に拍手喝采を送ったのは、もちろん反ユダヤ主義者たちの方だった。

一九二〇年一〇月一七日の第一回国民議会選挙では、選挙法改正によって連結リストが禁止された。ユダヤ民族党はウィーンのすべての選挙区で独自リストで闘い、北東地区選挙区では九七二五票を得たものの、もはやリベラル派からの加算は得られず、シュトリッカーは落選した。ユダヤ人人口が約一割を占めるウィーン全体で、ユダヤ民族党が獲得したのは一万八三五八票で、全投票数の二％弱である。ウィーンのユダヤ人は、自分たちがオーストリアの少数民族と認められることなど望んでいなかった。結局、一九一九年選挙のシュトリッカーを例外として、もはや国政選挙でユダヤ民族主義候補者が当選することはない。一九二〇年の第一回選挙から一九三〇年のオーストリア第一共和国最後の民主的選挙まで、国政選挙では、キリスト教社会党と社会民主党が第一党と第二党を争い、それに第三の勢力としてドイツ民族主義者の陣営が続く。ユダヤ民族評議会は、一九二〇年一一月二一日開催の総会で、信徒ゲマインデが民族ゲマインデになる日まで活動を続けることで合意したが、実際には、これが最後の総会になった。[23]

4　永遠の昨日を信じて

(1)　ユダヤ人の孤立

一九一八年末にカトリックの聖職者、カール・シュヴェヒラーは、ドイツオーストリア共和国における新たな党綱領の作成を念頭に置きつつ、キリスト教社会党の理論誌『フォルクスヴォール』に、論考「キリスト教社会党の発展史から」を連載する。そこでシュヴェヒラーは、一八四八年革命後の「新経済時代」を振り返って述べる。自由主義時代のユダヤ勢力の増長は雪だるま的であったが、「自由主義の指導者たちは、資本主義の発展のおかげで富と権力を手に入れたユダヤ勢力は、ドイツ民族と融合し、彼らの性格的特異性をそぎ落とすであろう、と考えていた。しかし、この希望は、まったくかなえられなかった。ウィーンにおいてユダヤ勢力は、異質な集団であり続けている。そして、ユダヤ勢力が強力になり、その影響力が増すにしたがい、彼らの人種と不可分に結びついたその性格的特徴もますます目立つものとなった。〔中略〕ユダヤ人は無制約の資本主義の熱狂的な擁護者となり、新経済時代の水脈を自分の水車へと引き込んだのである」[24]。

キリスト教社会党は、自由主義経済競争の中で没落の危機感を抱く小市民層を支持基盤として登場する。同党の反ユダヤ主義は、資本主義の恩恵を受けて増長し、それを牛耳るユダヤ人に対する闘いとして正当化された。

これに対して、資本主義によって搾取される労働者のための政党である社会民主党は、階級闘争を闘う政党であり、いかなる反ユダヤ主義も否認する。それゆえユダヤ人有権者は社会民主党に投票した。しかし、社会民主党は、反ユダヤ主義と闘ってくれるわけではなかった。彼らにとって、キリスト教社会党が唱えるような反ユダヤ主義は、資本主義社会の諸矛盾の元凶をユダヤ人に帰しつつ、似非社会主義的社会改革を掲げる「愚か者の社会主義」であり、それゆえ真の社会主義社会が実現され、資本主義社会の諸矛盾が消滅すれば、反ユダヤ主義もまた消滅する定めにあるとされた。この歴史決定論は、眼前の反ユダヤ主義の横行に対して、結局、何もしないという態度に行き着く。シュトリッカーが議席を失った後、国会で公然と反ユダヤ主義と闘う議員はもはやいなかった。

後の歴史を知るわれわれの目には、一九三八年三月のナチ・ドイツとオーストリアの合邦後、ユダヤ人が孤立させられ、やがて、非ユダヤ人社会から何の関心も払われないまま消えていった道筋が浮かび上がるような気がする。しかし、同時代に立ち返るとき、両大戦間期ウィーンのユダヤ人の日常とは、どのようであったのだろうか。

(2)　オーストリアへの忠誠

第三節で述べたように、確かに信徒ゲマインデの理事会は一九一二年に信徒の選挙によって選出されたが、その後、通常なら二年ごとに行われる選挙も、第一次世界大戦中は控えられたままだった。また理事会選挙で選挙権を行使できたのは、当該の選挙に先立つ少なくとも二年間、その財産や収入、家族構成に配慮して額が決定されるゲマインデ税を納めた男性に限られ、さらに納税者のうち、年額二〇〇クローネ以上の高額納税者には、理事会理事三六人のうち、一二人を独占的に選出する権利が与えられていた。一九一二年の理事会選挙についていえば、ウィーンのユダヤ人人口約一七万五〇〇〇人のうち、有権者は一万八六三二人、特権的選挙枠を持つ高額納税者は一一三四人であったが、投票数は一九六〇で、投票率は一一％という有様だった。すなわち理事会の構成は、一握りの金持ちユダヤ人の意向を強く反映したものであり、他方で一般ユダヤ人の無関心がそれを許していることが見て取れよう。第一次世界大戦後、理事会に対し、このいびつな選挙制度の民主化を迫ったのが、信徒ゲマインデの民族ゲマインデへの転換を目指すシオニストたちだった。

一九一九年の暫定的改革を経て、一九二四年に実現された選挙制度改革で、有権者は、当該選挙に先立つ二年間、年額、最低〇・二五シリング以上のゲマインデ税を納めた成人男女に拡大される。その結果、一九二四年一一月九日の選挙では、有権者は三万五一二六人に拡大した。シュトリッカーが議席を失った後、国政選挙から撤退したシオニストは、この改正選挙制度の下で信徒ゲマインデの主導権を握るため、理事会選挙闘争に集中する。信徒ゲマインデでは、ドイツ自由派の没落とともに国政レベルでリベラリズムが退潮した後も、長らくリベラルな価値観を信奉するブルジョア・ユダヤ人が主導権を握り続けたが、ようやく一九三二年の選挙で、理事三六人のうち、二〇人の多数をシオニスト派が占めることに成功した。一九三六年の選挙でも、もはやシオニスト派の優位は揺るがなかった。[25]

この結果を信徒ゲマインデにおけるリベラル派の終焉と見ることはできよう。しかし、この結果をもって、政治的に寄る辺のないウィーンのユダヤ人社会がユダヤ民族主義への共鳴を深めたかのように考えるのは誤りである。ウィーンのユダヤ人のシオニズム理解は混乱していた。彼らは、オーストリアにおいて自分たちユダヤ人が民族と見なされることを拒否し、彼らにとって国内におけるシオニストの民族主義政策は端的に無意味であった。一方、シオニストによるパレスティナでのユダヤ国家設立運動に対しては、それが自分たちの現状に影響を及ぼさない限りで共感を示す者も少なくなかった。彼らの理解において、パレスティナ移住は、例えばポーランドのユダヤ人のような、貧困と迫害に苦しむユダヤ人のための救済策の一つであった。信徒ゲマインデの主導権を握ったシオニストも、現在のオーストリアにおける国内政策の無意味さは承知していた。彼らは、パレスティナへの移住事業の促進をはかりつつ、国内では、第一次世界大戦敗戦後、とりわけ一九二九年の世界恐慌後、窮乏化するユダヤ人に対する喫緊の救貧対策に集中せざるをえなかった。

第一次世界大戦中、ガリツィアなどから難民としてウィーンにたどり着き、そのまま定住した者たちを別にすれば、両大戦間期ウィーンのユダヤ人の大多数は、旧オーストリア＝ハンガリー時代のウィーンで教育を受け、自己形成をとげた者たちである。彼らは、旧君主国への愛を新生オーストリアへの愛に置き換え、このままウィーンでの生活が戦前と変わりなく続くと信じた。国会では、ユダヤ人に対する下品な中傷発言が飛び交ったが、ユダヤ人の平等が撤回されたり、反ユダヤ法が制定されたりしたわけではない。彼らにとって、オーストリアは唯一の祖国であり続け、この国家に対する忠誠心において、誰にも引けをとらないと自負した。

一九三三年三月、オーストリアは、議会政治が崩壊して、「身分的基礎の上にたてられ、強力な権威主義的指導の下にある社会的キリスト教的ドイツ国家オーストリア」へと移行する。ユダヤ人は、エンゲルベルト・ドルフスが指導する「キリスト教的ドイツ国家」がいかなる性格の国家であるのか、不安を隠せなかったが、一九三四年五月の憲法が、宗教を差別せず、あらゆる国民の法の下での平等を保障したことを歓迎した。オーストリア・ナチの暴力はとどまるところを知らなかったが、独立を保っている限り、オーストリアは隣国ドイツのようにはならないと信じた。

一九三八年三月にオーストリア国境という防波堤が決壊してナチ・ドイツがなだれ込み、あらゆる法的保護が失われるその日まで、彼らのオーストリアへの忠誠は変わることがなかった。

注

1 E. Haider, *Wien 1918: Agonie der Kaiserstadt*, Wien/Köln/Weimar: Böhlau, 2018, pp. 369-373.

2 第一次世界大戦の戦中・戦後のガリツィア・ユダヤ人難民については、野村真理『ウィーンのユダヤ人――一九世紀末からホロコースト前夜まで』御茶の水書房、一九九九年、第二部第一章を参照。

3 ルヴフのポグロムについては、野村真理『ガリツィアのユダヤ人――ポーランド人とウクライナ人のはざまで』人文書院、二〇〇八年、九九～一一三頁を参照。

4 *Mittagblatt der „Reichspost"*, 12. März 1919, p. 2.

5 E. Adunka (ed.), *Tagebücher von Emanuel Fiscus (1916-1921)*, Innsbruck/Wien/Bozen: Studien Verlag, 2008, p. 115f. 終戦直後の混乱が落ち着いた後、最終的にウィーンに残留したユダヤ人難民の数は二万五〇〇〇人から三万人程度と推定される。野村『ウィーンのユダヤ人』一九六頁を参照。

6 H. Schreiber, Die Juden und der Deutschösterreichische Staat, *Dr. Bloch's Wochenschrift*, 25. Oktober 1918, p. 673.

7 *Ibid.*, p. 675.

8 M. L. Rozenblit, The Crisis of Identity in the Austrian Republic, in M. Brenner and D. J. Penslar (eds.), *In Search of Jewish Community: Jewish Identities in Germany and Austria 1918-1933*, Bloomington/Indianapolis: Indiana University Press, 1998, pp. 136f.

9 M・ノイグレッシェル『イディッシュのウィーン』野村真理訳、松籟社、一九九七年、一八頁以下を参照。

10 J・ロート『放浪のユダヤ人』平田達治・吉田仙太郎訳、法政大学出版局、一九八四年。

11 以下、ウィーンのユダヤ人の居住地と職業構成について詳しくは、野村『ウィーンのユダヤ人』第一章第一節を参照。

12 H. Tietze, *Die Juden Wiens: Geschichte, Wirtschaft, Kultur*, Nachdruck von der ersten Ausgabe 1933, Wien: Ed. Atelier, 1987, p. 232.

13 G・クレア『ウィーン最後のワルツ』兼武進訳、新潮社、一九九二年。

14 W. B. Simon, The Jewish Vote in Austria, *Leo Baeck Institute Yearbook*, 16, 1971, p. 103.

15 *Jüdische Zeitung*, 8. November 1918, p. 1.

16 ウィーンのユダヤ教徒の信徒ゲマインデの正式名称は、Israelitische Kultusgemeinde Wien である。

17 一八六七年の憲法は、オーストリアのすべての民族の平等を保障したが、まとまった居住地域を持たず、共通と見なしうる独自の日常使用言語を持たないユダヤ人は、その保障の対象となる民族とは認められなかった。ユダヤ人は、法的にはユダヤ教を信仰する人々である。これに対してシオニストは、ユダヤ人が民族と認められることを要求した。

18 *Dr. Bloch's Wochenschrift*, 8. November 1918, p. 1. 傍点部分は、原文では隔字体で強調されている。

19 *Neue Freie Presse*, 4. Dezember 1918, p. 6.

20 この選挙で初めて女性も選挙権を得た。

21 ユダヤ人の国籍問題について詳しくは、野村『ウィーンのユダヤ人』第二章第五節以下を参照。

22 一九一九年一〇月二一日の議会で、一二月三一日実施予定の人口調査の調査項目にかかわる議論が行われた際、キリスト教社会党の反ユダヤ主義議員から、調査項目として、従来の日常使用言語の他に、「民族的帰属」を問う項目を入れるよう提案が行われた。これに対して同内容の提案を行い、人口調査において、ユダヤ人にユダヤ民族への帰属の表明を認めるように要求し、反ユダヤ主義者の喝采を浴びたのがシュトリッカーである。これに対して首相レンナーは、現行の国家行政法ではユダヤ民族は存在せず、人口調査においてその存在を認めることはできないとして両者の提案を退け、さらにシュトリッカーに向かって、ユダヤ人を民族と認めるべきか否かについて、ユダヤ人自身が一致していないことを指摘した。詳しくは、野村『ウィーンのユダヤ人』三三三頁以下を参照。

23 *Wiener Morgenzeitung*, 28. November 1920, p. 2.

24 K. Schwechler, Aus der Entwicklungsgeschichte der christlich=sozialen Partei, *Volkswohl: Christlich=soziale Monatschrift*, Jg. 9, Heft 11/12, 1918, p. 283. 傍点部分は、原文では隔字体で強調されている。

25 信徒ゲマインデの理事会選挙制度の詳細については、野村『ウィーンのユダヤ人』三一八頁以下を参照。

第2章

それぞれのユーゴスラヴィア

セルビア義勇軍の理念と実態

柴　宜弘

オデッサの捕虜収容所のセルビア義勇軍将兵

出所）M. Micić, *Srpski dobrovoljci iz Banata, Bačke i Baranje (1914-1918)*, Novo Miloševo: Banatski kulturni centar, 2020, p. 247.

1　南スラヴ統一国家の成立をめぐって

(1)　南スラヴとは

一九一八年一二月に成立した新生国家の正式名称は、セルビア人・クロアチア人・スロヴェニア人王国（一九二九年にユーゴスラヴィア王国と改称）であった。その領土は第一次世界大戦を協商国の一国として戦ったセルビア王国とモンテネグロ王国、そして、敗戦国ハプスブルク帝国内の南スラヴ居住地域からなっていた。第一次世界大戦を経て建国されたチェコスロヴァキアやポーランドと同様の新生国家だが、一九一九年一月から始まるパリ講和会議での国際的承認は遅れた[1]。隣国イタリアの影響を直接受けたことに加えて、この新生国家の成立過程はきわめて錯綜しており、統一国家が宣言されたあとも、「モンテネグロ問題」を抱えて不安定な政治情勢が続いたからである。

セルビア人・クロアチア人・スロヴェニア人王国は南スラヴ（Južni Sloveni, South Slavs）の民族自決に基づく国家として建設されたが、その国名は長く、複雑な背景を示唆していた。新生国家のパリ講和会議全権の一人であるヨシプ・スモドラカ（クロアチア人政治家）は、南スラヴとセルビア人、クロアチア人、スロヴェニア人について、歴史学的な説明とはいえないが、会議で国際的な承認を得るために以下のように訴えかけた。

> セルビア人、クロアチア人、スロヴェニア人は早い世紀にカルパチア地方からやってきたスラヴ人の子孫で、相互にきわめて類似している。〔中略〕南スラヴは一民族としての不屈の精神を自ずと培った。しばしば繰り返される迫害によって、上層の人たち、貴族、知識人、聖職者、ブルジョワジーの数は減少した。大量殺害が行われ、民族としての感情を消し去るためのあらゆる方法がとられた。民族の感情を保持する最後の砦である農民は、まぎれもなく政治的な隷属状態の下に置かれた。〔中略〕用心を重ね、首尾よく、この誇り高き民族はもともとの純粋な言語と民族としての意識を保持した。[2]

スモドラカの説明にあるように、当時の新生国家では、セルビア人、クロアチア人、スロヴェニア人は、数世紀にわたってオスマン帝国やハプスブルク帝国の支配下に置かれてきた南スラヴという一つの民族の三支族とされ、南スラヴの民族自決により国家が成立したと規定されたのである。だが、新生国家の名称がユーゴスラヴィア（南スラヴの国家）とされることはなかった。新生国家の成立過程で、南スラヴの統一を進めるセルビア王国の政治家ニコラ・パシッチとクロアチアの政治家アンテ・トルムビッチらの思惑が交錯し、事実上の三民族の名称を連ねた国名が採用された。この国名は建国時の政治力学によって決定されたが、南スラヴの三民族を統合しようとする考えは、第一次世界大戦の時期に突如生み出されたのではなく、一九世紀を通じてハプスブルク帝国内の南スラヴ、特にクロアチア人知識人の間で提唱された考えであった。[3]

(2) クロアチアで生じた南スラヴ統一主義

なぜ、クロアチアで南スラヴを統一しようとする考え（ユーゴスラヴィズム Jugoslovenstvo, Yugoslavism, 南スラヴ統一主義）が生み出されたのだろうか。クロアチア人は中世にクロアチア王国（クロアチア、スラヴォニア、ダルマツィアを領域とする「三位一体王国」）を築いたが、一九世紀の時点ではハプスブルク帝国の支配下で、行政上はザグレブとその周辺地域がクロアチアとして、スラヴォニアとともにハンガリーに組み込まれ、ダルマツィアはオーストリアに編入されてしまった（図2-1）。加えて、クロアチア人は隣接するオスマン帝国内のボスニア・ヘルツェゴヴィナにも居住していた。一九世紀のナショナリズムの時代に、クロアチア人知識人の間でも民族的な自覚が進むと、歴史的クロアチアとして想起されたのは中世クロアチア王国の領域であり、その再現が目指されるようになった。

しかし、クロアチア人の居住する三地方には、その特殊性からそれぞれの方言があった。スロヴェニアと接するクロアチアではスロヴェニア語とも共通する方言、セルビアと接するスラヴォニアとセルビア人が多数居住するダルマツィアではセルビア語と共通の方言、そしてダルマツィアの北側のイストリアの方言である。行政的、政治的に分断

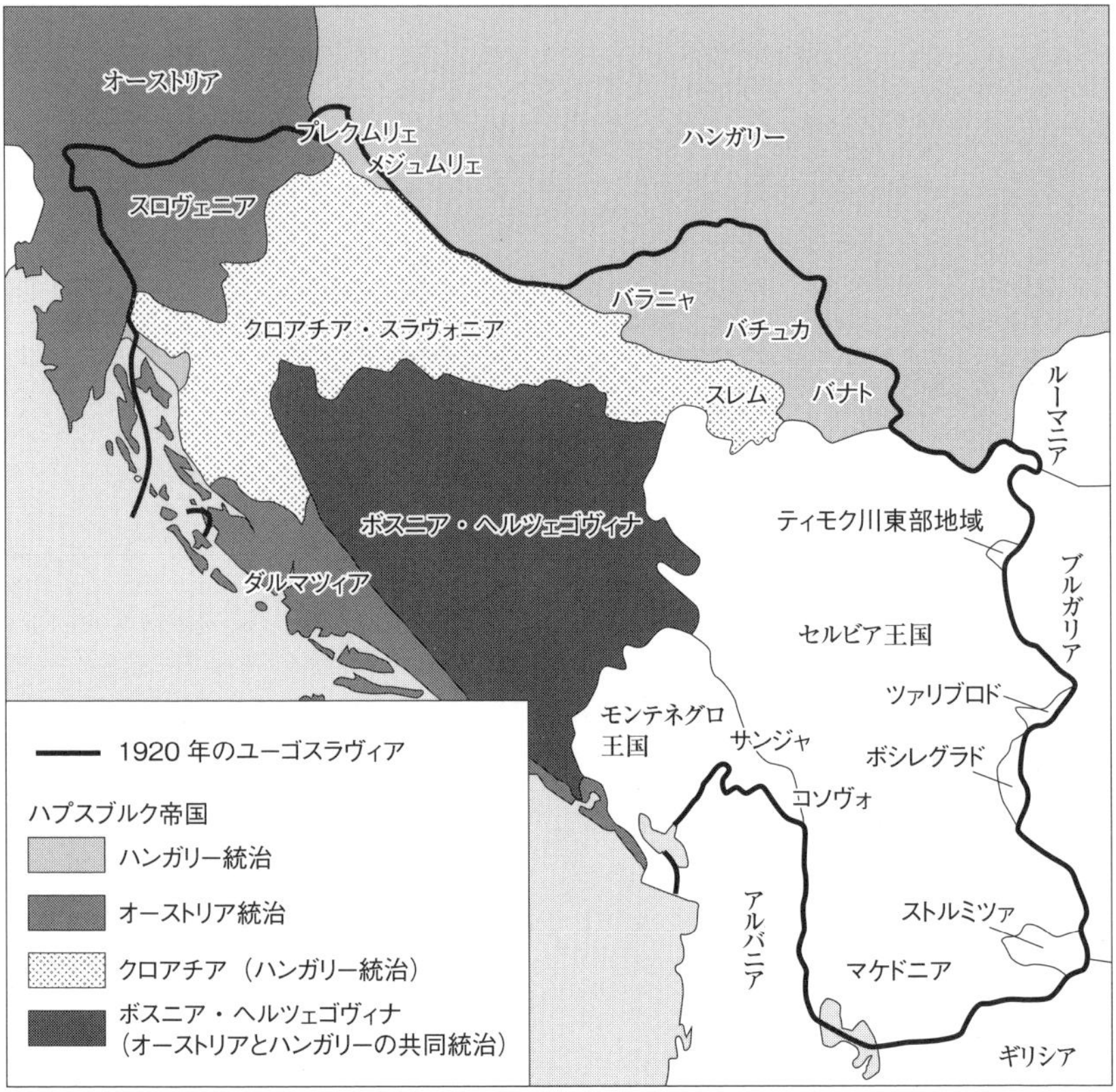

図 2-1　第一次世界大戦前夜の南スラヴ地域

出所）D. Djokic, *Elusive Compromise: A History of Interwor Yugoslavia*, London: Hurst & Company, 2007, P. XV.

されたクロアチアの統合をはかるためには、言語的に共通性を持つセルビア人やスロヴェニア人と協力する必要があった。特に、共通性の強いクロアチア語（ラテン文字表記）とセルビア語（キリル文字表記）を一つの言語とする改革が発展した。この中心となるのが、一八三〇年代にクロアチア人知識人の間で始められたイリリア（ローマ帝国の支配以前にこの地域に居住していた古代イリリア人に由来）運動だった。三者の言語上の類似性を通して、南スラヴとしてのまとまりが意識されたのである。

　こうした考えは、一八六〇年代にクロアチア人の間で、文化運動から政治運動の色彩を強めて再現された。例えば、南スラヴ統一主義を掲げる民族党のヨシプ・ユライ・シュトロスマイエルが南スラヴの学術と文化の中心的な機関として、ザグレブにユーゴスラヴィア（南スラヴ）科学アカデミー（現在のクロアチア科学・芸術アカデミー）を創設したのは一八六六年である。一方、同じころ、中世クロアチア王国を強く意識して、セルビア人を「正教徒のクロアチア人」、スロヴェニア人を「アルプスのクロアチア人」と主張する極端なクロアチア人中心の政党も出現した。[4] これら二つの潮流は一見すると主張が相反するように思えるが、両者ともクロアチアが置かれていた分断状況において、その統合のために、南スラヴを意識しなければならなかった点では共通していたといえる。

ハプスブルク帝国は一八六七年のアウスグライヒ（妥協）でオーストリア＝ハンガリー君主国に再編成され、翌一八六八年にはハンガリー王国支配下のクロアチアがハンガリーと結んだナゴドバ（nagodba, 協定）により、クロアチア・スラヴォニアとして一定の自治を得ることになる。これに伴い、政治活動は活発になったが、依然としてハンガリー化政策が続けられた。クロアチアの政治は、以下の三つの潮流が中心となって展開された。一つは、ナゴドバの枠内でクロアチアの自治を求める勢力、残る二つは前述したように、少数者のセルビア人とともに南スラヴ統一主義を進める勢力と、クロアチア民族主義を掲げる勢力であった。

一九〇三年はクロアチアの政治状況を変化させる大きな転換期であった。隣接するセルビア王国でクーデタが生じ、親ハプスブルクの立場をとってきたオブレノヴィチ王朝のアレクサンダル国王が暗殺され、カラジョルジェヴィチ王朝のペータルが国王に即位した。ペータル国王が南スラヴ統一の推進者であったことは、ダルマツィアのセルビア人政党にも多大な影響を与えた。また、二〇年にも及びクロアチア人とセルビア人の分断政策を推進したクロアチア総督カーロイ・クエン＝ヘーデルヴァーリが辞任したのもこの年であった。これを契機として、反ハンガリーを共通の政治課題として、クロアチア人政党とセルビア人政党との協力関係が模索された。ダルマツィアでは、クロアチア人、セルビア人そしてスロヴェニア人は異なる三つの支族であるが、南スラヴという一つの民族であるとの考えに基づいて、クロアチア人とセルビア人との協力を進める新たな政治的潮流が勢力を強めた。この影響はクロアチアにも及び、一九〇五年一二月には、クロアチア議会の五つのクロアチア人政党とセルビア人政党による「クロアチア人・セルビア人連合」が結成された。[5] クロアチア人とセルビア人との協力関係の維持およびクロアチア・スラヴォニアとダルマツィアとの統合だけにとどまらず、スロヴェニア人を含む南スラヴの政治統合も目指された。

(3)　現実となる南スラヴ統一主義

分断されたクロアチアの状況から生み出された南スラヴ統一（ユーゴスラヴィア）の考えは、二〇世紀初頭のバルカン情勢の下で加速された。一九〇八年のハプスブルク帝国によるボスニア・ヘルツェゴヴィナ併合はその一つである。ペータルが国王に即位して以来、セルビアの外交方針は親ロシア、反ハプスブルクであり、ボスニア・ヘルツェゴヴィナに多数のセルビア人が居住するセルビアにとって、その併合は看過できない事態だった。セルビアがモンテネグロとともにこれに強く抗議すると、バルカンに多大な関心を示すロシアも反対を表明した。国内では、ハプスブルク帝国に宣戦すべしとの機運が高まったが、ロシアの仲介で戦争は回避された。しかしこれによってハプスブルク帝国内の南スラヴが、隣接するセルビア王国の存在をこれまで以上に身近に感じたことは確かであろう。

もう一つは、一九一二～一三年の二度に及ぶバルカン戦争である。セルビアはハプスブルク帝国内の南スラヴの志願兵を加え、この戦争で勝利をおさめた。第二次バルカン戦争ではギリシアとともに、権力の真空地帯となったマケドニアの大部分を領有した。多大な犠牲を払ったが、領土をほぼ二倍に拡大したセルビア王国の勝利はハプスブルク帝国との戦争がそれほど遠くないとの観測を呼び、ハプスブルク帝国内の南スラヴの間で、セルビアへの期待が強まった。セルビアは南スラヴ解放の旗手としての地位を確かなものとしたのである。

「クロアチア人・セルビア人連合」のトルムビッチ、その盟友フラニョ・スピロやスモドラカは、まずハプスブルク帝国内の南スラヴを統合し、さらにはセルビア王国およびモンテネグロ王国と統一することを考え、いち早くハプスブルク帝国を離れて、協商国側に南スラヴの問題を周知する準備にとりかかった。一九一四年六月二八日、ハプスブルク帝国の皇位継承者フランツ・フェルディナント大公夫妻がサラエヴォで暗殺され、これを引き金として第一次世界大戦が勃発する。その直前に、トルムビッチはスピロとともに、ローマに亡命して南スラヴの統一問題を訴えかける活動に着手した。

第一次世界大戦の開始とともに、南スラヴの統一をはかるうえで、その足枷となるハプスブルク帝国の存続を前提とする必要がなくなった。しかし、後述するように、スロヴェニア人たちにとって、帝国の存在は一九一七年まで重くのしかかっていた。第一次世界大戦期の南スラヴ統一国家に向けた動きに関する従来の研究は、以下の三つの要素から説明されてきた。①バルカン戦争に続く大戦で、協商国の一国として戦ったセルビア王国、②ハプスブルク帝国のクロアチア・スラヴォニアおよびダルマツィアの政党「クロアチア人・セルビア人連合」の亡命政治家が結成したユーゴスラヴィア委員会、③オーストリア帝国議会のスロヴェニア人議員である。

本章では、これら三者の第一次世界大戦期の動きを概観したあと、もう一つの要素でありながら研究が不十分であった、ハプスブルク帝国の兵士としてロシア戦線に送られ、ロシアの捕虜となった南スラヴに焦点を当て、南スラヴの統一を求める四者が、それぞれどのようなユーゴスラヴィアを考えていたのかを検討する。

2　三つのユーゴスラヴィア

(1)　セルビア王国にとってのユーゴスラヴィア

まずは、南スラヴ統一の中心となるセルビア王国の動きを概観してみよう。バルカン戦争におけるセルビアの勝利はハプスブルク帝国の南スラヴに多大な期待を抱かせたが、セルビア王国首相パシッチは当時、クロアチア議会（sabor, サボル）の第一党「クロアチア人・セルビア人連合」の指導者に、セルビアはこれ以上戦争を継続する余力がないので、ハプスブルク帝国を刺激しないよう要請している。しかし、一九一四年七月、セルビアに対するハプスブルク帝国の宣戦布告によって第一次世界大戦が始まると、セルビアはその戦争目的を明確にする必要に迫られた。

パシッチを首相とする連立政府は一九一四年九月初旬、支持者に向けて「わが国の目的は、セルビアからすべてのセルビア人、クロアチア人、スロヴェニア人を含む強大な南西スラヴ人国家を建国することである」[6]と伝えた。その後、セルビアがハプスブルク帝国軍の進攻を受けて首都ベオグラードから南部の都市ニシュに撤退した際、一二月七日に戦争目的として、「ハプスブルク帝国の下に置かれている同胞のセルビア人、クロアチア人、スロヴェニア人すべてを解放し、一つの国家に統合すること」が正式に宣言された（ニシュ宣言）[7]。パシッチにとって、ハプスブルク帝国に居住するセルビア人を統合すること（「大セルビア」の実現）が最大の目的であったが、そのためには、クロアチア人やスロヴェニア人との協力関係を進め、南スラヴの統一国家を建国することが現実的だと考えて、南スラヴの解放と統一を戦争目的として掲げたのである。

一九一五年一〇月、隣国ブルガリアが中央同盟側に加わって参戦すると、セルビアは緒戦以上の苦戦を強いられた。セルビア政府と摂政アレクサンダルは疲弊したセルビア軍とともに、アルバニアとモンテネグロの山岳地を越えて決死の行軍を行い、一六年一月にはアドリア海岸へ撤退した。さらに、安全なギリシア領のコルフ島に移動し、そこに拠点を移すことができた。しかし、軍事的敗北に伴い、コルフ島に撤退する事態の中で、南スラヴ統一国家に対する見解の相違が表面化する。パシッチはロシアとの関係強化を重視し、南スラヴ統一国家に消極的な姿勢を見せたが、摂政アレクサンダルはなお南スラヴ統一国家の建国に積極的な立場を貫いた。

一九一七年に入ると、ハプスブルク帝国占領下のセルビア内で変化が生じると同時に、国際環境も大きく変わった。セルビアの消滅を目指すハプスブルク帝国軍の占領政策は過酷なものだった[8]。二月、こうした占領軍に対してセルビア人のコミタジヤ（komitažija, ゲリラ集団）による自発的反乱が多発した。この反乱は三月には鎮圧されてしまうが、ハプスブルク帝国占領下でのセルビア人の自治を求める動きはその後も継続した。同じころ、セルビア王国の保護者を任じていたロシアで二月革命が生じ、ロマノフ王朝のロシア帝国が崩壊した。さらに、四月にはアメリカが参戦するに及び、セルビア政府は南スラヴ統一国家の建国を協商国側に早急に示す必要が生じた。

(2) ダルマツィア出身亡命政治家たちのユーゴスラヴィア

セルビアのパシッチ首相にとって究極的な目標は「大セルビア」であり、それを実現する手段が「ユーゴスラヴィア」であった。同様のことは、ダルマツィアで「クロアチア人・セルビア人連合」を結成した政治家トルムビッチにもいえる。トルムビッチの主要な目的は、中世クロアチア王国以来の歴史的領土であるクロアチア・スラヴォニア（ハンガリー王国の統治下）とダルマツィア（オーストリアの統治下）を統合することであった。これを実現する手段として、南スラヴの統一国家「ユーゴスラヴィア」が構想されたのである。

両者の目的は一致しており、その実現に向けて協力関係が維持されることになる。ローマに亡命したトルムビッチは、一九一五年四月にスピロらとともにパリでユーゴスラヴィア委員会を結成するとすぐに、ロンドンに拠点を移して活動を本格化した。ユーゴスラヴィア委員会にはダルマツィアで育ち、ヨーロッパでもよく知られた彫刻家となっていたイヴァン・メシュトロヴィチも参加した。ほとんどがクロアチア人であったが、セルビア人やスロヴェニア人も加わり、南スラヴ統一国家の建国を協商国側に訴えた。セルビア政府はユーゴスラヴィア委員会と関係を持ち、財政的に支援した。

ユーゴスラヴィア委員会の結成に先立つ一九一五年四月二六日、イタリアが協商国側の要請に応え、ロンドン秘密条約を結んで参戦した[9]。この条約は参戦の見返りとして、イタリアにイストリア半島、フィウメ（リエカ）を除くダルマツィア海岸地域（中心都市はザダル）、アドリア海島嶼部の領有を認めるものだった。この条約締結の動きを聞きつけたセルビア政府と摂政アレクサンダルは、ともに南スラヴ統一国家の領域を縮小するとの理由から、ロシアを通じてこれに反対の立場を表明した。ユーゴスラヴィア委員会も危機感をあらわにして、協商国側に反対を訴えかけたが、事態を変えるには至らなかった。権力政治に翻弄されながら、セルビア政府もユーゴスラヴィア委員会も、イタリアの脅威を避けるには、南スラヴの統一国家を建国することが最善の防御策だとの認識を強めていく。

一九一六年初め、コルフ島に撤退したセルビア政府内で、南スラヴの統一国家に対する見解の相違が表面化すると、この影響を受けてユーゴスラヴィア委員会内部でも不和が生じた。パシッチの消極的な姿勢に不安を抱いたスピロは、パシッチとの関係を断つべきと主張して、トルムビッチと対立した。結局、スピロはユーゴスラヴィア委員会から離れてしまった。この結果、セルビア政府との関係において、ユーゴスラヴィア委員会の立場は相対的に弱まってしまうことになる。

一九一七年二月にロシアで革命が生じ、セルビアの後ろ盾であったロシア帝国が崩壊し、四月には民族自決を掲げるアメリカが参戦するに及び、南スラヴの統一国家建設はセルビア政府にとって喫緊の課題となり、ロンドンのユーゴスラヴィア委員会にこの問題に関する会談を呼びかけた。両者は一九一七年六月から七月にかけて、コルフ島で会談を行い、七月二〇日にセルビア政府首相パシッチとユーゴスラヴィア委員会代表トルムビッチの署名による一四項目からなるコルフ宣言を発表した。この宣言には、南スラヴとして知られるセルビア人、クロアチア人、スロヴェニア人を戦後、セルビア王国のカラジョルジェヴィチ王朝の下で「憲法と民主主義に基づく立憲君主国」として統合することが謳われた[10]。

両者は将来の国家が連邦制を採るか集権制を採るかについて合意することはできなかった。トルムビッチは連邦制のユーゴスラヴィアを主張したが、パシッチと決裂することまでは考えなかった。ロンドン秘密条約のため、クロアチアが単独で新国家を建国する可能性がない以上、どのような形態であれ、南スラヴ統一国家の建国しか選択肢は残されていなかったからである。

(3) スロヴェニア人たちのユーゴスラヴィア

ここでは、これまで触れてこなかったスロヴェニア人のユーゴスラヴィアについて概観しておく。オーストリア＝ハンガリー君主国のオーストリア側の諸州に分散して居住していたスロヴェニア人知識人の間で見られた議論は興味深い。歴史的に自らの国家を建設したことのなかったスロヴェニア人にとって、最大の問題は分散しているスロヴェニア人の政治的・文化的な統合であり、それを実現するためには、言語的にも文化的にも共通性を持つクロアチアをはじめとする南スラヴ地域とスロヴェニア人の居住地域とをハプスブルク帝国の下で統一した政治単位とすることが考えられた。オーストリア・スラヴ主義に基づく構想であり、一九世紀末にはスロヴェニア人の主要な政党がハプスブルク帝国の三重化、さらには連邦化さえ主張した。帝国内での自治の実現が、スロヴェニア人の多くが思い描くユーゴスラヴィアであった[11]。

第一次世界大戦以前に、反ハプスブルクの姿勢を示すスロヴェニア人は限られていた。しかし、青年層の中には、ボスニア・ヘルツェゴヴィナで反ハプスブルクを掲げて、ボスニアの解放と南スラヴの統一を主張する青年ボスニアに共鳴し、参加するグループもあった。これらのスロヴェニア人は、第一次世界大戦期にセルビア王国軍の義勇兵として参戦しているが、このグループはむしろ例外であった。サラエヴォ事件の直後には、反セルビア人の暴動が生じ、それはセルビア人だけでなく、南スラヴのクロアチア人やスロヴェニア人にも向けられたにもかかわらず、スロヴェニア人の多くは開戦後も、ハプスブルク帝国に忠誠を尽くす以外に方策は見いだせなかった。

しかし、第一次世界大戦の戦況の変化に伴い、スロヴェニア人の間でも変化が生じる。一九一七年になると、ウィーンのハプスブルク帝国議会で注目すべき動きが見られた。帝国議会に議席を持つチェコ人議員やポーランド人議員の例に倣い、スロヴェニア人政党の指導者アントン・コロシェツを中心として、スロヴェニア人、クロアチア人、セルビア人議員三三名からなる「ユーゴスラヴィア・クラブ」が結成された。彼らは五月三〇日に、ハプスブルク帝国内の南スラヴが居住するすべての領域を一つの政治単位とすることを内容とする「五月宣言」[12]を発表した。帝国の枠内で南スラヴが自治的な政治単位となること、いわば二重君主国を三重制にすることを求めた。

この時点ではまだ、スロヴェニア人を中心とする帝国内の南スラヴはハプスブルク帝国の存続を前提とせざるをえなかったが、南スラヴの統一運動を進めるセルビア王国とユーゴスラヴィア委員会に加えて、ユーゴスラヴィア・クラブの存在は重要な位置を占めることになる。本章の第四節で触れるように、ユーゴスラヴィア・クラブの議員たちが中心となり、一九一八年一〇月にクロアチアのザグレブで、帝国内南スラヴの代表機関である「スロヴェニア人・クロアチア人・セルビア人民族会議」を創設したからである。

3　セルビア義勇軍のユーゴスラヴィア

(1)　どのようにして捕虜となるのか

一九一四年六月二八日、サラエヴォでフランツ・フェルディナント大公夫妻が暗殺されたあと、ボスニア・ヘルツェゴヴィナだけでなく、セルビア人が多数居住するダルマツィアやクロアチア・スラヴォニアでも、激しい反セルビアの行動がとられた。一方、セルビア人による散発的な抵抗の動きも拡大したが、ハプスブルク帝国が七月二五日に動員令を出した際（その施行は開戦の七月二八日）、南スラヴ居住地域で大きな混乱は見られなかった。ハプスブルク帝国のセルビアへの宣戦布告により戦争が始まると、ボスニア・ヘルツェゴヴィナの南スラヴはハプスブルク帝国軍に、ダルマツィアの南スラヴはオーストリア軍に、クロアチア・スラヴォニアの南スラヴはハンガリー王国軍に従軍することになる。

ハプスブルク帝国は緒戦で三三五万人を動員しようとしたが、民族構成が複雑であったため、実際に戦線に送ることができたのはその半数にすぎなかったとされる。また、この第一次動員令はハプスブルク帝国の「先進地域」を除外しており、ダルマツィアやクロアチア・スラヴォニアでは都市部ではなく農村部が対象とされた。そのため、徴兵されたのは大部分が読み書きのできない農民であった。徴兵された兵士は戦線に送られる前に、皇帝への忠誠心とクロアチアへの愛郷心を叩き込まれた。[13] それぞれの戦線で、多くの死者や負傷者が生まれたが、捕虜となる兵士もかなりの数で発生した。

クロアチア人の大部分はハンガリー王国軍第四二師団とハプスブルク帝国軍第三六歩兵師団に配属され、セルビア戦線、ガリツィア戦線（ロシアとの戦線）、イタリア戦線に送られた。ロシア戦線におけるハプスブルク帝国軍兵士の捕虜数は二〇〇万人を超えたので、帝国軍総司令部は脱走兵について軍法会議なしに死刑といった厳罰を科している。ハプスブルク帝国軍はセルビア王国軍との緒戦に敗れて三万人の死者を出し、七万人がセルビアの捕虜となった。一方、セルビア王国軍も死者数は二万人、一万九〇〇〇人がハプスブルク帝国軍の捕虜となった。

ガリツィア戦線において、ロシア軍のポーランド人兵士とハプスブルク帝国軍のポーランド人兵士が、敵と味方に分かれて戦ったことはよく知られている。セルビア戦線では文字通り、セルビア王国軍のセルビア人兵士とハプスブルク帝国軍のセルビア人兵士、あるいはクロアチア人兵士が「内戦」のように戦火を交えたのである。[14] セルビア軍の捕虜となったハプスブルク帝国軍の将兵七万人のうち、二万人がクロアチア人、スロヴェニア人、セルビア人であった。捕虜になった南スラヴ兵士の中には、ユーゴスラヴィアを支持する者もいたが、ハプスブルク皇帝への忠誠心を保持する者が多かった。セルビア軍の一部は捕虜に義勇兵になるよう呼びかけたが、それに応じたのは一九一四年末までに五〇〇人にすぎなかった。しかも、その大半がセルビア人であったとされる。[15]

(2) 投降するセルビア人兵士

ハプスブルク帝国軍の兵士が捕虜となる比率は、ドイツ軍と比べて多かった。それは、特定の民族集団、例えば、チェコ人、セルビア人、イタリア人、ウクライナ人の戦線離脱が大きな理由の一つとされる。戦線離脱には逃亡や脱走のほかに、敵軍と戦わずに屈する投降がある。サラエヴォ事件直後、セルビア人に対して極度の嫌疑がかけられ、ボスニア・ヘルツェゴヴィナのハプスブルク帝国軍部隊の正教徒（セルビア人）は兵站部隊に転属させられたり、分散して配属されたりした。そのため、戦線に送られるとすぐにロシア軍に投降するセルビア人の事例が多く見られた。

セルビア人兵士ステヴァン・スルディチが投降する一例を挙げてみよう。彼はボスニア・ヘルツェゴヴィナの北西部、ダルマツィア海岸の後背地にあるドルヴァルの出身で、動員令により徴兵されて、グラーツのハプスブルク帝国軍部隊で軍事訓練を受けた。そのさなか、上官と諍いを起こし、上官を殴りつけてしまった。大騒ぎになり、将校三人と下士官一人からなる軍法会議にかけられた。重罪になることは免れたが、すぐにガリツィア戦線の最前線に送られた。この部隊で同じボスニア・ヘルツェゴヴィナ出身の二人の兵士と出会い、投降の機会を狙った。

ロシア軍との激しい戦闘が続き、彼らの属する部隊は撤退を余儀なくされた。一九一五年二月、小隊長の撤退命令に背き、夜半に三人は部隊を離れて、暗闇の中、水路を伝ってロシア軍の方に向かった。ロシア軍の警備兵に出くわし、ロシア軍部隊の将校のいる待避壕に連行された。若い将校の一人がドイツ語で、「君たちはだれだ、なぜ投降したのか」と訊いてきた。スルディチが「私たちはボスニアのセルビア人です」とドイツ語で答えると、その将校は「セルビア語ができますか。私は話せます」とセルビア語で話し始め、一九一二年のバルカン戦争の際、電話交換技師としてベオグラードで働いていたことを伝えたという。

このような幸運から、三人はロシア軍への投降が問題なく認められ、他の捕虜と一緒に近くの鉄道駅に連れて行かれ、ポーランドの都市ルヴフ（ウクライナ語ではリヴィウ、ロシア語ではリヴォフ）からさらに、ウクライナのキエフにある捕虜収容所に送られた。最終的には、捕虜としてウズベキスタンのタシュケントの農場で綿花の摘み取り作業に従事した。ここで、スルディチはセルビア義勇軍の知らせを聞きつけ、義勇兵としての受け入れを要請した。郵便事情の悪さから時間はかかったが、ようやくセルビア義勇軍に従軍することが決まり、ウクライナのオデッサに向かった[16]。スルディチの例に見られるように、一九一五年冬から春のガリツィア戦線では、ロシア軍に投降するセルビア人兵士が大量に発生している。

(3)　第一セルビア義勇軍の実状

投降したセルビア人だけでなく、捕虜となったクロアチア人やスロヴェニア人も参加して結成されたのが、セルビア義勇軍である。第二次世界大戦後の社会主義ユーゴスラヴィアの時期の歴史研究では、セルビア義勇軍はユーゴスラヴィアの原型として簡単に説明されるにとどまり、研究の中心はもっぱらロシア革命に参加した南スラヴ捕虜の十月革命への貢献であった。ここでは最近の研究を踏まえて、ロシア軍の下で主としてセルビア軍将校と南スラヴ捕虜から結成されたセルビア義勇軍将兵のユーゴスラヴィアがどのようなものだったのかについて概観してみる。

第一次世界大戦期のセルビアでは、摂政アレクサンダルとその支持者の将校たち（白手組）、ドラグティン・ディミトリエヴィチ（通称アピス）大佐[17]の秘密結社「統一か死か（黒手組）」、首相パシッチの急進党の三勢力が権力争いを続けていた。サラエヴォ事件の後ろ盾となったアピス大佐の黒手組は、軍中心の政治による「大セルビア」の実現を目指し、さまざまな義勇兵を集めた非正規軍を指揮下に置いていた。開戦当初、セルビア政府は規律のとれたセルビア軍を重視する立場から、雑多な義勇兵を取り込むことに関心を示さなかった。しかし、一九一五年末の戦闘でセルビア軍が敗北を喫すると、義勇兵による軍の補強を無視できなくなった。多大な犠牲を払い、コルフ島に撤退したセルビア政府は軍の再編成に着手し、兵士の補充を義勇兵に求めたのである。義勇兵の対象は、ハプスブルク帝国から合衆国やラテン・アメリカに移住した南スラヴ、ガリツィア戦線でロシアの捕虜となった南スラヴであった。

セルビア義勇軍結成の知らせは、一九一五年秋ごろから、ガリツィア戦線でロシア軍の捕虜となった兵士の集結地、ウクライナのオデッサに設置された大きな捕虜収容所に伝えられた。一九一六年一月には、オデッサを含むウクライナ各地の捕虜収容所にいたセルビア人、クロアチア人、スロヴェニア人の動員が開始された。ロシア政府が八〇〇〇万ルーブルを供与して義勇軍の整備にあたり、四月までに約一万二〇〇〇人を擁する四連隊編成のセルビア義勇軍が創設された。オデッサ駐在のセルビア王国領事とユーゴスラヴィア委員会の代表とが、協力して義勇兵集めに奔走したことが大きな役割を果たした。

コルフ島のセルビア政府は二月末、セルビア義勇軍の司令官に白手組のステファン・ハジッチ大佐を任命すると同時に、将校団をオデッサに派遣した。ハジッチがオデッサに着いたのは四月末であり、すぐに第一セルビア義勇軍の指揮をとり始めた。その時点でのセルビア義勇軍の兵力は九七〇〇人とされる。そのうち二六三人が将校であり、民族別ではセルビア人が一二〇人、クロアチア人が九〇人、スロヴェニア人が四〇人、チェコ人が四人、ロシア人が三人であり、さらに三五〇〇人の兵士が参加することになっていた。兵士の大部分はボスニア・ヘルツェゴヴィナやヴォイヴォディナ（バナト、バチュカ、バラニャ）、スレム、スラヴォニア、ダルマツィアのセルビア人であった。セルビア人兵士は反ハプスブルク感情が強く、セルビア・ナショナリズムから抜けきれなかったために、クロアチア人兵士との衝突が生じた。一方、コルフ島から派遣されたセルビア人将校は軍の教育を受けて、政治的な判断から南スラヴの統一という考えを理解していたが、それでも「ユーゴスラヴィア」の国家形態をめぐって、クロアチア人将校との対立が見られ、クロアチア人将校がセルビア義勇軍を離れる事態も生じた。

五月にはこうした情勢のオデッサに、セルビアとロシアの国家指導者がやってきた。まず、セルビア王国首相パシッチがセルビア義勇軍の閲兵のために到着した。ハジッチはパシッチに兵士たちの状態を説明する際に、兵士たちが最も恐れているのは、義勇軍に加わることで故郷の家族にハプスブルク帝国の弾圧が及ぶことだと述べている。次いで、ロシア軍のブルシーロフ将軍がロシア軍の指揮下に置くセルビア義勇軍を閲兵し、二二日にはロシア皇帝ニコライ二世が閲兵式に臨んだ。八月末、約一万八〇〇〇人に膨らんだ第一セルビア義勇軍のドブルジャ戦線（ルーマニア・ロシア軍連合軍と中央同盟軍との戦い）への移送が始められた。ドブルジャ戦線はドナウ・デルタの湿地帯での密集戦であり、九月から一〇月にかけての戦いで多大な犠牲者が生じ、セルビア義勇軍の五三％が戦線を離れざるをえなかった。セルビア義勇軍は一一月末から一二月初めに、イスマイル（現在、モルドヴァとの国境に位置するウクライナの地方都市）でつかの間の休息をとった後、ロシアの捕虜収容所に移送された。[18]

(4) 第二セルビア義勇軍と動員の強制

第一セルビア義勇軍がドブルジャ戦線に送られる前、一九一六年七月にコルフ島のセルビア軍参謀本部は、ミハイロ・ジヴコヴィチ将軍を司令官とする第二セルビア義勇軍を結成する指令を出した。セルビア人中心の第一セルビア義勇軍より南スラヴの色彩の強い軍団を創設して、協商国側に「ユーゴスラヴィア」をアピールする必要があったからである。ジヴコヴィチ将軍は九月にオデッサに到着すると、すぐに第二セルビア義勇軍の創設に着手した。ジヴコヴィチと一緒に派遣された将校たちは、オデッサの捕虜収容所を回り、セルビア人捕虜を強制的に入隊させようとした。一方、ユーゴスラヴィア委員会の代表もオデッサにやってきて、クロアチア人やスロヴェニア人捕虜の入隊を促した。一〇月中旬の時点で、約二万人の南スラヴ捕虜（クロアチア人九〇〇〇人、セルビア人七〇〇〇人、スロヴェニア人四〇〇〇人）が動員されたが、ほとんどの兵士は自らの意志で入隊したのではなかった。兵士たちに戦争の目的を理解させる軍事教育が施された結果、半数以上の兵士がセルビア義勇軍を離れた。特にクロアチア人兵士の離脱が顕著だった。

このような状況においても、ユーゴスラヴィア委員会の代表は義勇兵による軍団の結成に固執した。強制的な義勇軍への入隊に伴う混乱が一段落した一九一七年初頭の時点で、セルビア義勇軍は三万人を超える兵士と八〇〇人を超える将校を擁する軍団になっていた。将兵の民族別内訳はセルビア人が二万二〇〇〇人、クロアチア人が四九〇〇人、スロヴェニア人が一七〇〇人、ロシア人が八〇〇人、チェコ人とスロヴァキア人が三〇〇人、その他四〇〇人であった。

この時期、二月革命によってロシア帝国が崩壊し、ロシア軍の下に置かれていた第二セルビア義勇軍にその影響が直接及んだ。将校や兵士たちにも動揺が広がり、セルビア義勇軍のかかえる矛盾が先鋭化する。この軍団はセルビアの義勇軍なのか南スラヴの義勇軍なのか、目的は「大セルビア」なのか「ユーゴスラヴィア」なのかが問われ、特にセルビア人とクロアチア人の戦争の目的の違いが改めて問題となった。司令官のジヴコヴィチはすでに一九一六年一二月、セルビア義勇軍からユーゴスラヴィア義勇軍への名称の変更を要請したが、「政治的な理由」からセルビア政府の同意を得られなかった。

一九一七年三月末、セルビア政府はようやくセルビア義勇軍の名称をセルビア人・クロアチア人・スロヴェニア人義勇軍に改称する指令を出したが、セルビアの名がなお残るこの名称は反発を引き起こした。四月初め、スロヴェニア人とクロアチア人将校一五〇人が、①名称をセルビア人・クロアチア人・スロヴェニア人義勇軍ではなく、ユーゴスラヴィア義勇軍とすること、②スロヴェニア人とクロアチア人兵士をセルビア人兵士と別々の部隊編成にすること、③この義勇軍はセルビア王国とは別のユーゴスラヴィア革命軍になることなどの声明を出して、この義勇軍を離脱した。このような混乱した状況下で、五月に兵士たちにセルビア人・クロアチア人・スロヴェニア人義勇軍にとどまるか否かの確認がなされた結果、兵力の半数近い約一万三〇〇〇人（セルビア人七三〇〇人、クロアチア人三八〇〇人、スロヴェニア人一二〇〇人）が義勇軍を離脱した。

セルビア政府とロシアの臨時政府との間で協議が重ねられ、ロシア革命の混乱を避け、義勇軍をサロニカ戦線に送ることが決められた。こうして、一万二五〇〇人のセルビア人・クロアチア人・スロヴェニア人義勇軍は一九一七年秋から翌年春にかけて、ギリシアのサロニカへ移送された。四連隊編成の軍団のうち、第一、第二連隊はロシア北部のアルハンゲリスク港から、イギリス、フランス、イタリア経由でサロニカに移動した。第三、第四連隊はアルハンゲリスク港が使用不能になったため、ヤロスラヴリからシベリア鉄道、南満州鉄道経由で大連に、そこからイギリス船籍の船で黄海からシンガポール、セイロンを経由し、紅海に入りスエズ運河を経てポートサイドからサロニカに向かった。[19]

(5) ある将校の描く第二セルビア義勇軍

先述の第三連隊にセルビア人将校として従軍したアレクサンダル・ジュリッチは、一九一六年夏から一九一八年春までの体験を三部作のルポルタージュとして、一九三〇年代後半に発表した。第二セルビア義勇軍も、その中心がハプスブルク帝国内南スラヴ地域出身のセルビア人農民たちであったことは確かだが、一九三八年に出版された三冊目の『勝利に向かって』には、ジュリッチが見たこの義勇軍の多様な側面が描かれている。ジュリッチは第三連隊第八大隊に配属された。大隊は兵士二四〇人からなる四個の中隊編成で、中隊長はジュリッチを含めてセルビア人二人、クロアチア人一人、チェコ人一人であった。中隊は六〇人編成で、四個の小隊から編成されていた。ジュリッチが指揮した中隊の第一小隊長はスレム出身のセルビア人であったが、ハンガリー王国内のクロアチア防衛隊（ドモブラン）に従軍していたので、指揮語はクロアチア語、第二小隊の指揮語はドイツ語、第三小隊の指揮語はクロアチア語、第四小隊の指揮語はハンガリー語だった。

ジュリッチはこの義勇軍の特徴を次のように指摘している。①兵士の数に比べて将校の数が多いこと、②将校にはチェコ人やスロヴァキア人が多く見られ、特に軍の管理部門に従軍しており、南スラヴの問題には関与せず、チェコとスロヴァキアの連帯を確信して戦争の終結を待っていること、③セルビア人はセルビア王国軍の「義勇兵」との意識が強いこと、④クロアチア人はロシア皇帝に忠誠を尽くすために強制的に入隊させられた「動員兵」との意識が強いこと、⑤将校の間でも、セルビア人とクロアチア人、スロヴェニア人の間では思い描く「ユーゴスラヴィア」が異なっていたことである。

第二セルビア義勇軍が戦うべき戦線の決定を待っている間に、ロシアの政治情勢が激変した。ジュリッチらは、一九一七年の二月革命から十月革命の混乱に翻弄されながら、軍団がロシア当局と交渉し、ようやくシベリア鉄道の使用許可が下りて移動が可能となる様子を生き生きと描いている。南満州鉄道を経て、厳冬下の一〇〇日間に及ぶ鉄道による移動を終え、一九一八年二月七日に大連に到着したこと、長春から大連までは日本軍の保護を受け、大連では日本軍の要請があり、武器なしで軍事パレードに臨んだが日本軍司令官は満足してくれたこと、菓子、タバコ、オレンジなどの差し入れを受けたこと、五日間の滞在後、サロニカに向けて大連を出発したことなども記されている。[20]

4　新生国家の実現とセルビア義勇軍

(1)　新生国家の成立

ジュリッチらの軍団は一九一八年三月に、最後の戦場となっていたサロニカ戦線に投入された。セルビア王国軍はサロニカで一月にユーゴスラヴィア連隊を創設していたので、その連隊に加わった。この年の夏を境に戦況が大きく変化する。ハプスブルク帝国の崩壊が現実となり、南スラヴ統一国家の建国が具体化する中で、帝国内の南スラヴに十分な基盤を持ちえないユーゴスラヴィア委員会のトルムビッチにとって、協商国からの承認こそが自らの正統性を確保するための最優先課題であった。協商国側が、チェコスロヴァキアの建国を求めて活動していたパリのチェコスロヴァキア国民会議や、ポーランドの国家再建のために同じくパリで活動していたポーランド国民委員会を、それぞれの新国家の政権の母体として承認すると、トルムビッチはユーゴスラヴィア委員会が南スラヴ統一国家における同様の存在として協商国側から承認されることを望んだ。

ユーゴスラヴィア委員会は存在感を示せなかったが、ハプスブルク帝国内では、南スラヴ統一国家の建国に向けての動きが加速した。一〇月六日に帝国内南スラヴ地域の諸政党の代表者がザグレブで南スラヴの統一を目的とし、ユーゴスラヴィア・クラブのコロシェツを代表とする「スロヴェニア人・クロアチア人・セルビア人民族会議」の設立を発表した。二九日には「民族会議」がハプスブルク帝国から独立した「スロヴェニア人・クロアチア人・セルビア人国家」の創設を宣言する。この国家はチェコスロヴァキアと同様に、ハプスブルク帝国の「継承国家」だったが、ロンドン秘密条約の存在が重くのしかかり、協商国側の承認を得られなかった。セルビア王国と統一する以外に新国家を建国する方策はなかったのである。

一一月六日から九日にかけてジュネーヴで、「民族会議」の呼びかけにより、セルビア政府、「民族会議」、ユーゴスラヴィア委員会の代表に加えてセルビア王国議会野党の主要政党の代表も加わり、南スラヴ統一国家の形態に関して協議が行われた。協商国に向けて、南スラヴ統一国家の宣言を出すことが目的であったが、セルビア政府代表のパシッチ首相と「民族会議」との見解が対立した。パシッチはセルビアが統一国家の主導的地位を占めることを主張したのに対し、「民族会議」はセルビアとの平等な地位を求めた。「民族会議」の見解はユーゴスラヴィア委員会とセルビア議会の野党からも支持を受けたため、少数派となったパシッチは仕方なく「スロヴェニア人・クロアチア人・セルビア人国家」を正式に承認し、九日に共同のジュネーヴ宣言を公表するに至った[21]。この宣言によると、新国家建国後に憲法制定議会が成立するまで、セルビア政府と「スロヴェニア人・クロアチア人・セルビア人国家」がそれぞれの代表機関として存続することとされた。

しかし、狡猾なパシッチはコルフ島に置かれていたセルビア政府に、セルビア軍とともにいち早くベオグラードに帰国していた摂政アレクサンダルもジュネーヴ宣言に反対であるとの偽りの電報を送ったので、セルビア議会はジュネーヴ宣言を批准しなかった。一方、ロンドン秘密条約を盾にして、イタリアがダルマツィア海岸に迫っていた。ユーゴスラヴィア委員会はダルマツィアがイタリアの占領下に置かれることを強く懸念し、「民族会議」に南スラヴ統一国家の建国を急ぐよう要請した。

一一月二三日、「民族会議」内で重要な会議が開催された。統一国家が集権的な体制を採るのか連邦制なのか、王政なのか共和政なのかという問題に関して異なる見解が見られた。統一国家の建国を急ぐべきでないとの立場を表明したのは、クロアチア人民農民党の指導者スチェパン・ラディチだけだった。イタリアの脅威を実感するダルマツィアの代表は統一国家の建国を即座に実現することを主張した。ボスニアやヴォイヴォディナのセルビア人代表もセルビアとともに統一国家を建国することに支持を表明した。複雑な事態が生じたのはモンテネグロであった。一〇月二六日、ポドゴリツァのモンテネグロ議会はセルビア王国と王朝統合することを宣言した。これは、次の段階として、南スラヴ統一国家の建国を意味するものであった。亡命中の国王ニコラの支持者たちは、モンテネグロ議会の決議に異議を唱えて反乱を起こしている。反乱は鎮圧されたものの、「モンテネグロ問題」は火種を残したまま、南スラヴ統一国家の建国が始まった。

一一月二七日、ザグレブの「民族会議」代表三人は、正式にセルビア王国との統合を進めるため、ベオグラードへ向かった。一二月一日夜、摂政アレクサンダルが待つベオグラード中心部テラジエ広場近くの仮の王宮で「民族会議」副代表アンテ・パヴェリッチ（クロアチアのファシスト集団であるウスタシャの指導者とは別人）は、暫定的な「スロヴェニア人・クロアチア人・セルビア人国家」の国民がウィルソンの民族自決の原則に基づいて、セルビア王国との統合を望むことを表明した。さらに、新生国家は国王ペータル（国王は病身だったので、実質的には摂政アレクサンダル）の下で王政を採ること、統治形態は普通・平等・秘密選挙によって選出された議員からなる憲法制定議会で決定されることも述べられた。この声明に応えて、摂政アレクサンダルがセルビア王国と「スロヴェニア人・クロアチア人・セルビア人国家」の領域がセルビア人・クロアチア人・スロヴェニア人王国として統合されることを宣言した[22]。皮肉なことに、南スラヴ統一国家の建国を推進してきた主役の二人、セルビア王国の首相パシッチもユーゴスラヴィア委員会の代表トルムビッチもこの場にはいなかった。

(2) セルビア義勇兵たちの戦後

一九一八年に協商国側の同盟軍となり、新生チェコスロヴァキア国家の基礎を築いたチェコスロヴァキア軍団[23]とは異なり、第二セルビア義勇軍はセルビア人・クロアチア人・スロヴェニア人義勇軍と改称しながら、結局は協商国の一国であるセルビア王国軍の枠を超えることができず、新生国家セルビア人・クロアチア人・スロヴェニア人王国の建国に重要な役割を果たしえなかった。南スラヴの統一国家「ユーゴスラヴィア」の建国を目指してセルビア義勇軍の活動を支援したユーゴスラヴィア委員会も、ロンドン秘密条約の存在を前にして、最後まで協商国側の承認を得ることができなかった。

第二セルビア義勇軍は確かに多様な要素を含む軍団であったが、クロアチア人やスロヴェニア人の多くはユーゴスラヴィアという明確な目的を持って参加したのではなく、協商国側に自らの活動をアピールするための手段と考えるユーゴスラヴィア委員会の強制的な動員による側面が強かった。兵士たちの間に反ハプスブルクという一致点は見られたが、この義勇軍はセルビア王国軍の色彩を薄められず、南スラヴとしての連帯を生み出すには至らなかった。進んで義勇兵になったのは、ハプスブルク帝国内南スラヴ地域の貧しいセルビア人農民が圧倒的に多かった。彼らにしても、セルビア民族感情や新国家への期待だけの理由で義勇兵になったわけではなく、戦後のより良い生活環境を求めて従軍したことが容易にうかがえる。例えば、セルビア政府は義勇兵を募るため、一九一六年一一月に、戦後義勇兵を国有地に入植させる決定を下した。また、一九一七年三月には、セルビア義勇軍に従軍した南スラヴ将兵には五ヘクタール、軍属の場合は三ヘクタールを報酬として与える声明を出していた。

新生国家セルビア人・クロアチア人・スロヴェニア人王国政府は、一九一八年一二月一八日に「義勇兵に関する布告」を出して、セルビア王国が創設した軍隊に従軍したすべての義勇兵に新国家の国籍を付与した。さらに、一九二八年八月には、この布告が法制化され、義勇兵の数は四万三四〇八人と特定された。一九三一年六月、「大土地所有廃止に向けた土地改革法」が制定され、義勇兵は既存の地方自治体で土地を入手するか開拓地へ入植するか、いずれかの形でようやく土地を保有できるようになる。[24] ユーゴスラヴィア王国政府は義勇兵を国民統合の中心的な存在と見なし、戦後一〇年以上経てもなお不安定であったハンガリー、ルーマニア、ブルガリア、アルバニアとの国境地域に彼らを入植させた。

セルビア義勇軍の活動は歴史的な役割を十分に果たしえなかったが、複雑な地域・民族構成のため国民統合を円滑に進められない南スラヴ統一国家の政府にとって、義勇兵は無視できない存在であった。しかし、第二次世界大戦後の社会主義の時代にユーゴスラヴィア王国時代の義勇兵の活動は禁止されてしまい、その存在は次第に人々の記憶から消し去られてしまったのである。

注

1 パリ講和会議における新生国家の国際的承認過程については、柴宜弘「新生国家ユーゴスラヴィアと日本——両国交流の黎明期を中心に」『中欧研究』五号、二〇二〇年を参照。

2 D. Djokić, *Nikola Pašić and Ante Trumbić: The Kingdom of Serbs, Croats and Slovenes*, London: House Histories, 2010, pp. 3-4.

3 筆者はセルビア人・クロアチア人・スロヴェニア人王国を「擬制の国民国家」として、その成立過程を叙述した。柴宜弘『ユーゴスラヴィア現代史』岩波新書、一九九六年。

4 Djokić, *op. cit.*, p. 27.

5 月村太郎『オーストリア＝ハンガリーと少数民族問題——クロアティア人・セルビア人連合成立史』東京大学出版会、一九九四年を参照。

6 M. Ekmečić, *Ratni ciljevi Srbije 1914*, Beograd: Politika, 1992（1973）, p. 89.

7 ニシュ宣言については、セルビア語だが以下の史料集を参照。B. Petranović i M. Zečević（ed.）, *Jugoslavija 1918/1988: tematska zbirka dokumenata*, Beograd: RAD, 1988, p. 37.

8 ハプスブルク帝国によるセルビア占領については、J. E. Gumz, *The Resurrection and Collapse of Empire in Habsburg Serbia, 1914-1918*, New York: Cambridge University Press, 2013を参照。

9 ロンドン秘密条約については、H. W. V. Temperley（ed.）, *A History of the Peace Conference of Paris*, Vol. 5, London: Oxford University Press, 1920, pp. 384-392を参照。

10 コルフ宣言については、*Ibid.*, pp. 393-396を参照。

11 M. Velikonja, Slovenia's Yugoslav Century, in D. Djokić（ed.）, *Yugoslavism: Histories of Failed Idea 1918-1992*, London: Hurst & Company, 2003. p. 85.

12 「五月宣言」については、Petranović i Zečević（ed.）, *op. cit.*, pp. 83-84を参照。

13 H. Čapo, Identifiability in Warefere: Croatian Soldiers' Multinational Ambiance of Service（1914-1918）, *Review of Croatian History*, 10（1）, 2014, p. 30.

14　チェコ人とスロヴァキア人にも同胞による「内戦」の事例が見られた。「内戦」という表現については、林忠行「チェコスロヴァキア軍団――未来の祖国に動員された移民と捕虜」山室信一・岡田暁生・小関隆・藤原辰史編『現代の起点　第一次世界大戦二　総力戦』岩波書店、二〇一四年、五六頁を参照。

15　Čapo, op. cit., p. 32, 37.

16　M. Micić, *Srpski dodrovoljaci 1914-1918: Životi, sećanja*, Novo Miloševo: Banatski kulturni centar, 2016, pp. 13-21.

17　アピスについては、D・マッケンジー『暗殺者アピス――第一次世界大戦をおこした男』柴宜弘・越村勲・南塚信吾・長場真砂子訳、平凡社、一九九二年を参照。アピスらの黒手組指導者は、一九一七年五月にサロニカで行われた軍事法廷で、軍事クーデタとアレクサンダル公暗殺計画の首謀者として死刑判決を受け、六月に処刑された。

18　M. Micić, *Srpsko dobrovoljačko pitanje u velikom ratu*（*1914-1918*）, Novo Miloševo: Banatski kulturni centar, 2014, pp. 84-110. ロシア十月革命後の内戦期に、セルビア義勇軍を離脱した将兵は政治的な立場の選択を迫られ、ボルシェヴィキ側と反ボルシェヴィキ側とに分裂するが、両者の活動を実証的に検証した最近の基本的な研究として、N. B. Popović, *Srbi u gradjanskom ratu u Rusiji 1918-1921*, Beograd: Institut za savremenu istoriju, 2005がある。

19　*Ibid.*, pp. 111-126.

20　A. D. Djuric, *Ka pobedi: ratni dnevnik*, Beograd: Izdavačko i knjižarsko preduzeće Geca kon A. D., 1938, pp. 5-46.

21　ジュネーヴ会議の議事録と宣言については、Petranović i Zečević（ed.）, *op. cit.*, pp. 116-121を参照。

22　*Ibid.*, pp. 135-138を参照。

23　チェコスロヴァキア軍団については、林忠行、前掲論文を参照。チェコスロヴァキア軍団とセルビア義勇軍との関係は今後の課題である。

24　M. Micić, *Srpsko dobrovoljačko pitanje u velikom ratu*（*1914-1918*）, pp. 238-240.

第3章

聖戦からユーゴスラヴィアへ

大戦とボスニア・ヘルツェゴヴィナのムスリム

米岡大輔

オーストリアのシュタイアーマルク州南部の町レーブリングにある、第一次世界大戦で亡くなったボスニアの兵士の墓地

出所）H. Neumayer und E. A. Schmidl（eds.), *Des Kaisers Bosniaken: Die bosnisch-herzegowinischen Truppen in der k.u.k. Armee*, Wien: Verlag Militaria, 2008, p. 151. © Christoph Neumayer

1　ボスニアのムスリムにとっての大戦とその終結

第一次世界大戦（以下、大戦）は、列強諸国の植民地やそれに相当する従属地域に暮らす多数のムスリムをも巻き込みながら展開された。その中で彼らは、軍隊への動員などにより支配国の戦時体制を支える重要な戦力となり、また大戦末期には、それぞれの境遇に沿い、新たな国際秩序が立ち現れてくる局面への対応も迫られていった。

バルカン半島北西部に位置するボスニア・ヘルツェゴヴィナ（以下、ボスニア）のムスリムもまた、ハプスブルク帝国治下で大戦を迎えた。[1]一八七八年をさかいにオスマン帝国支配からハプスブルク帝国支配へと移ったボスニアには当時、ムスリムと元来同じ南スラヴに起源を持つ正教徒のセルビア人とカトリックのクロアチア人が生活していた。その後、大戦終結に伴い帝国が崩壊へと向かうと、そうした住民構成も背景として、ボスニアは「自決」の理念の下に創設されたセルビア人・クロアチア人・スロヴェニア人王国の一部をなすこととなった。本章は、大戦中のハプスブルク帝国とボスニアのムスリムとの関係を考察したうえで、この南スラヴの統一の流れに彼らがどのように与したのかを明らかにするものである。

これまで、大戦勃発から終結に至るまで通時的にボスニアのムスリムの言動を考察した研究はきわめて乏しい。[2]その背景には、ハプスブルク帝国史研究と旧ユーゴスラヴィア（以下、ユーゴ）諸国の大戦研究、双方の事情が深く関係している。帝国史研究では大戦下のボスニアを主題とする際、サラエヴォ事件の内実に関心が集まる一方、[3]帝国の諸政策と人々の動きとの関係を実証的に考察したものは非常に少ない。[4]他方、旧ユーゴ諸国のうちセルビア、クロアチア、スロヴェニアでは、それぞれの国家ごとに国民史の構築が進められる中で、各国民にとっての大戦の意義を問い直そうとする研究が蓄積されている。しかしボスニアでは、セルビア人、ムスリム、クロアチア人の混住が続く国家の内情も影響して、そうした研究は展開されず、ムスリムと大戦とのかかわりを主題とするものもほとんど見当たらない。また旧ユーゴ諸国のこうした現状では、以前に比べて、いかに南スラヴの人々が大戦末期の国際情勢下で一つの王国をともに創立させたのかという問題についての関心もほとんど失われている。[5]

そこで以下では、次の順に議論を進める。まず、ハプスブルク帝国がいかなる統治政策を通じてボスニアのムスリムをその諸制度の中に組み込んでいったのかを概観する。次に、ムスリムが帝国と大戦中にいかなる関係を構築したのかを詳らかにする。最後に、戦争の展開に伴いその関係が変化する中で、いかにムスリムが南スラヴの統一に向けた動きに接近していったのかを見ていく。そこでは、ハプスブルク帝国をめぐる国際情勢の変動によりその動きが本格化する流れと並行して、ムスリムがボスニアの統治体制の再編を模索しながらも、最終的に新たな王国の樹立に加わっていく姿が描かれるであろう。

2　帝国統治に呼応するムスリム

(1)　徴兵制と宗教制度の導入

ハプスブルク帝国は一八七八年七月にベルリン条約を締結したのち、占領に関するオスマン帝国の合意を取り付け、翌年四月に全一〇項からなる協定（以下、四月協定）を結んだ。[6] 協定では、ボスニアでの信仰の自由、特にムスリムの信仰・財産の保護や、地元住民の官吏としての優先的採用などが定められたが、何よりその前文で占領が「スルタン皇帝陛下の主権を侵害することはない」と明記されたことは特筆に値する。[7]

しかしハプスブルク帝国がボスニア住民の統合に向けた諸政策を展開していくと、この協定はすぐに骨抜きにされることとなった。それは、「州籍」の設定と徴兵制の導入、さらにイスラームの宗教制度の創設から明白に看取される。

ボスニアは、帝国の二重制の均衡を保つためオーストリアとハンガリーいずれにも属さず、共通三省[8]（外交、軍事、それにかかわる財務）の一つである共通財務省と、その下で現地の行政を取り仕切る州政府の管轄下におかれた。「州籍」

はこの国制上の地位に基づき、ボスニアの人々に設けられた法的帰属であった。[9] その設定を経て一八八一年一一月四日に発布されたのが、暫定的な徴兵法である。[10] そこではまず、「すべての兵役義務のあるボスニアの州籍の保持者は、その領域における防護と安全をもたらす君主国と州の防衛に自ら参加せねばならない」と明記され、二〇歳以上の男性が兵役義務を負うと定められた。さらに兵役の期間は三年、予備役は九年とされ、聖職者・医者・教師などは徴兵免除の対象とされた。また法令の施行後には、ボスニア全体を四つの徴兵区に分け、それに基づいて連隊も編成されることとなった。その主な任務は当初地元の治安維持とされたが、一部の部隊は一八九一年以降、ウィーン、グラーツ、ブダペシュトなどボスニア以外の諸都市にも駐屯した。それは、ボスニアで徴兵された兵士に帝国への帰属意識を高めさせると同時に、有事の場合に備えて在地の兵力を分散させておくための措置でもあった。[11]

この法令で注目すべきは、ムスリム兵士に関する特別な規定が補足されている点である。その概要は次の通りである。①金曜日は休日とし、ラマダーンのときは三日間、犠牲祭のときは四日間の休日とする、②食事は、豚肉やワインなどが出されないよう準備される、③礼拝のための時間・部屋は確保される、④部隊には原則二名のイマーム（礼拝の導師）が随行する。加えて一八九六年二月二七日には、従軍するイマームの宣誓の執り行いに関する通達も出された。そこでは、イマームがクルアーンを手にムスリムの兵士の前で宣誓を読み上げると、兵士らもまたそれに続いて宣誓を行うものとされた。[12] 帝国はボスニア併合後も以上の徴兵法の内容を概ね維持したまま大戦へと突入した。

また徴兵の実施に加え重視されたのが、イスラームの宗教制度の創設である。そもそもイスラームには、キリスト教の教会に相当する組織はなく、オスマン帝国がボスニアのその諸制度を管轄してきたのだった。そのためハプスブルク帝国によるそうした対応は、オスマン側の介入を避けるうえでも必要不可欠なものとされた。そこで一八八二年一〇月、レイスルウレマー職（ウラマー（学識者）の長）と四人の委員からなる諮問機関ウレマー・メジュリス（ウラマーの会議）が創設された。その任命権は、他の宗教の長と同様に、ハプスブルク皇帝に属するものと定められた。彼らの任務は、ボスニア各地のムフティ（法学者）らの選出、帝国により組織化されたワクフ委員会委員の適任者選出、マクタブなど教育施設の監督など、ボスニアのイスラーム全般にかかわる業務を管轄することにあった。

これに対してムスリムの中では、ハプスブルク帝国の統治体制に抗おうとする動きも現れた。その指導者らは一九〇〇年一二月、ボスニア全体のイスラーム教徒の意見を集約したとされる嘆願書を作成し、共通財務省に提出した。そこでは、ボスニアの現状が四月協定を反故にしており、その最たる例として、レイスルウレマーを頂点とする宗教制度が取り上げられた。さらにこの制度に関しては、オスマン帝国のシェイヒュルイスラーム（イスラームの長老）が正式に認めたレイスルウレマーの下でムスリムによる自治的な運営が営まれるべしと唱えられた。[13] この嘆願書は即座に棄却されたが、その後のボスニア併合に伴いムスリムを取り巻く状況は大きく変化していった。

(2) 自治を享受して

一九〇八年一〇月五日、ハプスブルク帝国はボスニア併合を宣言した。その目的は、青年トルコ革命の勃発に伴い立憲政を復活させたオスマン帝国が、憲法が最初に発布された一八七六年の時点に遡りボスニアの再領有を主張するのを阻むことにあった。その後ハプスブルク帝国は、ボスニアを共通財務省の統治下に置いたまま、一九一〇年二月に同地で憲法を発布し同年六月には議会を召集した。

しかしハプスブルク帝国がボスニアを公式の領土としていくと、同地に住むセルビア人とクロアチア人はそれぞれ、セルビアと帝国領内のクロアチアの支援を受けナショナリズムを高めた。中には、帝国からのボスニアの分離を唱える者や、民族構成上の優位を得るべくムスリムが本来セルビア人あるいはクロアチア人だと宣伝する者も現れた。

そこで帝国はボスニアの安定的領有を維持するために、その支配に抗ってきたムスリムの求めに応じ宗教制度の自治を承認した。一九〇九年五月一日に発布された全一八四項からなる自治法[14]では、レイスルウレマーの候補者やウレマー・メジュリスの選出から、ワクフおよび教育施設の運営に至るまでムスリムが大幅な自治を享受することになった。例えばレイスルウレマーとウレマー・メジュリスの構成員については、まずボスニア全体のムスリム代表者三〇名からなる委員会が数名の候補者を選出すると規定された。そのうえでハプスブルク皇帝がその候補者の中から適任者を任命したのち、シェイヒュルイスラームに正式な認可を求めるという手続きが定められた。ここで特筆すべきは、その自治の範疇として、ボスニアのムスリムがシェイヒュルイスラームと接触できることも定められていた点であろう。ウレマー・メジュリスは、教義やシャリーア法上の問題が生じた場合に州政府経由でシェイヒュルイスラームに意見を求めることも可能とされた。

こうした帝国の対応に沿いムスリムもまた、セルビア人やクロアチア人の動きに直面する中で、自治的な宗教制度を支えとして帝国当局との関係をより強固なものとしていこうとした。それは、その主導者と目され、一九一四年三月にレイスルウレマーに就任したジェマルディン・チャウシェヴィチがサラエヴォ事件に伴う混乱とその後の事態の展開の中でとった行動からも看取される。[15]

一九一四年六月二八日にサラエヴォで皇位継承者フランツ・フェルディナントとその妻が暗殺された事件は、帝国内の南スラヴ諸地域に反セルビアの行動を拡大させた。サラエヴォ市内に住むムスリムもまた、事件当日の夜からクロアチア人と一緒にセルビア人に対するデモ活動を始めた。中には暴徒と化し、セルビア人の営む学校、教会、商店やホテルなどを襲撃する者も現れた。さらに翌日の朝には、ムスリムやクロアチア人の政治指導者らが市民を集めて集会を開いた。参加者はそこでハプスブルク皇帝の写真を掲げたり、国歌を口ずさんだりした。[16]

チャウシェヴィチにとってこうした事態は、ボスニアの住民間の対立を生み、帝国統治を不安定化させ、結果的にムスリムと帝国との関係を揺るがしうるものと考えられた。そこで彼はまず、七月二日にボスニアのイスラームの諸制度を担う全官吏を代表して暗殺事件への弔意を当局に伝え、その後セルビア人に対する暴力的行為を控えるようムスリムに訴えた。さらに、セルビアへの宣戦が迫る七月二五日には、ムスリムに向けて次の声明を発表した。すなわち「私たちボスニアのムスリムは、オーストリア＝ハンガリー君主国の強力な旗の下で生活しており、それは、あらゆる非イスラームの国家の中で、自らの文化的使命を適正かつ尊敬すべき形で果たした唯一の国家である。それゆえ私たちは、神と人間の法に確実に従い、その国家とともに悲しみや喜びを共有し、それとともに生き死んでいく義務があるのだ」と。[17]

以上のように、ハプスブルク帝国が併合後のボスニアの安定化に向けてムスリムに宗教制度の自治を認めた一方で、彼らもまたそれに呼応し、その体制下で帝国への忠誠を保とうとしたのだった。それでは、この両者の関係は大戦勃発以後いかに変容していったのだろうか。

3　ハプスブルクのために戦うムスリム

(1)　ボスニアの聖戦

一九一四年七月二八日にハプスブルク帝国がセルビアに宣戦布告すると、ボスニアに駐留していた帝国の部隊は八月に入り、東部の国境付近からセルビアへと侵攻し戦闘を開始した。こうした事態は、ボスニア側の国境地域に住むムスリムの間に、敵国軍の侵攻やそれに伴う社会的混乱への不安を惹起した。実際、彼らの中には、ボスニア内の他地域へと逃亡したり避難したりしようとする人々も現れた。[18] 帝国当局にとって、そうした不安がボスニアのムスリムに広がることは、戦時下における彼らの士気を下げうるため阻止されねばならなかった。

そこで帝国当局内で注目されたのが、一九一四年一一月一四日にオスマン帝国のシェイヒュルイスラームが出した聖戦の宣言であった。ドイツの働きかけによりその三日前に同盟国側で本格的に参戦したオスマン帝国は、イギリス・フランス・ロシアなどの連合国下に住むムスリムを扇動する目的でそれを発表していた。実際、連合国側につくセルビアに居住するムスリムにもその布告を送り、セルビア軍に加わるのではなく、ハプスブルク側に与するよう彼らに宣伝していたという事実も確認される。[19] ハプスブルク帝国は、ボスニアのムスリム内にもこれを広めてその連帯を呼びかけていこうとしたのであった。

ボスニアの州政府の総督ポティオレクは宣言が出された翌日、共通財相ビリンスキにその旨を伝え、レイスルウレマーのチャウシェヴィチを介してボスニアの全モスクにそれを掲げることが必要不可欠だと訴えた。そのうえで、「ボスニアのムスリムは、皇帝にして国王の旗の下で共通の敵に対して従軍することによって、カリフやオスマン帝国の敵に対する聖戦への宣言で課される宗教的義務を果たすことになるだろう」と述べた。[20] だがこれに対して懸念を示したのが、在イスタンブル大使パッラヴィチーニであった。彼は一一月一七日に、こうした対応が実行されればシェイヒュルイスラームがボスニアのムスリムに対して介入する権利を公式に認めるも同然だ、と共通外務省経由で抗議したのである。そのためポティオレクは一一月二三日に自らの提案をいったん取り下げた。[21]

しかし、チャウシェヴィチが一二月二日に、全ムスリムが「生命と財産」をかけて連合国との戦闘に加わるべきだという主旨の書簡と聖戦の布告をシェイヒュルイスラームからじかに送られると、事態は大きく変化した。彼はこの書簡に基づき、ボスニアの州政府に対し、一二月一一日の金曜日にサラエヴォ中心部のガジ・フスレヴベグ・モスクで聖戦の宣言を発表する予定だと述べ、さらに同市に全ムフティを呼び寄せ、宣伝活動に向けその複写物を彼らに配布したいと伝えた。またモスクでの読み上げ後には、ボスニアのムスリムがその聖戦の呼びかけに応ずるためには、カリフの同盟者であるハプスブルク帝国の軍隊に参加し戦うべきである、と説明するつもりだとした。[22]

州政府は以上のチャウシェヴィチの報告を共通財務省経由で共通外務省に送るとともに、自治法に基づく限り彼の行動に抵抗する権限はない、と主張した。[23] これを受けて共通外相ベルヒトルトは一二月五日、シェイヒュルイスラームからレイスルウレマーにじかに書簡と布告が届いた事実とともに、州政府の立場を在イスタンブル大使に伝え、結果的にポティオレクの当初の提案が尊重されるに至ったのである。[24]

こうしてチャウシェヴィチは州政府への事前の説明に基づき、一九一四年一二月一〇日にボスニア全域のムフティらにシェイヒュルイスラームの書簡と聖戦の宣言の内容を伝えた。そして翌日ガジ・フスレヴベグ・モスクで、金曜日の礼拝のあとにそれらをトルコ語とボスニア語で読み上げた。そこには、政治家、官吏、ムフティ、兵士など三〇〇〇人ほどのムスリムが参集したという。彼はその聴衆の前で、ボスニアのムスリムとしてはハプスブルク帝国の勝利のために戦ってこそ、聖戦の宣言に応ずることになると訴えた。[25]

従来の研究の中には、連合国側のムスリムの動きに着目して、聖戦の宣言が消極的な意味しか持ちえなかったと指摘するものもある。[26] 他方、ボスニアのムスリムに限っては、次に見る通り、彼らが大戦中にハプスブルク帝国の兵士として従軍し一定の役割を果たした事実に基づくならば、その影響を看過することはできない。

(2) ムスリム兵士の動員とその課題

前節で述べた通り、ボスニアでの徴兵は、民族や宗教を単位とせず、「州籍」保持者を対象として規定の徴兵区ごとに実施されていた。そのためボスニアで徴兵された兵士の構成は大戦勃発前、ボスニアの宗教別人口比をおおよそ反映していた。一九一〇年の人口統計によると、ボスニアの全住民一八九万八〇四四人のうち、正教徒四三・四%、ムスリム三二・二%、カトリック二二・八%、その他一・三%であった。[27] それに対してボスニア出身の兵士は、一九一三年一月三一日付の統計によると、全三万九九五六人のうち、正教徒三九・八%、ムスリム三一・四%、カトリック二五・四%、その他三・四%であった。[28] 特にウィーンとブダペシュトに駐屯する部隊がそれぞれ属する第一連隊と第三連隊は、その他の連隊に比して、ムスリム住民が相対的に多い徴兵区から編成されていたため、ムスリム兵士の割合が高かった。[29]

このような構成を基本とするボスニアの兵士は、大戦の勃発に伴い動員が開始されると、帝国の他地域で徴兵された兵士とともにそれぞれの駐屯地から順次出征していった。ボスニアに駐屯していた部隊は主に、地元の治安維持と隣接するセルビアとの戦いに従事していくこととなった。またそこには、ボスニア外の周辺地域から越境し、自ら志願して加わるムスリム兵士もいたという。[30] 他方、オーストリアとハンガリーそれぞれに駐屯していた部隊に関しては、当初ほとんどがロシアとの戦線に送り込まれた。一九一四年の冬から翌年にかけては、ガリツィアへと侵入してきたロシア軍からカルパチア地域を防衛するための激しい戦闘にも加わった。さらに、一九一五年五月二三日にイタリアが帝国に宣戦布告すると、グラーツに駐屯していた部隊はその戦線にも動員され、アルプス周辺をめぐる激闘にも従事した。この戦いで犠牲となったボスニアの兵士のうちムスリムも含めた八〇五人は、現在もなおシュタイアーマルク州南部の町レーブリングの墓地（六三頁、本章扉写真）に埋葬されている。[31]

こうした中でオーストリアやハンガリーに駐屯するムスリム兵士の動員を支えていたのは、従軍イマームの存在であった。大戦勃発時から一九一八年までウィーン、グラーツ、ブダペシュトに駐屯するボスニアの部隊にはそれぞれ、アブデュラ・エフェンディ・クルベゴヴィチ、サリ・エフェンディ・アティコヴィチ、イブラヒム・エフェンディ・ヤヒチが従軍イマームとして随行していた。さらに大戦中には、およそ一〇〇人のムスリムが予備役の従軍イマームとして従事したのだった。[32]

例えばウィーンでは、ロシアとの戦線に出征するボスニアの部隊にいた六〇〇人以上のムスリム兵士を前にして、予備役の従軍イマームであるフセイン・エフェンディ・デュリチが金曜日の礼拝を執り行った。彼がクルアーンを読み上げ、ボスニア語とアラビア語で説教を行うと、兵士たちは絨毯のある仕切られた部屋でともに祈祷した。その際デュリチは説教の中で、シェイヒュルイスラームが出した聖戦の布告に言及し、「私たちの栄光ある統治者、皇帝にして国王たるフランツ・ヨーゼフの繁栄と勝利のために祈りを捧げよう」と訴えた。[33]

ハプスブルク帝国はこのようにムスリムが大戦中に兵士として従事しやすい環境を用意しつつ、ボスニア現地では動員可能な兵士を増やすべく徴兵をより積極的に展開していった。一九一四年には一五万六〇四七人が徴兵検査を受け、そのうち七万五八四五人が適性を認められ、その七九％が入隊した。続けて一九一五年には、二一万七七一四人が徴兵検査を受け、そのうち一一万二七七一人が適性を認められ、その九一％が入隊したのであった。[34]

だが他方で帝国は、大戦中ボスニアでの徴兵を拡大していくにつれ、彼らに対する教練をどのように実施するべきかという課題に直面した。その際には、特にムスリム兵士と別の兵士との関係を取り持つ必要に迫られた。一九一五年七月二五日にボスニアの州政府が地元のムスリム有力者から得た情報によると、ブダペシュトやグラーツでは正教徒のセルビア人下士官が壮年のムスリム新兵を教練しており、その粗暴な態度が彼らの宗教的感情を傷つけているとされた。例えば下士官の一人は、新兵が訓練時に不平を述べた際、カリフを罵倒するような発言もしたという。そこで州政府は、こうした状況を放置すればボスニアの住民間で対立を引き起こしうるため、下士官に横暴な態度を改めさせるとともに、訓練時にはムスリム兵士の宗教的感情に十分に配慮することを共通陸軍省に求めるよう共通財務省に申し入れを行った。[35]

こうした問題を抱えながらも、ボスニアのムスリムは大戦中、兵士として動員され続けた。だがその背後では、戦況の変動に伴い南スラヴの統一に向けた運動が徐々に展開されていたのであった。

4　王国への道

(1)　「南スラヴ」をめぐる模索

ここではまず、大戦中に南スラヴの統一に向けた活動がいかなる形で展開されたのかを確認しよう。

二〇世紀に入ると、バルカン半島をめぐる列強諸国間の緊張や民族間の対立が高まるにつれ、南スラヴ諸地域の政治家や知識人の間では、南スラヴの解放と統一をはかろうとする動きが一定の支持を集め、政治運動としても活発化していた。さらに大戦中ハプスブルク帝国がセルビアやイタリアとの戦争を繰り広げていくと、彼らはその統一をいかに実現すべきかという課題に取り組むようになった。その一つの出発点は、一九一五年五月にセルビアやハプスブルク帝国領内からの亡命政治家の一部がロンドンでユーゴスラヴィア委員会を設立したことにあった。[36]その議長に就任したアンテ・トルムビッチは同月一二日、イギリス国民と議会に声明を出しその活動理念を説明した。そこでは、クロアチア・スラヴォニア・ダルマツィア、スロヴェニア、セルビア、ボスニア、モンテネグロなどが挙げられたうえで、「南スラヴ民族（Jugoslovenski narod）はそれらの領土を一つの独立した国家に統一しようとしている。〔中略〕多くの宗教に分かれている私たちの民族は、その寛容な精神でよく知られているが、信仰の完全な平等と自由を保障することで国民としての統一を果たすであろう」と唱えられた[37]。

委員会はその後、連合国側につくセルビア政府との関係を強化することで、新国家創設の正当性をより強く訴えていこうとした。これに対してセルビア政府は当初、委員会と歩調を合わせることに消極的であったが、自国を取り巻く戦況の変化とともにそうした態度を保つことが困難となっていった。ハプスブルク帝国とドイツの軍隊は一九一五年一〇月九日に首都ベオグラードを占領したのちセルビア国内への侵攻を続け、また両国と同じ陣営で参戦したブルガリアもそれに乗じて同国内への侵略を進めた[38]。さらに一九一七年二月にロシアで革命が起き帝政が倒れたことで、セルビア政府は国際関係上の大きな支えを失うこととなった。その中で政府は徐々に委員会に接近していき、その結果、両者は一九一七年七月二〇日、セルビア政府と軍の拠点となっていたイオニア海北東部のコルフ島で共同宣言を出すに至ったのである。宣言では、新国家の名称を「セルビア人・クロアチア人・スロヴェニア人王国」とすることに加え、国家体制はセルビアのカラジョルジェヴィチ家の下で立憲君主制を敷くこととされた。また、三つの民族名称およびラテン文字とキリル文字の平等な利用と、正教、カトリック、イスラームの信仰の自由と平等についても定められた[39]。

ところが、ユーゴスラヴィア委員会とセルビア政府が新国家に関するこうした基本方針を定めたころ、ハプスブルク帝国領内でも新たな動きが生じ始めていた。ロシア革命に続き一九一七年四月、のちに「一四か条」を唱えるウィルソン大統領の下でアメリカが連合国側で参戦したことは、帝国内の政治家らの動きに多大な影響を及ぼした。大戦中に新たに皇帝となったカールは同年五月に入り、オーストリアで開戦前にすでに閉会されていた議会を召集したが、それぞれの民族を代表する議員の間では、これに合わせて国家体制の再編を目指す議論が展開され始めたのである。政治家アントン・コロシェツを指導者としてユーゴスラヴィア・クラブを組織していた議員らもまた、そうした流れに沿い、一九一七年五月三〇日に声明を発表した。そこでは、「ハプスブルク＝ロートリンゲン朝の下で、国民の原理とクロアチアの国権に基づき、異民族の支配から自由で、民主制に基づく一つの独立した国家的組織として、スロヴェニア人、クロアチア人、セルビア人が住む君主国内のすべての土地を統一すること」が求められたのだった。[40]

それでは、このように南スラヴの統一にかかわる二つの構想が浮上してくる中で、ボスニアではそれらに対していかなる反応が示されたのであろうか。次に、ムスリムの動きを中心に見ていくことにしよう。

(2) 自治か統一か

大戦の長期化は、ボスニアにも深刻な影響を及ぼしつつあった。戦中のボスニアでは、徴兵の拡大に伴い労働力の不足が生じており、農業生産が急速に低下していた。その収穫量は一九一六年には、一九一四年のおよそ五〇％にまで下がり[41]、その結果、地元の住民は食糧危機に直面した。だがそれでもオーストリアとハンガリーの各政府は、それぞれの領内の食糧難に向き合うことを最優先し、共通財務省下にあるボスニアの窮状に対して積極的な援助策をとろうとはしなかった。例えば、当時の行政報告書によると、一九一六年一〇月一六日に開かれた省庁間の会議では、貨車六〇〇〇台分のパン用穀類がハンガリーからボスニアに割り当てられることが決定されたが、その後ハンガリー政府は四〇〇〇台分に引き下げたのだった。[42] そのため一九一七年に入るとボスニアでは、特に都市部の住民を中心に飢餓が広がり、子どもや老人の中には餓死する者も生じた。[43] 一九一七年二月には皇帝カールの指示に従い、オーストリアとハンガリーの各首相やボスニア総督を委員とする共通食糧委員会がウィーンに設置され、帝国全体に及ぶ窮境に対策が講じられようとしたものの、もはや状況が改善することはなかった。[44]

こうした中でボスニアでは、ハプスブルク帝国の統治体制の再編をめぐる議論が活発化した。一九一七年七月一一日にサラエヴォの警察本部が州政府に出した報告によると、ボスニアの政治家らは、オーストリア議会におけるスラヴ系議員の行動に興奮しており、帝国内での南スラヴの統一に向けた希望を高めつつあった。特にセルビア人やクロアチア人の政治家の中には、ユーゴスラヴィア・クラブの委員と接触し、その活動に歩調を合わせていこうとする者もいたという。他方ムスリムの動きについては、この問題に関して態度を決めかねているものの、オーストリア議会での経過についてはかなり満足している雰囲気があるとされた。[45]

実際、当時のムスリムの間では、統治体制の再編という点では態度が一致していたものの、その具体的な方向性については大きく分けて二つの立場が見られた。一つは、帝国内でボスニアに領域的な自治を求めていこうとするもので、その中心にいたのは、大戦下でワクフ委員会委員長も務めていた政治家シェリフ・アルナウトヴィチであった。その主張の内容は、彼が一九一七年八月に入りウィーンの共通財相ブリアーンを訪問した際に、皇帝カールに提出した覚書から看取できる。その中で彼はまず、ボスニアが中世には王国を形成し、さらにオスマン帝国治下では独自の性格を持つ州を構成してきた歴史を取り上げた。そのうえでボスニアの人々は、言語や部族の共通性より、独自の歴史、文化、生活習慣に基づくまとまりを保持してきたため、ムスリムは南スラヴの統一の動きに与することはできないと唱えた。さらに、三九年間ハプスブルク帝国が住民に行政や政治への参加を十分に認めてこなかったと批判し、一九一五年二月以来閉会中のボスニア議会を再び召集することに加え、「われわれの祖国」ボスニアに自治を委ねることを求めたのであった。[46]

他方もう一つの立場は、ユーゴスラヴィア・クラブの活動に歩調を合わせていこうとするもので、その代表的な人物はレイスルウレマーのチャウシェヴィチであった。彼は、一九一七年夏にユーゴスラヴィア・クラブの代表者コロシェツがサラエヴォを訪れた際に会談の場を持ち、次のように伝えた。すなわち「望むままに行動してください。私は、私たちの民衆に自由をもたらすあらゆる行動に賛同する。私たちの政府もトルコもドイツももうたくさんだ」と。チャウシェヴィチはそのうえで、ボスニアでの議会の再開には賛同するものの、アルナウトヴィチの行動には反対すると説明した。[47]

宗教指導者として帝国とムスリムとの関係の強化に努めてきたチャウシェヴィチがこうした主張を唱えた背景に

は、戦争の長期化に伴い、これまでの体制下で保たれてきた彼らの信仰に基づく生活が脅かされつつある状況があったと考えられる。彼は一九一七年一一月一一日に共通陸軍省に出した報告で、そうした現実を示すためにムスリム女性と戦時の労働との関係について説明した。彼によれば、ボスニアでも徴兵に伴い男性の労働力が急減する中、女性がその代わりを担いつつあった。当局はこうした状況を念頭に置き、兵士の衣服を修理・洗濯する作業場をサラエヴォやモスタルに設け、住民が働き収入を得る場を提供しようとした。だがムスリムの女性にとって、そこで労働することは非常に困難なことだった。なぜなら彼女たちは、宗教的な教義に従えば、公の作業場に出入りすることが禁じられており、また、ヴェールをまとわなければそうした外出も認められなかったからであった。こうした現状に鑑みてチャウシェヴィチは、男性が戦場へと赴く時代でも、ムスリムの「宗教・道徳的な態度」を成長させることが宗教指導者たる自らの義務だと唱え、ムスリムの女性労働者専用の作業場を設置するよう当局に強く要望し、さもなければ、ムスリムの圧倒的多数が完全な貧困化の危機に陥るだろうと訴えたのである。[48]

帝国の枠組みを前提としたボスニアの地位の再編をめぐるこれらの議論は、一九一八年に入ってもなおムスリム内で継続していた。それは、同年七月二二日付の共通財務省への報告の中で州政府が、南スラヴの統一に反対するアルナウトヴィチの活動を取り上げていることからもうかがえる。[49]しかし、次に見る通り、同年夏以降に戦況が連合国優勢に大きく傾き、その後ハプスブルク帝国の解体と南スラヴの新国家樹立が現実のものとなり始めると、ボスニアのムスリムもその流れに沿わざるをえなくなっていく。

(3)「自決」への希望

一九一八年九月、連合国軍はギリシアの港湾都市テッサロニキから攻勢をかけ、一〇月一九日にはドナウ川に達し、翌月一日にはベオグラードを解放した。[50]これにより大戦におけるハプスブルク帝国の敗北は決定的なものとなった。こうした流れと並行して、帝国内では南スラヴの国家独立に向けた動きが加速した。一〇月六日にはオーストリア議会の七三人のメンバーが、スロヴェニア人・クロアチア人・セルビア人民族会議を結成し、独立国家の建設を目指し始めた。これに対して皇帝カールは一〇月一六日にオーストリア側での連邦形成を宣言したが、民族会議はそれを拒否したのち、スロヴェニア、クロアチア・スラヴォニア、ダルマツィア、ボスニアを含めた新国家スロヴェニア人・クロアチア人・セルビア人国家の中央機関となることを宣言した。さらにその後アメリカ政府がチェコスロヴァキアや南スラヴの独立に言質を与えると、一〇月二九日にはクロアチアやスロヴェニアで帝国国制からの離脱が正式に決定され、スロヴェニア人・クロアチア人・セルビア人国家の設立が承認された。[51]

ところが戦後まもない政情の中、その領内では各地で社会不安が広がりつつあった一方、対外的にはアドリア海沿岸部への領地拡大を目指すイタリアの脅威が高まっていた。そこで民族会議の代表者らは、セルビアからの軍事的支援を得るとともに、同国との統合に向けた動きを本格化させた。一九一八年一一月に入ると二八人の委員をベオグラードに派遣し、先述のコルフ島での宣言に基づく新国家の創立をセルビア国王の摂政アレクサンダルに要請した。その結果、一二月一日ペータル一世を国王とするセルビア人・クロアチア人・スロヴェニア人王国の創立が宣言されるに至ったのである。[52]

南スラヴの統一国家創設をめぐるこうした事態の展開にボスニアのムスリムは大きく翻弄されていった。一九一八年一〇月に入ると帝国内の民族会議に接近し、同月三一日にはレイスルウレマーのチャウシェヴィチや帝国治下のボスニア議会で議長を務めたサフヴェト・ベグ・バシャギチらムスリム有力者が民族会議への賛同を正式に表明した。[53] だがそこでのムスリムの発言権は限定的なものとならざるをえなかった。なぜなら民族会議がその代理機関としてボスニアに設置した政府には、セルビア人六人、クロアチア人四人に対して、ムスリムは一人しか参加が認められなかったからである。[54] そこには、ボスニアのセルビア人とクロアチア人がともに統一への動きに加わる意志をより早期に表明していたことも作用していたであろう。その結果ムスリムの間では、帝国内から独立した政体とセルビアとの統合の実現によって自らの現状が変化していくことへの期待が高まっていった。一九一八年一一月六日にセルビア軍が治安維持のためにサラエヴォに入ると、ムスリムは彼らを歓待した。その中には、先に紹介したアルナウトヴィチやチャウシェヴィチもいたという。[55] そして、セルビア人・クロアチア人・スロヴェニア人王国の創立宣言に対しては、当時のボスニアで唯一刊行されていたイスラーム系の文芸誌『ビセル〔真珠〕』が、一九一八年一一月・一二月合併号で「南スラヴと南スラヴの国家」と題する匿名の論考を発表し、ムスリムがその一員となることへの期待を次の通り表明した。

私たちは、ようやく終わりを迎えた大戦争の目撃者となった。〔中略〕強く自由な世界が動き出す中、民主主義の国アメリカのウィルソンは『すべての国民に自由と自決を！』と唱えた。〔中略〕私たちは、部族へと引き裂いてきた伝統を捨て去らなければならない。これまでとどまってきた地方への愛情よりも、三つの名前からなる民族全体への愛情を育むべきなのだ。それこそが、私たちを自由とする今日のすばらしい時代に期待されるものであり、私たちに幸運と良き未来をもたらすだろう。〔中略〕正教徒と並んでカトリック、そしてムスリムの幸福もまた、私たちの国家では核となるということを知っておこう。私たちはみな、自由で平和な祖国の平等かつ自由な市民となるのだ。〔中略〕私たち南スラヴの王ペータル一世陛下万歳！[56]

5　ボスニアのムスリムにとっての戦後

ハプスブルク帝国はボスニア占領以後、統治体制の整備を進める中で、ムスリムに合わせた徴兵制や宗教制度を導入していった。さらに大戦中にはその下で、同じ陣営のオスマン帝国の動きも政治的に利用しながら彼らを軍に動員していった。他方ムスリムもまた、それに呼応する形で帝国への忠誠を保ち、その戦時体制をしっかりと支えた。ところが、大戦の展開とともにその両者の関係が大きく揺らぎ始めると、帝国崩壊に伴い現実的な対応を迫られていく中で、彼らは「自決」の理念の下に設立されたセルビア人・クロアチア人・スロヴェニア人王国に帰属しそこで生きていくこととなったのであった。

しかし、その国家の一員として歩み出した彼らに明るい未来が訪れることは決してなかった。王国創立直後のボスニアでは、ムスリムに対するセルビア人の暴力行為が頻発した。チャウシェヴィチはこれを受けて、そうした行為の背後に正教徒の宗教的憎しみがあると唱えつつ、ムスリムもまた他の国民と同様に「スラヴ人」だと強く訴えた[57]。また王国は、レイスルウレマー職などイスラームの諸制度を残しつつも、セルビア人を中心とする体制を敷き、その後一九二九年には国王の独裁制へと変貌した。第二次世界大戦の終結に伴い再出発したユーゴでは、一九六〇年代ごろまでムスリムが国家を構成する「民族」として公式に認められることはなかった。さらに一九九〇年代のユーゴの崩壊に伴い独立したボスニアでは、セルビア人、ムスリム、クロアチア人による政治的かつ社会的な分断が当初から続いており、現在もなお宗教や民族をめぐる対立が根強く残存している。

これまでハプスブルク帝国治下におけるボスニアのムスリムと大戦とのかかわりを主題とする研究がほとんど看過されてきた背景には、彼らが大戦の結果としてこのような歩みをたどらざるをえなかったこともまた深く関係していたであろう。だが、「自決」の理念を到達点と見なす歴史の見直しが進む今日においては、本章で論じてきた通り、大戦中の彼らの動静を描き出し、そこに新たな意味を見出していくべきである。そのためには今後、ボスニアのムスリムに限らず、列強諸国の支配下にいた他地域のムスリムなど、その周縁部で生きたさまざまな人々の大戦の経験を掘り起こし、それらを比較の中で捉え直していかねばならない。そのような作業が積み重ねられてこそ、大戦研究の射程をより広げると同時に、その現代的意義を問い直すことにもつながるであろう。

注

1 以下、本章における引用史料において、「オーストリア＝ハンガリー君主国」あるいは「君主国」という表記が見られる場合には、それに従う。

2 大戦末期の彼らの政治動向に関する主な研究は、A. Purivatra, *Jugoslavenska muslimanska organizacija u političkom životu Kraljevine Srba, Hrvata i Slovenaca*, Sarajevo: Bosanski Kulturni Centar, 1999, pp. 11-57; A. Jahić, *Vrijeme Izazova: Bošnjaci u prvoj polovini XX stoljeća*, Sarajevo: Bošnjački Institut-Fondacija Adila Zulfikarpašića, 2014, pp. 67-140.

3 事件に関しては一〇〇周年の二〇一四年前後に多数の研究成果が出されている。代表的なものとして、V. Preljević und C. Ruthner (eds.), *"The Long Shots of Sarajevo" 1914: Ereignis-Narrativ-Gedächtnis*, Tübingen: Narr Francke Attempto Verlag, 2016.

4 大戦中のボスニア統治政策を考察したものは、Đ. Mikić, *Austrougarska ratna politika u Bosni i Hercegovini 1914-1918*, Banjaluka: Nezavisni univerzitet Banjaluka, 2011. また大戦期を中心として軍事に焦点を当てたものとしては、Z. Šehić, *U smrt za cara i domovinu!*, Sarajevo: Sarajevo Publishing, 2007; H. Neumayer, und E. A. Schmidl (eds.), *Des Kaisers Bosniaken: Die bosnisch-herzegowinischen Truppen in der k.u.k. Armee*, Wien: Verlag Militaria, 2008.

5 例えばセルビアとクロアチアそれぞれで近年刊行された大戦にかかわる以下の論集でも、当時の各国民の動向を見る研究が多く、双方の関係や他の民族を主題とするものはほとんど見当たらない。Д. Живојиновић (ed.), *Срби и први светски рат 1914-1918*, Београд: Српска академија наука и уметности, 2015; Ž. Holjevac (ed.), *1918: U Hrvatskoj povijesti*, Zagreb: Matica Hrvatska, 2012. また管見の限り、王国創立から一〇〇年経過した二〇一八年にも共同研究などは旧ユーゴ諸国で出されていないようである。

6 協定の締結に至る経緯については、米岡大輔「ハプスブルク帝国下ボスニアにおけるイスラーム統治とその反応――レイスルウレマー職をめぐって」『史林』九四巻二号、二〇一一年、九二～九六頁（以下、米岡「イスラーム統治」）。

7 *Sammlung der für Bosnien und die Hercegovina erlassen Gesetze, Verordnungen und Normalanweisungen 1878-1880*, Bd. 1, Wien: Kaiserlich-königliche Hof- und Staatsdruckerei, 1880, pp. 4-5（以下、*Sammlung*).

8 正式名称は「帝国議会に代表される諸王国・諸領邦」だが、本章では便宜上オーストリアと記す。

9 「州籍」に関しては、米岡大輔「オーストリア＝ハンガリー二重帝国によるボスニア領有とイスラーム教徒移住問題」『史学雑誌』一二三編七号、二〇一四年、五～一二頁。

10 *Sammlung*. pp. 697-718.

11 Neumayer und Schmidl, *op. cit.*, pp. 49-52.
12 *Verordnungsblatt für k. und k. Heer*, Wien: K.u.K. Kriegsministerium, 1896, p. 41.
13 米岡「イスラーム統治」一〇〇～一〇五頁。
14 *Gesetz- und Verordnungsblatt für Bosnien und die Hercegovina*, Sarajevo: Landesdruckerei, 1909, pp. 419-454.
15 チャウシェヴィチの経歴と活動については、米岡大輔「ハプスブルクとオスマンの間で――ボスニアの『進歩的ムスリム』による教育改革論」秋葉淳・橋本伸也編『近代・イスラームの教育社会史――オスマン帝国からの展望』昭和堂、二〇一四年、二三五～二三八頁。
16 R. J. Donia, *Sarajevo: A Biography*, Ann Arbor: University of Michigan Press, 2006, pp. 123-125.
17 E. Karić, i M. Demirović (eds.), *Reis Džemaludin Čaušević, Prosvjetitelj i Reformator*, Sarajevo: Ljiljan, 2002, pp. 287-290.
18 Šehić, *op. cit.*, p. 93.
19 Haus- Hof- und Staatsarchiv, Politische Archiv, I（以下 PA. I）, 983-1-1, No. 3914（1915）.
20 Arhiv Bosne i Hercegovine, Zajedničko Ministarstvo Finansija, Präsidium Bosniens und der Hercegovina（以下 ZMF, Pr. B. H.）, 1815（1914）.
21 PA, I, 972, No. 843, No. 60（1914）.
22 Ibid., No. 4072（1914）.
23 Ibid.
24 ZMF, Pr. B. H, 1913（1914）.
25 Proglašenje džihada u Bosni i Hercegovini, *Sarajevski List*, 306, 1914, pp. 2-3.
26 例えば、伊藤順二「ロシアとオスマン帝国における動員と強制移住」山室信一・岡田暁生・小関隆・藤原辰史編『現代の起点 第一次世界大戦　一　世界戦争』岩波書店、二〇一四年、九三頁。
27 R・J・ドーニャ／J・V・A・ファイン『ボスニア・ヘルツェゴヴィナ史』佐原徹哉他訳、恒文社、一九九五年、九二頁より算出。

28 Neumayer und Schmidl, *op. cit.*, p. 103.

29 *Ibid.*, p. 104.

30 Šehić, *op. cit.*, pp. 174-175.

31 Neumayer und Schmidl, *op. cit.*, pp. 128-132, 148-152.

32 *Ibid.*, p. 110; *Ranglisten des kaiserlichen und königlichen Heers*, Wien: Kaiserlich-königliche Hof- und Staatsdruckerei, 1918, pp. 1676-1677.

33 K. Aspern, *Kriegsanekdoten: Heitere und ernste Tatsachen aus dem Jahre 1914/1915*, Bd. 2, Regensburg: Druck und Verlag von Josef Habbel, 1918, pp. 200-202.

34 H. Rumpler und A. Schmied-Kowarzik, *Die Habsburgermonarchie 1848-1918*, Bd. XI, 2, Wien: Verlag der Östreichschen Akademie der Wissenschaften, 2016, p. 146.

35 ZMF, Pr. B. H, 856（1915）.

36 M. J. Calic, *A Hitory of Yugoslavia*, 2014, Indiana: Purdue University Press, 2019, p. 63.

37 F. Šišić, *Dokumenti o postanku Kraljevine Srba, Hrvata, i Slovenaca 1914.-1919*, Zagreb: Naklada Matice Hrvatske, 1920, pp. 36-37.

38 H・P・ウィルモット『第一次世界大戦の歴史大図鑑』五百旗頭真・等松春夫監修、山崎正浩訳、創元社、二〇一四年、一一九～一二二頁。

39 B. Petranović i M. Zečević（eds.）, *Jugoslavija 1918-1984: Zbirka dokumenata*, Beograd: Izdavačka radna organizacija "Rad", 1985, pp. 51-53.

40 Šišić, *op. cit.*, p. 94.

41 F. Hauptmann, *Die österreichisch-ungarische Herrschaft in Bosnien und der Hercegovina 1878-1918*, Graz: Institut für Geschichte der Universität Graz Abt. Südosteuropäische Geschichte, 1983, p. 253.

42 *Bericht über die Verwaltung von Bosnien und der Hercegovina 1914-1916, von K. und K. Gemeinsames Finanzministerium*, Wien: Kaiserlich-königliche Hof- und Staatsdruckerei, 1917, p. 137.

43 H. Kapidžić, *Bosna i Hercegovina pod austrougarskom upravom*, Sarajevo: Svjetlost, 1968, pp. 215-216.
44 S. Klein, Freiheer Sarkotić von Lovćen: Die Zeit seiner Verwaltung in Bosnien-Hercegovina von 1914 bis 1918, Wien: Dissertation Universität Wien, 1969, pp. 172-173.
45 ZMF, Pr. B. H, 823（1917）.
46 A. Jahić i E. Bokun, Memorandum Šerifa Arnautovića caru Karlu 1917. godine, *Prilozi*, 44, 2015, pp. 162-178.
47 Kapidžić, *op. cit.*, p. 229.
48 Österreichishes Staatsarchiv, Kriegsarchiv, Kriegsministerium, Abt.13, Nr.57801（1917）.
49 ZMF, Pr. B. H, 677（1918）.
50 ウィルモット、前掲書、二七〇～二七一頁。
51 Calic, *op. cit.*, pp. 65-66; S. P. Ramet, *The Three Yugoslavias: State-Building and Legitimation 1918-2005*, Washington: Woodrow Wilson Center Press, 2006, p. 42.
52 J. R. Lampe, *Yugoslavia as History: Twice There was a Country*, Cambridge: Cambridge University Press, 2006, p. 109; Ramet, *op. cit.*, pp. 43-44.
53 Gradske vijesti, *Sarajevski List*, 237, 1918, p. 1.
54 Purivatra, *op. cit.*, p. 24.
55 *Ibid.*, pp. 27-30.
56 Jugoslaveni i Jugoslavenska Država, *Biser*, 21-24, Nov. i Dec. 1918, pp. 299-301.
57 Karić i Demirović, *op. cit.*, pp. 129-131.

［付記］本章は、日本学術振興会科学研究費事業（課題番号19K01089）の助成による研究成果の一部である。

第4章

農村からハンガリー文化を見直す

トランシルヴァニアの若手研究者の活動

辻河典子

バールヴァーニョシュヴァーラルヤの村外れで収穫作業に従事する人。コロジュヴァール・ハンガリー学生連盟が 1941 年夏に行った農村調査にて撮影。
出所）Molter P., Falukutatás Balványosváralján, *Hitel*, 5-6(3-4), 1940-1941, p. 299.

1　一九四〇年代トランシルヴァニアにおけるハンガリー文化研究

(1)　戦間期ハンガリーとトランシルヴァニア

第一次世界大戦を経て、ヨーロッパ中央・東部ではハプスブルク、オスマン、ドイツ、ロシアの各帝国が解体した。新しく並び立つことになった諸国家は、国民国家、すなわち文化的に均質で一つに統合された「国民」からなる国家であることを建前としていた。敗戦国となったハンガリーは、トリアノン条約（一九二〇年六月調印）により、大戦前のカルパチア盆地を中心とした領土（いわゆる「歴史的ハンガリー」）の約三分の二を周辺の継承諸国家（チェコスロヴァキア、ルーマニア、ユーゴスラヴィア、オーストリア）に割譲した。その結果、約三〇〇万人のハンガリー語話者が周辺国に在住することになった。そのため、戦間期のハンガリーでは、トリアノン条約の修正と領土修正が最も重要な外交課題の一つであった。

第一次世界大戦の戦後処理への不満は、一九三三年以降にハンガリーがナチ・ドイツへ接近する背景となった。ナチ政権の影響下で、ハンガリーは領土修正も実現した。ミュンヘン会談後の一九三八年一一月の第一次ウィーン裁定では、旧上部地方（現在のスロヴァキア）の南部、およびカルパチア山麓地域（現在のウクライナ・ザカルパッチャ州）の一部を、[1]第二次世界大戦勃発後の一九四〇年八月の第二次ウィーン裁定では北トランシルヴァニアを再び支配下に収めた。図4-1の太線が第一次世界大戦末期の時点でのハンガリーの国境線であった。第二次ウィーン裁定により、この太線とそれまでの国境線（細線）および破線で囲まれたトランシルヴァニア北部がハンガリー領となった。図中の「損なわれたハンガリー（Csonkamagyarország）」とは「歴史的ハンガリー」から領域を縮小させたハンガリーを指し、トリアノン条約以降にハンガリーで用いられた語である。一九四一年四月にハンガリー軍はユーゴスラヴィアに侵攻、すなわち第二次世界大戦に枢軸国側で参戦し、旧南部地方の一部などを占領した。

図 4-1　第二次ウィーン裁定での国境線（破線）
出所）1940 年 8 月 31 日付『ペシュト日報（*Pesti Hírlap*）』第 3 面）

再びハンガリー領となったこれらの地域の多くは旧ハンガリー王国内では経済的な後進地域であり、その状況は戦間期に周辺国の支配を受けても変わっていなかった。そこで、ハンガリー政府は産業面などでの振興策を通じて、これらの地域をハンガリー社会に再統合しようと試みた。本章では、トランシルヴァニアの代表的な文化都市コロジュヴァール（ルーマニア語でクルジュ、現クルジュ・ナポカ）[2]を拠点として一九三〇年代から四〇年代にかけて農村調査に従事した若手研究者たちが、この再統合政策に学術面でどのように呼応したのかを分析する。

トランシルヴァニアとはルーマニア語で「森の彼方」を意味し、ハンガリー語ではエルデーイと呼ぶ。本章では、日本での慣例にならってトランシルヴァニアと表記する。この地域は近代に入ると、ハンガリーとルーマニアの間で領有権が争われてきた。トランシルヴァニアでは一二世紀にハンガリー王国の支配が強まり、一六世紀からはオスマン帝国、後にハプスブルク帝国の枠内でトランシルヴァニア侯国が存在した。侯国は一八六七年にハンガリー王国と合同し、この地域は一九一八年秋までハンガリー領であった。一方、中世以来、ルーマニア人の起源はローマ帝国の属州ダキアのダキア人とローマ人の混血から生まれたダコ・ロマン人にあるという説が存在していた。一九世紀に入ってルーマニア王国の統一運動が高まると、この説を根拠としてルーマニアのトランシルヴァニア領有が主張されるようになった。なおトランシルヴァニアは、現在では第一次世界大戦後にハンガリーからルーマニアに割譲された地域の総称として用いられることが多い。[3] 本章でも、この意味でトランシルヴァニアを用いる。

(2) 本章の課題

戦間期から第二次世界大戦期にかけてのトランシルヴァニアに関する研究は非常に多い。本章が注目する第二次ウィーン裁定後のトランシルヴァニアに関する近年の研究に限っても、民族的少数派をめぐる諸問題を中心とするルーマニアとの関係や、[4] 経済・産業面での再統合政策[5]などが、さまざまに論じられている。こうした議論で注目されることが多いトランシルヴァニア党は、北トランシルヴァニアの地域的利害をハンガリー国会に伝える代表として形成され、現地の社会的・経済的ネットワーク（多くが戦前からの継続）を利用してトランシルヴァニアのハンガリー人社会全体の組織化を試みた。彼らのような現地の政治エリートは、こうしたネットワークや現地の知的エリートと深くかかわっていた。[6]

ただし、トランシルヴァニアの地域的利害はハンガリー政府と対立することもあった。[7] エグリ・ガーボルは数々の研究を通じて、一九二〇年代から一九四〇年代にかけてのトランシルヴァニアの政治・知的エリートたちがハンガリー人意識を有しながらも、戦間期にルーマニア国内で民族的少数派となった経験を背景として、トランシルヴァニアの歴史に基づく地域的独自性に根ざした自己認識も併せ持っていたことを指摘し、彼らがハンガリー政府側からの「ハンガリー人」としての一体性を前提とした働きかけに完全に合意していたわけではないことを明らかにしてきた。[8]

第二次ウィーン裁定後のコロジュヴァールでは、このトランシルヴァニアの地域的独自性を探る農村調査が積極的に行われた。調査に赴いた者の大半はこの街を拠点とした若手研究者（学生を含む）であり、トランシルヴァニアがルーマニア領となってから高等教育を受けた世代である。この農村調査に関しては、当事者による回顧のほか[9]、民族学などの観点から[10]、本国以外も含むハンガリー語文化圏で一九二〇年代後半から一九三〇年代にかけて高まった農村探索の延長にあることが明らかにされてきた。

農村探索とは、大土地所有制度が残存するハンガリー農村で窮乏する農民の実態を明らかにして、彼ら／彼女らを「ハンガリー人」の基礎として救済しようとする知識人たちによる運動である。戦間期のハンガリーでは、一九一八～一九年の一連の革命とその後の反革命、トリアノン条約に伴う領土解体と三〇〇万人の国境外同胞の発生という大変動が「民族的危機」として広く認識され、「ハンガリー人」とは何かが知識人たちの間で盛んに論じられた。一九一八～一九年の一連の革命は、首都ブダペシュトを中心とした都市の知識人（その中にはユダヤ系の人物も多かった）と社会民主党や共産党など労働運動の指導者たちが主導した。このため、戦間期のハンガリーでは、一九一八～一九年の革命とその参加者を、ユダヤ文化や社会主義などの外来文化・思想の影響を受けていると見なして否定し、「キリスト教国民」的価値観が公式に強調された。そして、農民がそのような外来文化・思想の影響を受けずに民族的伝統を保持する存在、いわば「ハンガリー人」の基礎として見なされ、「民族的危機」を克服する手がかりとして位置づけられた。この農民は、ハンガリー土着の住民を念頭に置いて「人民（nép）」と呼ばれることもあった。

第二次ウィーン裁定後のコロジュヴァールでの農村調査を主導したのはトランシルヴァニア学術研究所であった。同研究所は、国境線の変更に伴って一九二一年にハンガリー南部のセゲドへ形式的には移転されたことになっていたコロジュヴァール大学[11]が一九四〇年秋に「再開」された際に併せて設立された機関である。史料的な制約もあり、同研究所に関する先行研究は当事者による回顧[12]や紹介記事[13]、トランシルヴァニアにおける学説史の観点からの論考[14]などに限られる。

この農村調査の主要組織者の一人であった言語学者サボー・T・アティッラ（一九〇六～八七）は、戦間期や第二次世界大戦後の社会主義期と比べて、一九四〇年から四四年にかけての時期にはトランシルヴァニア学術研究所などから潤沢な経済的支援を受けながら研究を進められたと後に振り返っている[15]。筆者が旧稿で明らかにしたように、同時期にコロジュヴァールで活動していたトランシルヴァニア博物館協会（一八五九年設立）と同研究所との関係には大きな課題があったが、トランシルヴァニアの知識人たちの間では、ハンガリー本国とは異なる文化的独自性を農村調査を通じて学術的に探究することでハンガリー文化圏全体に寄与することが目指されていた[16]。

そこで本章では、トランシルヴァニア学術研究所が関与した農村調査に参加した若手研究者の活動に注目する。第二節では、まず戦間期ハンガリーの領土修正の理論的根拠の準備において地理学などの研究が利用されたことを確認したうえで、トランシルヴァニア学術研究所の概要について紹介する。第三節ではトランシルヴァニア学術研究所が関与した農村調査とそれへの評価を分析する。そして最後に、農村調査に従事した若手研究者たちのトランシルヴァニアに対する認識を考察する。

2 トランシルヴァニア学術研究所――トランシルヴァニアにおけるハンガリー文化の研究拠点

(1) 領土修正への理論的根拠としての学術研究

第一次世界大戦の末期から、ハンガリーでは講和会議に向けて領土の主張を根拠づける資料の作成が、地理学者や歴史学者、統計学者によって始まっていた。そのイニシアティブを執ったのは、地理学者で一九二〇〜二一年と一九三九〜四一年の二度にわたって首相を務めるテレキ・パール（一八七九〜一九四一）であった。一九一〇年の国勢調査の結果に基づいてハンガリー国内の諸民族分布を示した地図（通称「赤い地図」）は、そうして作成された資料の一つである（図4-2）[17]。

領土修正の主張を理論的に裏づけるために、テレキら地理学者や統計学者は戦間期にも大きな役割を果たした。一九二四年、テレキはベトレン政権から要請を受け、ハンガリー科学アカデミーの監督下で中央ヨーロッパ各国を経済地理学や人口地理学の観点から研究を行う社会誌学研究所を設立した。社会誌学とは、実地調査や統計データなどを駆使して、対象となる社会集団や事象の全体を詳述しようとする研究手法である。テレキは、ブダペシュト大学の経済地理学科で教えていた一九三八年一〇月に、民族学科および経済学科の教員と協力して研究センターを設立し、翌年にそれを全国地域・人民研究所として再出発させた。[18] この二つの研究所は、一九四一年にテレキ・パール学術研究所が設立されると、次に述べる政治学研究所に統合される。

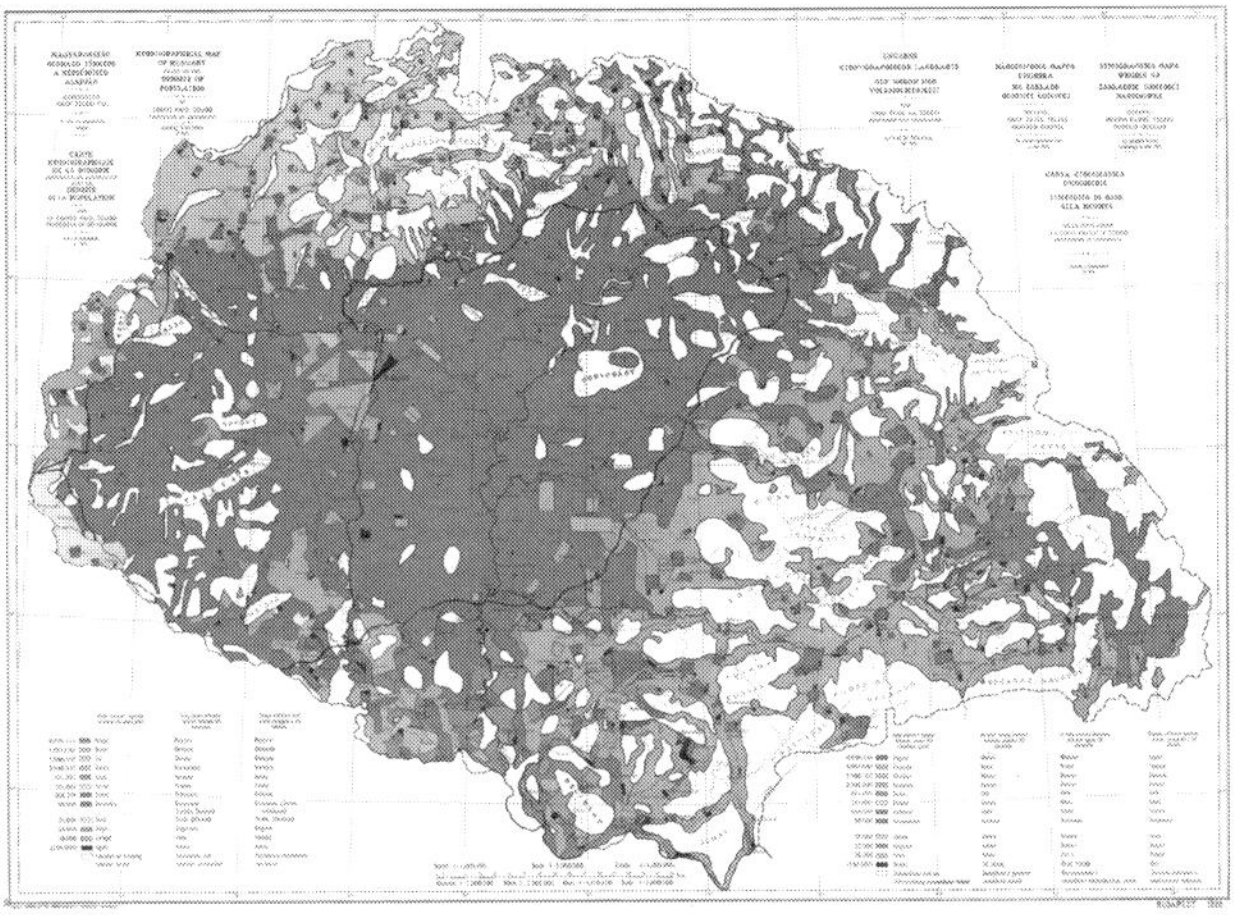

図 4-2　ハンガリー王国内の民族分布を示した「赤い地図」
出所）アメリカ地理学協会図書館デジタル地図コレクション（ウィスコンシン大学ミルウォーキー図書館。642 C-1919a）。

一九二六年にテレキが設立した政治学研究所は、ハンガリー統計協会の支援を受けて、継承諸国家の統計局のデータの収集および解析、公的刊行物の収集を行うことを目的としていた。政治学研究所員として集められた若手研究者の大半は、継承諸国家の出身であった。[19]

第二次ウィーン裁定で定められた国境線は、政治学研究所が作成した地図が示した民族境界線と大半が一致していた。[20] 以後、政治学研究所の任務はさらに増え、事実上の公的組織となった。当時二度目の首相在任中であったテレキは、かつての教え子で地理学者のローナイ・アンドラーシュに政治学研究所の所長を委ね、領土修正の交渉に貢献したローナイの仕事を高く評価した。[21] このエピソードからもうかがえるように、領土修正に向けた理論的根拠を準備するうえで、これらの研究所が果たした役割は非常に大きかった。

(2) ハンガリー文化の研究拠点の設立

一九四〇年一一月初旬、コロジュヴァール大学とトランシルヴァニア学術研究所の人事が宗教・公教育省から発表された。第二次ウィーン裁定を受け、すでに一〇月下旬にコロジュヴァール大学が「再開」されていた。同大学の敷地内に設置されたトランシルヴァニア学術研究所は、ホーマン・バーリント宗教・公教育相が「ハンガリーと特にトランシルヴァニアの地理、民族誌、言語、歴史、社会ならびに他の人民の諸問題、および他の国々の人民との諸関係について学術的な研究を行う目的から」コロジュヴァールに設立が定められた機関であった。[22]

一八七二年創立のコロジュヴァール大学には、トランシルヴァニアでのハンガリー文化に関する文物がコレクションとして収められていた。これらは一八世紀にトランシルヴァニア侯国が収集を始めたもので、トランシルヴァニアで初めてのハンガリー人学術協会として一八五九年に設立されたトランシルヴァニア博物館協会の所有となった。その後コレクションの管理は、一八七二年から、博物館協会に利用料を支払う形で大学（すなわち国家）に委託されていた。[23] 第一次世界大戦後にルーマニア語で教授する大学が同じ敷地に置かれた時期にも、このコレクションは保持されていた。

トランシルヴァニア学術研究所には、地理学、民族学、歴史学、考古学、社会学、言語学、ハンガリー人・ルーマニア人関係、ハンガリー人・サース人（ザクセン人）関係、文学、人類学、心理学の一一の部門が設けられ、各部門の活動計画も作られた。[24] 宗教・公教育省が発表した研究所の人事からは、政権に近しくブダペシュトで研究所の設立準備作業に携わった研究者（ローナイら）、ブダペシュトから派遣された研究者（所長となった言語学者タマーシュ・ラヨシュのように、トランシルヴァニア出身で政権に近しい人物も含まれる）、[25] 戦間期からコロジュヴァールを拠点としていた研究者、ならびにセゲド大学から異動した研究者が協力する形式で、トランシルヴァニアのハンガリー文化研究の一大拠点となることが目指されたことがうかがえる。[26]

(3) 学術政策の重要な一角へ

一九四一年春、ハンガリー政府はナチ・ドイツから、ドイツのユーゴスラヴィア攻撃のためのハンガリー領内の通行許可とバルカン方面作戦への参加を要請されていた。ドイツ軍のハンガリー領内通過に抗議する形で、四月三日にテレキ首相は自殺した。この直後に、ハンガリーは枢軸国側で第二次世界大戦に参戦する。

テレキの自殺後、彼が設立を主導してきた諸研究所は再編された。ホーマン宗教・公教育相はブダペシュトに新たに歴史学研究所を開設し、テレキが設立した政治学研究所、およびトランシルヴァニア学術研究所と併せて、これら三つの互いに独立した研究所の集合体として一九四一年一二月にテレキ・パール学術研究所を成立させた。[27]

テレキ・パール学術研究所の課題は「ハンガリー人ならびにハンガリー人とともに生きる隣人の諸人民の生活――その歴史の、国家および社会のシステムの、経済および文化の状況の――方法論的な研究と周知」であった。関連分野の研究者たちと研究所との関係については「その活動においては他の諸機関や諸協会との協働を認め、それらの類似の性格を有した諸研究を支援する」こと、「その職務に割り当てられた学術的諸問題における専門家の組織として当局の裁量に任されている」ことが定められた。[28] 第三節で紹介する農村調査は、こうした関連分野の研究者たちとの協働の一環である。

トランシルヴァニア学術研究所がテレキ・パール学術研究所の一部を構成するほどに政治的に重視された背景は、ホーマン宗教・公教育相がテレキ・パール学術研究所の設立に関する宗教・公教育省令の草案を閣議に示した際の説明に表れている。彼は「政治学研究所で進行中の研究に加え、トランシルヴァニア北部の〔ハンガリーへの〕返還と現地に存在する特殊な状況により、トランシルヴァニアで生活するハンガリー人と他の諸人民の現在と過去に関連する諸情報の収集、記録、学術的な評価と分類が必要となった。この課題の専門的で継続的な備えのために一九四〇年にトランシルヴァニア学術研究所が設立された」と説明した。[29]「現地に存在する特殊な状況」とは、第二次ウィーン裁定以後にトランシルヴァニアで悪化したハンガリー人とルーマニア人との関係を指すと考えられる。直接的な暴力は一九四〇年秋以降に終息するが、ハンガリー領の北トランシルヴァニアではルーマニア人に、ルーマニア領の南トランシルヴァニアではハンガリー人に対する抑圧がその後も続いていた。[30] ハンガリー領としてトランシルヴァニアを公式に位置づけるための理論的根拠を準備するためにも、ハンガリー政府がトランシルヴァニア学術研究所を重視していたことがうかがえる。

(4) 第二次世界大戦後の機能縮小

一九四四年秋、コロジュヴァールを含む北トランシルヴァニアはソ連軍の支配下に入った。以後、この地域ではルーマニアによる統治の回復が進められた。ナチ政権の影響下で行われたハンガリーの国境線変更は、第二次世界大戦の講和条約であるパリ条約（一九四七年二月調印）ですべて無効とされ、トランシルヴァニアも全域が再びルーマニア領となった。

その結果、トランシルヴァニア学術研究所をめぐる情勢は非常に厳しいものとなった。すでに戦争とソ連軍の進駐により、大半の研究所員が研究所を去っていた。[31] 一九四四年の冬には、当局への燃料供出や備品の不足により、残った研究所員たちも業務が減る中で自宅待機となった。研究所の研究助成金の配分も止まり、個人支出の保障も難しくなった。[32]

研究所は組織改編にも直面した。コロジュヴァール大学は閉鎖され、代わりにハンガリー語で教授するコロジュヴァール・ハンガリー大学が置かれた。[33] この大学の名称は一九四五年末にはボヤイ大学となる。一九四五年春、大学評議会はトランシルヴァニア学術研究所をトランシルヴァニア・ハンガリー学術研究所へと改称することを決め、同年九月にはボヤイ大学附属の研究機関へと移行した。[34]

このような状況でも研究所員の研究成果が精力的に刊行されていたため、組織改編が完了して研究所をめぐる情勢が改善された後については、一時的に楽観的な見通しもあった。[35] しかし、冷戦の本格化とともにルーマニアでは共産党一党独裁体制の確立が進み、一九四七年夏ごろからはボヤイ大学もその影響を受けるようになった。ボヤイ大学は次第に縮小され、一九五九年にはルーマニア語で教授するバベシュ大学と合併してバベシュ＝ボヤイ大学となる。

トランシルヴァニア・ハンガリー学術研究所の活動も一九四八年に入ると停滞した。一一月には所長イムレ・イシュトヴァーン（一九一九〜二〇〇三）がボヤイ大学の法経済学部に異動したことで、研究所はその役割を事実上終えた。研究所の活動は翌年にアカデミーがクルジュ（コロジュヴァール）に設立した研究支部に事実上引き継がれた。[36] トランシルヴァニア博物館協会もルーマニア法務省からの解散命令を一九五〇年一月の運営委員会で受け入れた。[37] こうして、クルジュ（コロジュヴァール）でのトランシルヴァニア社会に関するハンガリー人研究者を取り巻く環境は再び大きな転機を迎えた。

3　トランシルヴァニアの農村調査——ハンガリー文化の刷新の手がかり

(1)　農民への注目

トランシルヴァニア学術研究所が一九四〇年代前半にかかわった農村調査を取り上げる前提として、まず一九二〇年代のトランシルヴァニアでの社会研究（主に農村が対象）の状況を整理したい。第一次世界大戦後のハンガリーの領土解体は、ハンガリーの国境の外部も含めた当時のハンガリー語圏で民族的危機として広く位置づけられた。その中から、「ハンガリー人」とは何かを改めて問い、「ハンガリー人」の民族としての復興を目指す組織的な運動が生まれた。第一節でも述べたように、その際に「ハンガリー人」の基礎として主に重視されたのが農民（もしくはハンガリー土着の住民を念頭に置いた人民）であった。

その先駆的な例が、一九二四年にプラハで結成されたハンガリー人学生のボーイスカウト組織、セント・ジェルジ・

サークルである。一九二七年からは機関紙の発行と農村調査が開始された。調査先はスロヴァキアのハンガリー人村で、農村での啓蒙や民族学的な収集を行った。彼らは、農村探索に関心を抱いて急進化していたハンガリーの学生運動とも交流を持つようになる。[38]

一九二八年にはセント・ジェルジ・サークルの一部メンバーとその協力者から「鎌を持つ人」が結成され、チェコスロヴァキアのハンガリー人による若手職業知識人の組織となることが目指された。彼らは社会誌学的な調査に取り組むようになり、スロヴァキアのハンガリー人農村社会の実態を描き出すことに従事した。その結果、彼らの活動は次第に急進化し、一九三〇～三一年には労働運動ともかかわりを持った。一部はチェコスロヴァキア共産党にも入党し、彼らの活動は最終的に分裂、解体することとなった。[39]

(2) 戦間期トランシルヴァニアの社会研究

「鎌を持つ人」運動はトランシルヴァニアのハンガリー人の学生たちにも影響を与えた。クルジュ（コロジュヴァール）では、社会誌学的な研究を試みるハンガリー人学生ら若手知識人・研究者たちが一九三〇年から『トランシルヴァニア青年』に集った。

トランシルヴァニアにおいて戦間期に民族的少数派となったハンガリー人を対象とした社会分析は、すでに一九二〇年代から文芸誌『われわれの時代』などで論じられていた。しかし、ルーマニア当局からの干渉を考慮し、社会研究や社会誌学的な論考は文学の形式を取っていた。[40] また、一九二〇年代末から一九三〇年代にかけては文芸誌『トランシルヴァニア・ヘリコーン』を中心に、トランシルヴァニアの歴史的多文化性、特にハンガリー、ドイツ、ルーマニアの三文化の共存を強調し、ルーマニア国内での文化的自治を求める「トランシルヴァニア主義」と呼ばれる思想運動も高まった。しかし、この運動はトランシルヴァニアのハンガリー人の間に限られ、次第に停滞する。

これらに代わるように一九三〇年代に台頭した新しい世代の論説誌が、『トランシルヴァニア青年』や『信頼』であった。これらの雑誌はルーマニアのハンガリー人の社会誌学的な考察を目標に掲げ、体系的な研究によって民族的少数派の社会環境を精査しようとする点で『われわれの時代』などと一線を画した。『トランシルヴァニア青年』に集った者には、ヴェンツェル・ヨージェフのように一九三六年の創刊時から『信頼』に編集部員として参加し、さらにはトランシルヴァニア学術研究所に所属する者もいた。

彼らの学問上の重要な師は、ルーマニアの社会学者で一九三二〜三三年には教育相も務めたディミトリエ・グスティ（一八八〇〜一九五五）であった[41]。グスティは、研究対象とした社会を構成要素の全体的な関連で捉えて詳細に記述する研究手法を目指した。

『トランシルヴァニア青年』に集った学生や若手研究者たちは、一九三〇年に開催した農村セミナーで社会誌学的な作業におけるさまざまな方法論の導入と研究作業の組織化を行った後[42]、トランシルヴァニアの農村調査を開始した。最初の調査は一九三一年夏に行われ、学生五人がクルジュ県ボルシャ（ハンガリー語でコロジュボルシャ）にあるバーンフィ・フェレンツ男爵の所領の九地区の農村を調査した。この成果は「トランシルヴァニア青年農村覚書」シリーズのモノグラフとして刊行された[43]。以後、『トランシルヴァニア青年』を軸とした農村調査や農村セミナーが次々と開催された。『トランシルヴァニア青年』による農村調査や農民への働きかけが、トランシルヴァニアの他の民族的少数派（サース（ザクセン）人とウクライナ人）およびルーマニア人の学生たちとの交流の中で始まっていた点は付記しておきたい[44]。

また、サボー・T・アティッラは、グスティの協力を得て一九三六年夏にクルジュ（コロジュヴァール）の改革派神学研究所を通じ、学生二三人とバビウ（ハンガリー語でバーボニ）の改革派コミュニティで、現地の住民動向に関する情報を収集する調査を行った。ここでもトランシルヴァニアの多言語性が見出されていた。調査報告によれば、例えば彼らは調査課題よりも調査地の住民の言語使用状況に注目し、現地のルーマニア語の方言をハンガリー語とルーマニア語の語彙の相互の影響関係から研究していた[45]。この言語使用状況の調査は、以後のサボー・T・アティッラによる農村調査において重要なテーマとなる。

以上のように、一九三〇年代のトランシルヴァニアでも、学生や若手研究者による農村調査が進展した。だが、サボー・T・アティッラは当時のトランシルヴァニアでのハンガリー人による社会研究が真には実現されていないこと、ならびに、経済的支援の不足、研究を行うハンガリー人研究組織・機関の不在、研究者の育成体制の不備を指摘していた。[46] 彼にとってトランシルヴァニア学術研究所がこれらの課題を解決してくれる機関であったことは、一九四一年の論考からも読み取れる。[47]

(3) トランシルヴァニア学術研究所と農村調査

トランシルヴァニア学術研究所では、各所員が自身の研究に取り組むだけでなく、共同研究として毎年夏にいくつかの地域で集団での学術調査を行っていた。[48] その代表例がボルシャ谷（コロジュヴァールの北方、小サモシュ川に流れ込むボルシャ川とその支流域）の諸農村での調査であった。この地域はトランシルヴァニアで最も古くからのハンガリー人居住地域の一つとされ、[49] 民族学者、言語学者、統計学者、考古学者などが参加した。その成果の一部は「ボルシャ谷の諸研究」シリーズ、あるいは個別研究のモノグラフとして刊行された。[50]

この他、研究所は委託研究も行った。例えば、一九四一年七月三日から八月三日にかけてコロジュヴァール・ハンガリー学生連盟が、コロジュヴァールが属するコロジュ県のバールヴァーニョシュヴァーラルヤ（ルーマニア語でウングラシュ）で行った農村調査を率いたのは、社会学者で同研究所講師のヴェンツェル・ヨージェフであり、民族学者で同じく研究所講師のK・コヴァーチ・ラースロー（一九〇八〜二〇一二）も参加していた。参加した三三人の学生（男子二八人、女子五人）の内訳は、法学部生、医学部生、教育実習生、経済学部生が七人ずつ、カトリック神学生と改革派神学生が二人ずつ、農学アカデミーの学生が一人であった。出発に先立ってコロジュ県の主要役人およびホーマン宗教・公教育相の代理人が一行を面接しており、[51] この調査が公的な性格を帯びていたことがうかがえる。

ヴェンツェルは一九三〇年代以来の農村探索の観点を継承し、調査においては、研究上の偏りを排除するために、社会分析の主要な方法論である統計学、社会誌学、民族学といった複数分野で得られた諸成果を活用しようとした。調査項目も、社会構造・所有の歴史、ルーマニア支配下での民族的少数派の問題、世論、信仰・道徳・民間知識など幅広い内容に及んだ[52]。

この農村調査の参加者の一人だったモルテル・ペーテル（後の文筆家マロシ・ペーテル、一九二〇〜九八）は、この調査をボルシャおよびバビウでの農村調査を批判的に継承したものであると位置づけた。彼によれば、過去二回の調査とは異なり、自分たちの農村調査における共同体の研究こそが真の共同体の研究であり、注意と労力を農村探索の学問的課題へと集中させるものであった。彼はバビウでの農村調査で資金不足であったことや学生たちが調査地で道路整備など多くの肉体作業に従事させられたことを挙げ、それらは調査が成果をあげることを妨げるものであり、共同体の研究を精神的・肉体的作業と混同していたと批判した[53]。

この農村調査の最後には、学生たちがオルバーン・バラージュ組合を設立するという出来事があった。この組合は組織でも協会でもなく象徴的な共同体、かつ彼ら／彼女らの精神的な振る舞いの象徴であるとされ、この組合を通じて学生たちはハンガリー文化の刷新に貢献しようとした[54]。オルバーン・バラージュとは、一九世紀後半にトランシルヴァニアのセーケイ人地域を広く訪問して得た知見を『歴史・考古学・自然史・民族誌の観点からのセーケイ人地域の描写』（全六巻、一八六八〜七三年）にまとめたハンガリーの作家である。学生たちが訪問先のトランシルヴァニアの農村社会を複数の方法論から詳細に記述し、かつ統合的な理解を試みた姿勢がこの出来事からもうかがえる。しかも、学生たちにとって、この作業はハンガリー文化の刷新につながるものであった。この「刷新」の具体的な案は明示されなかったが、トランシルヴァニアの農村社会の実態とその課題を明らかにすることを通じて、ハンガリーの民族的復興を目指そうとしたものであったことがうかがえる。

(4) トランシルヴァニア学術研究所への批判

トランシルヴァニア学術研究所が主導した農村調査への批判も見られた。例えば、「鎌を持つ人」運動のかつての指導者の一人で、後に共産主義に傾倒したバログ・エドガー（一九〇六〜九六）は、コロジュヴァール・ハンガリー学生連盟による一九四一年夏の農村調査に先立ち、ブダペシュトで刊行されていた新聞『ハンガリー民族』でトランシルヴァニア学術研究所を批判した。この農村調査がセーケイ人地域で行われるという情報に基づいていた点では実際の調査とは異なるが、バログは学生連盟による農村調査が多くの面でトランシルヴァニア学術研究所の研究計画と結びついており、その諸成果はほぼ確実に同研究所によって入念に分析・利用されるであろうと述べた。

彼は、学生連盟を「宗教上の、世界の見方の、社会的なおよび政治的な違いを乗り越える」ものであり、戦間期のルーマニア支配下で民族的少数派として暮らしたことによる諸経験の成果であると考えていた。また、コロジュヴァールのハンガリー人学生たちが民族的少数派としての諸経験の中で自立、連帯、労働の習慣を身につけたこと、そして現在の農村調査に見られる学生たちの人民への親愛もこの過去に根ざしていることも、彼は指摘した。ゆえにバログは、こうした学生たちのハンガリー人としての建設的な活動が、トランシルヴァニア学術研究所を通じて当時のハンガリー政府が示していたような民族的少数派および人種に対する憎悪へと転化させられようとしても、学生たちは応じないだろうと考えていた[55]。ここでも、戦間期トランシルヴァニアでのハンガリー人の民族的少数派としての経験を多様性の観点から重視する視点が見られた。また、バログはトランシルヴァニア学術研究所を当時のハンガリー政府の意向を反映して学生たちを利用しようとする機関として否定的に捉えていたこともうかがえる。

民族学者ミケチ・ラースロー（一九一七〜四四）のパンフレット『新しいトランシルヴァニアの学問——トランシルヴァニア学術研究所の活動への注釈』（一九四四年）も、トランシルヴァニア学術研究所の研究活動の問題点を指摘した。それとともに、トランシルヴァニア博物館協会の機関誌『トランシルヴァニア博物館』の編集部（サボー・T・

アティッラもその中核であった）がパンフレットに付した注釈は、同協会がトランシルヴァニア学術研究所の研究活動の質に対して設立当初から不満を抱きながらも、両組織の関係に配慮して批判が長らく難しかった事情と、トランシルヴァニアで最も古い学術雑誌として『トランシルヴァニア博物館』上で学術研究所への論評をせざるをえないと考えるようになった事情を明らかにするものであった。

ミケチはトランシルヴァニア学術研究所の研究活動について、諸分野の共同調査の成果の概要をとりまとめて総合的に扱う研究が必要であること、そのような研究は年単位で現地に暮らして調査してこそ可能になることを主張した。また彼は、ハンガリー人についてのより良い、より真実に近い像を生み出し、その像に従って自分たちハンガリー人が生活の中で改善や変化をするために研究が続いていくのだと述べた。そして、トランシルヴァニア学術研究所の指導部に対して、真理の探究やハンガリー人の精神の刷新を可能とする研究を特権的に担っていることへの責任の自覚を求めた[56]。

調査対象地に根ざした研究成果を通じてハンガリー人の精神の刷新が可能になるというミケチの主張は、オルバーン・バラージュ組合を結成した学生たちの主張と重なる。また、『トランシルヴァニア博物館』編集部が付した注釈からは、トランシルヴァニア博物館協会が自組織の歴史の長さと研究の質の高さに強い自信を持ち、ハンガリー政府の意向を受けたトランシルヴァニア学術研究所に対して批判的であったことが読み取れる。この点ではバログの主張とも重なっていた。

4　トランシルヴァニアの独自性の認識――ハンガリー政府とのはざまで

トランシルヴァニア学術研究所は、ハンガリーの領土修正の理論的根拠の準備のために政府主導で設立された。サボー・T・アティッラが指摘したような戦間期トランシルヴァニアでの学術研究の諸課題が解消されてハンガリー政府から潤沢な経済的支援が得られる環境を生かし、同研究所は学生も動員しながら積極的に農村調査を行った。しかしバログやミケチのように、学生たちの研究成果を研究所が利用することや、夏季に一時的に滞在するのみでは調査対象地に根ざした研究成果をあげられないことを批判する者もいた。

こうした批判や農村調査に従事した学生たちの主張を分析すると、彼ら／彼女らが第一次世界大戦後の国境変動により、トランシルヴァニアでハンガリー人が民族的少数派となったことに意味を見出そうとしていたことが読み取れる。トランシルヴァニアの農村調査でも文化的多様性が確認されており、若手研究者たちはその成果に基づいて、当時のハンガリー政府とは異なる立場からハンガリーの民族的復興に貢献しようとした。

トランシルヴァニア学術研究所に所属、あるいは協力したトランシルヴァニア出身の若手研究者の多くは、第二次世界大戦後も亡くなるまで研究・文筆活動で活躍した。本章では一九四〇年代前半の彼らに注目したが、彼らの第二次世界大戦後の活動を考察することで、第一次世界大戦の戦後処理がトランシルヴァニアにもたらした長期的影響を、二〇世紀後半まで視野に入れて論じることが可能になるかもしれない。

注

1 翌年三月の軍事侵攻により、カルパチア山麓地域の全域を併合した。

2 トランシルヴァニアの地名に関して、本章ではルーマニア統治期はルーマニア語の、ハンガリー統治期はハンガリー語の名称を中心に表記する。また、ハンガリー人の名は姓・名の順に記す。

3 歴史的領域としての狭義のトランシルヴァニアとは、近世のトランシルヴァニア侯国（一五四一年に成立した東ハンガリー王国が起源。オスマン帝国の宗主権を認めるも、内政・外交の両面で高度な自治を保った。一六九九年のカルロヴィッツ条約でハプスブルク領となり、一八六七年にハンガリー王国と合同した）の領域であるとされる。広義のトランシルヴァニアは、トランシルヴァニア侯国に一七世紀に編入された地域（パルティウム、ラテン語で「諸部分」の意）と、これらの地域以外で第一次世界大戦後にルーマニアへ編入された地域を含む。

4 L. Balogh B., *A magyar-román kapcsolatok 1939-1940-ben és a második bécsi döntés*, Csíkszereda: Teleki László Intézet, Pro-Print, 2001; idem, *The Second Vienna Award and the Hungarian-Romanian Relations 1940-1944*, New York: Columbia University Press, 2011 など。

5 A. Tóth-Bartos, The Reintegration of Northern Transylvania following the Second Vienna Award, 1940-1944, in A. G. Hunyadi (ed.), *State and Minority in Transylvania, 1918-1989: Studies on the History of the Hungarian Community*, New York: Columbia University Press, 2012, pp. 199-223 など。

6 Tóth-Bartos, op. cit., pp. 200-201.

7 Oláh S., Gyakorlati gondolkodásmód és megmerevedett etatizmus. *Korall*, 18, 2004, pp. 98-113.

8 Egry G., *Az erdélyiség „színeváltozása": Kísérletet az Erdélyi Párt identitásának és identitáspolitikájának elemzésére 1940-1944*, Budapest: Napvilág, 2008; idem, *Etnicitás, identitás, politika: Magyar kisebbségek nacionalizmus és regionalizmus között Romániában és Csehszlovákiában 1918-1944*, Budapest: Napvilág, 2015 など。

9 Marton Gy., A romaniai magyar nyelvjaraskutatas multja es mai allasa, *Korunk Évkönyv*, 1973, pp. 173-193.

10 Cseri M. és Füzes E., Bevezető: Az Erdélyi Tudományos Intézet és a Borsa-völgy kutatások, in idem (ed.), *Ház és ember: A Szabadtéri Néprajzi Múzeum Évkönyve 11*, Szentendre: Szabadtéri Néprajzi Múzeum, 1997, pp. 5-13. など。

11 正式にはハンガリー王立フェレンツ・ヨージェフ大学。本章ではコロジュヴァール大学と表記する。

12 Imreh I., Az Erdélyi Tudományos Intézet és a tájkutatás, *Korunk* 3 (V/9.) 1994, pp. 17-21. など。

13 Benkő S., Az Erdélyi Tudományos Intézet, *Valóság*, 1992 (4), pp. 62-72. など。

14 Székedi L., A romániai magyar szociológia átalakulása a második világháborút követő években, *Pro Minoritate*, 2015. tavasz, pp. 40-47.

15 Szabó T. A., Az erdélyi magyar nyelvtudomány kérdései, in idem, *Nép és nyelv: Válogatott tanulmányok cikkek IV*, Bukarest: Kriterion, 1980, p. 60.

16 辻河典子「地域的独自性を通じた民族的一体性への貢献――第二次ウィーン裁定後のコロジュヴァールの学術機関を事例に（一九四〇～四四年）」『エスニック・マイノリティ研究』一号、二〇一七年、四八～五〇頁。

17 Romsics I., *A trianoni békeszerződés*, Budapest: Osiris, 2001（Harmadik, bővítette kiadás, 2007）, pp. 117-118.

18 Rónai A., *Térképezett történelem*, Budapest: Magvető, 1989, pp. 115-116.

19 *Ibid.*, p. 114.

20 L. Balogh, *The Second Vienna Award and the Hungarian-Romanian Relations 1940-1944*, p. 231.

21 Rónai, *op. cit.*, p. 256.

22 *Hivatalos Közlöny*, 68（21）, 1940. november 1., p. 414.

23 Erdélyi P., *Emlékkönyv az Erdélyi Múzeum-Egyesület félszázados ünnepére 1859-1909*, Kolozsvár: Az Erdélyi Múzeum-Egyesület, 1942, pp. 49-54.

24 Tamás L., Az Erdélyi Tudományos Intézet, in Bisztray G, Szabó T. A. és Tamás L.（eds.）, *Erdély magyar egyeteme: Az erdélyi egyetemi gondolat és a M. Kir. Ferenc József Tudományegyetem története*, Kolozsvár: Az Erdélyi Tudományos Intézet, 1941, pp. 412-415. サース人（ザクセン人）とはトランシルヴァニアのドイツ語話者のこと。中世以降のトランシルヴァニアで、ハンガリー人貴族、辺境防衛を担ったハンガリー語話者のセーケイ人とともに、国政に参加できる特権身分層を構成した。

25 ローナイはホーマン宗教・公教育相からコロジュヴァール大学経済学部の政治地理学講座の正教授に指名されたが、ブダペシュトで政治学研究所の指揮を執るために辞退した。政治学研究所は一九四一年にはテレキ首相の下で戦後交渉に向けた準備を始めていた。*Hivatalos Közlöny*, 1940. november 1., p. 411.; Rónai, *op. cit.*, pp. 256-257, 275-277.

26 辻河、前掲論文、四〇～四一頁。

27 A m. kir. minisztérium 8. 646/1941. M. E. szami rendelete. *Hivatalos Közlöny* 49（24）, 1941. december 15., pp. 713-715.

28 Ibid., pp. 713-714.

29 Magyar Nemzeti Levéltár Országos Levéltár K27（Minisztertanácsi jegyzőkönyvek）1941. november 19. 〔 〕内は引用者による補足を示す。

30 L. Balogh, *op. cit.*, p. 424.

31 一九四四年九月、トランシルヴァニア学術研究所の研究資料や博物館の所蔵品が宗教・公教育相の指示でコロジュヴァールからハンガリー本国へと移送された。Bethlen B., *Észak-Erdély kormánybiztosa voltam*, Budapest: Zrínyi, 1989, pp. 181-182. それらの所在は現在も不明である。

32 Hírek. *Erdélyi Múzeum*, 50 (3-4), 1945, p. 318.

33 Lázok J. és Vincze G. (eds.), *Erdélyi magyar egyeteme 1944-1949*, I. kötet, Marosvásárhely: Custos, 1995, p. 106.

34 Hírek. *Erdélyi Múzeum*, 50 (3-4), 1945, p. 318. 一九四四年夏に所長を初代のタマーシュから引き継いだのはサボー・T・アティッラ、次いでヴェンツェル・ヨージェフ（一九一三〜七二）と、ともにコロジュヴァール大学の教授であった。研究所の学術活動の大半も研究所が任命した研究者と同大学の教員によって担われ、トランシルヴァニア学術研究所は形式的には大学から独立していたが、事実上の大学附属機関となっていた。Lázok J. és Vincze G. (eds.), *op. cit.*

35 Hírek. *Erdélyi Múzeum*, 50 (3-4), 1945, pp. 318-319.

36 Ibid.

37 Jegyzőkönyv az Erdélyi Múzeum-Egyesület önkényes megszüntetéséről (1950), *Erdélyi Múzeum*, 53 (1-4), 1991, p. 183.

38 Kósa L. Sarlósok falujárásai, in Ortutay Gy. (ed.), *Magyar Néprajzi Lexikon*, 4, Budapest: Akadémiai, 1981, pp. 425-426. ハンガリー国内の農村探索については南塚信吾『静かな革命――ハンガリーの農民と人民主義』東京大学出版会、一九八七年に詳しい。

39 Kósa, op. cit.

40 Pomogáts, B., Magyarok a szomszédságban: Magyar szociográfiai irodalom Erdélyben, *Nyelvünk és Kultúránk*, 84, 1992, p. 45.

41 Ibid.

42 Ibid.

43 Molter P., Falukutatás Balványosváralján, *Hitel*, 5-6 (3-4), 1940-1941, p. 287.

44 Románia ifjusága a falu felé fordul (a román, szász, ukrán ifjuság és az Erdélyi Fiatalok falumunkája), *Erdélyi Fiatalok*, 3 (2), 1932, pp. 77-91.

45 Szabó T. A., Az első munkatábor, *Hitel*, (1), 1937, p. 57.

46 Szabó T. A., *A transylván magyar társadalomkutatás*, Cluj: Gloria, 1938, pp. 21-22.

47 Szabó T. A., Az erdélyi tudománypolitika kérdéséhez, *Hitel*, 6-7 (2), 1940-41, p. 189.

48 Ibid., p. 188.

49 Kósa L., Borsa-völgy, in Ortutay Gy. (ed.), *Magyar Néprajzi Lexikon*, 1, Budapest: Akadémiai, 1977, p. 340.

50 Járdányi P., *A kidéi magyarság világi zenéje*, Kolozsvár: Erdélyi Tudományos Intézet, 1943; Vajkai A., *Népi orvoslás a Borsavölgyében*, Kolozsvár: Nagy Jenő és Nagy Sándor, 1943など。一部は学生との共著の形をとった。Szabó T. A. és Gergely B., *A kolozsmegyei Borsavölgy helynevei*, Kolozsvár: Minerva, 1945.

51 Martonyi J., Beszámoló a kolozsvári közigazgatáso jogi tanszéken végzett kétéves munkáról, *Közigazgatástudomány*, 5 (6), 1942, p. 185; Erdélyi Tudományos Intézet, Országos Idegennyelvű Könyvtár, KT49-X.（一九四二年八月六日付で宗教・公教育省宛に提出されたトランシルヴァニア学術研究所の前年の活動報告）

52 Molter, op. cit., pp. 289, 293.

53 Ibid., p. 288.

54 Ibid., p. 306.

55 Balogh E., A kolozsvári Magyar diák egységes és önálló, *Magyar Nemzet*, 1941. május 9., p. 5.

56 Mikecs L., *Új erdélyi tudomány: Jegyzetek az Erdélyi Tudományos Intézet működéshez*1, Kolozsvár: Az Erdélyi Múzeum-Egyesület, 1944, pp. 25-26.

第Ⅱ部

連続と非連続のはざまで

第5章

「名前のないくに」

「小さな帝国」チェコスロヴァキアの辺境支配

篠原　琢

「ポトカルパツカー・ルスではクリスマスに聖母マリア像や聖人像を貼りつけたベツレヘムの星を掲げて行進する。今年、ニジュヌィ・ヴェレチュキでは村人たちは赤い星を掲げて行進した。そこにはレーニン像があった。」

出所）I. Olbracht, Podkarpatsko, in *Žijeme* 1932. Praha: Obrázkový magazín dnešní doby, 1932-33, p. 7.

1 カルパチア山麓地方とイヴァン・オルブラヒト

(1)「一一世紀の村」

カルパチアの原始の森では、山陵から山陵へ、数十メートルしかない谷をわたって、ワタリガラスが悠然と飛んでいくのを見ることもあるだろう。羽を羽ばたかせながら、ゆっくりと悲しげに、ク、ク、ク、と鳴くのは、人の喉奥から発せられる声のようだ。そんなとき、わが国ではワタリガラスはもう大昔に絶滅した、と習ったことを思い出してはいけない。カルパチアは、その大昔、数世紀も前の時代にある。

原生林はもの悲しく、朽ち果てるものの匂いがする。ここには生より死が大きく、生けるものは死を呑み込むことができない。みずみずしく柔らかな苔を踏んで行くと、突然、朽ちた樹木の墓場に膝まで埋まってしまう。死んだ祖父たちの遺骸はまだ完全に腐食しておらず、そこから小さな若木が大気に向かって荒々しく生い茂る。古い切り株には灌木や花が叢生して箱庭のようだ。静かだ。鳥の歌も、小動物の声も聞こえない。じめじめした緑の陰を出て、谷の方に慎重に降りていくなら、深い森の中に、踏み固められた小道が、突如として、あたかも奇跡のように現れたとしても（もっともここではまだ奇跡は起こるものである）、ここに踏み込まないよう用心しよう。たとえ枯れ枝が絡まって行く手を覆っており、手斧で切り払いながら進まなければならないとしても、またシダや野ばらをかきわけていかなければならないとしても、決めた方向に進まなければならない。よく踏み固められた道は獣道だからだ。悪魔が用意したものなのかもしれない。悪魔は森からまだ追い払われておらず、少し行けばこの道は黒い沼に消えていくかもしれないのだ。半刻ほどしてまた道が現れても、今度は悪魔がこの道から冷たい岩の裂け目に導くか、あるいは道は急流に通じているかもしれない。そこには森の住人が水を飲みに来る。熊、猪、鹿。もう川沿いを歩いていくしかない。流れをまたいで木々が倒れている。それを乗り越え、膝を擦り剥き、よくすべる岩をつたって滝を降りていく。気がついてみると、両側には断崖がそそり立たって、ますます狭くなっていく。地の裂け目に落ち込んだのだ。月が安らうのはここかもしれない。禁じられた場所に彷徨いこんでどうなるかわからないと思っていると、緑の岸から向こう岸へ、雌牛が渡っていくのが見える。いままで見た中でいちばん美しい動物。雌牛たちのつけた鈴が、人が近くにいることを告げて笑みかけている。[1]

イヴァン・オルブラヒトは「一一世紀の村」と題したカルパチア山麓地方の紀行文をこのように始めている。この一文は、チェコスロヴァキア第一共和国の人々が、その東の果て、カルパチア山麓地方について抱いていたイメージをよく映している。荒々しい自然、悪魔や妖精が住み、動物と交流する森、自然と神話の中に生きる人々、そのようなロマンティックなイメージである。しかし同時に、この一文は、カルパチア山麓の地域社会へ分け入っていく不安と陶酔の表れであり、原始の森は「一一世紀の村」のメタファーでもあろう。

(2) イヴァン・オルブラヒト

オルブラヒトは一八八二年、リベレツに近いボヘミア北東部のセミリで、カミル・アルブレヒト・ゼマンとして生まれた。[2]父は文人として知られていたアンタル・スタシェク（アントニーン・ゼマン）で、若い頃からチェコの「国民再生」運動に積極的にかかわっていた。[3]母カミラはユダヤ教徒の家庭の出身である。オルブラヒトは第一次世界大戦中に社会民主党員となったが、チェコスロヴァキア共産党の成立と同時に共産党に移り、一九二〇年代には党機関紙『ルデー・プラーヴォ』の編集にあたっていた。一九二九年、クレメント・ゴトヴァルト率いる新執行部に反対して、ヤロスラフ・サイフェルトやヴラヂスラフ・ヴァンチュラなどとともに「共産党員作家から共産党員労働者へ」（「七人の宣言」）を発表した。オルブラヒトはここで以下のように書いている。

党員の党活動への関心は失われつつあり、分裂が生まれている。党のせいでも、労働者階級のせいでもない。それは労働者の本質も全体状況もまったく理解できずに、チェコスロヴァキア・プロレタリアートを党派的な博打の危険に晒そうとしている同志たちの誤りのせいである。こうして党の大衆性は破壊され、わが国におけるプロレタリアートの攻撃力は損なわれるほかない。[4]

オルブラヒトはこの文書のために党を除名されたが、労働者とともに党活動に取り組もうとしていたことがこの一節からもよくわかる。これは彼のカルパチア山麓社会への態度と通底するものであった。

党除名のショックから立ち直るためでもあったのか、一九三一年、オルブラヒトははじめてカルパチア山麓地方を訪れた。すでに一九二六年にはヴァンチュラがこの地域に滞在しており、この経験をもとに小説『最後の審判』を発表している。[5]オルブラヒトはヴァンチュラからも多くの情報を得たのだろう。彼は現地の知人を頼って、ポーランド国境に近いヴォロヴェー（現在のミジヒリヤ）に滞在し、さらに義賊ニコラ・シュハイを取材するために、シュハイの故地コロチャヴァに赴き、遺族と親交を結んだ。[6]ニコラ・シュハイは一九二〇年から二一年に活動した実在の山賊で、現地社会では「富める者から奪い、貧しい者から分け与える」義賊として、存命中にすでに伝説化していた人物である。オルブラヒトはコロチャヴァからしばしば数十キロに及ぶ山行を敢行した。オルブラヒトの手紙から、本章の冒頭で引用した文章には実際に獣道に迷いこんだ経験が反映されていることがわかる。[7]彼は、神話と混交したシュハイの英雄譚の中に、極貧のカルパチア山麓住民の持つ民衆的な正義と不正の観念を読み取ろうとしたのだった。

オルブラヒトはそれ以来、一九三六年まで、毎年カルパチア山麓地方を訪れ、ユダヤ人の靴屋や木工職人などの元に寄宿して現地社会と深く交わり、スラヴ系の住民とはチェコ語とウクライナ語を交えて、ユダヤ人とはドイツ語とイディッシュで話している。のちに見るように、オルブラヒトは「チェコスロヴァキア・ブルジョワ」の経済的支配とカルパチア山麓地方の貧困および飢餓を告発するだけでなく、現地の文化状況や多様な住民の関係性を観察して、ルポルタージュや小説を発表した。すでに一九三一年九月から『文学新聞』誌上に四号にわたって「ポトカルパツカー・

ルスにおける文化闘争」を発表している。[8] これをもとにオルブラヒトは翌年、『名前のないくに――カルパチア山麓のルポルタージュ』を刊行したが、「状況の急な変化に対応しなければならず」、その増補改訂に取り組み、一九三五年には約三倍の分量となる『山々と数世紀の時――カルパチア山麓のルポルタージュの書』を発表した。[9] 小説としては『盗賊――ニコラ・シュハイ』や、カルパチア山麓地方の正統派ユダヤ教徒の生活に侵入するチェコスロヴァキアの「現代」を題材とした『谷間のディアスポラ』が代表的な作品である。[10] これらはルポルタージュで扱った主題が、「現存する神話」と作家の想像力と融合しながら徐々に文学作品に変容したものだった。[11] 戦間期には、すでに触れたヴァンチュラやカレル・チャペックの『ホルドゥバル』、ヤロスラフ・ドゥリヒの『魔法のランプ』をはじめとして、カルパチア山麓地方を舞台とした作品群がチェコ語文学に現れるが、オルブラヒトの作品は、現地社会への深い共感と知識、政治・社会問題に対する透徹した批評眼に支えられている点で際立っている。[12]

2 「小さな帝国」?

(1) 「国民化する帝国」論

ここで本章の目的を示そう。一般的には、第一次世界大戦とその終結がヨーロッパにおける諸帝国の崩壊と国民国家の成立を招き、ここに国民国家の時代が到来したと考えられてきた。「民族自決」の原理は二〇世紀を通じて、ヨーロッパ半島からアジア・アフリカの植民地にも広がっていく、というのである。もちろん、帝国崩壊後の中・東欧に成立した諸国家の住民構成は帝国を縮小したかのように多民族的・多言語的だったし、チェコスロヴァキアの場合、そもそも主権者としての「チェコスロヴァキア国民」という存在そのものがきわめてフィクショナルだった。しかしそうした現実を留保しながらも、同質の文化（中・東欧の場合、何よりも言語）を共有する政治的共同体（「国民」、ネイション）が主権者として一定の地域を領域支配する、という理念が帝国の継承国家の建国を支え、その後の国際関係を律する、という点で、国民国家と国民国家体制は新たな歴史的現実と認識されたのである。中・東欧ではその原理と現実との矛盾と落差がとりわけ大きかったために、二〇世紀中葉を中心に、矛盾の再調整がきわめて暴力的に行われた、とも論じられた。

果たして第一次世界大戦はそのような画期となったのだろうか。第一次世界大戦後にチェコスロヴァキアが「ポトカルパツカー・ルス」と名づけて支配したカルパチア山麓地域は、どのような現実からも、どのような理念からも「国民国家」としてのチェコスロヴァキアには馴染まなかった。それは国民国家の本質からの小さな逸脱だったのだろうか。本章は、チェコスロヴァキアによるカルパチア山麓地方の支配を検討することで、ハプスブルク帝国からチェコスロヴァキアへの帝国的構成の連続性を指摘し、チェコスロヴァキアを「小さな帝国」として捉えなおすことを目的としている。まずはイヴァン・オルブラヒトによる観察を導きの糸としてみよう。この作業は「国民国家」という歴史上の概念を批判的に見直す試みの第一歩となるはずである。その前に「小さな帝国」論の前提を確認しておきたい。

ハプスブルク帝国を「諸民族の牢獄」と捉えたり、帝国をアルカイックな政体として考えたりする歴史研究者は今日では多くない。一九八〇年代までにはすでに、帝国は諸国民の社会のダイナミックな発展の枠組みを提供したのであり、帝国の解体は近代化の失敗というよりも、むしろ近代化に成功し、「諸国民の社会」が十分に発展した結果であったと考えられるようになった[13]。ただし、「国民社会」形成論には依然として目的論的な発展史観が内在していたことにも注意しなければならない。すなわち、封建制から「市民社会」への発展をヨーロッパ史の道程とみなし、市民たちの政治的共同体として、歴史的に「国民の社会」が実現されたと考える視点である。

近年のハプスブルク帝国やロシア帝国の研究では、身分や宗派、言語・文化、階級、そして地域などによって規定される多様な住民集団と帝国を統治するエリートとが、多方向的に交渉や競合、抗争を繰り返しながら秩序を構築する空間として「帝国」が把握されるようになった[14]。そのような空間において、ネイション構築と帝国統治システムの近代化とが双方向的な依存関係にあったことが強調される。例えば論集『ネイション化する帝国』は「ネイション」

形成が帝国的構成を前提としていることを論じて、帝国の衰退・解体から国民国家形成に向かうとする歴史像に根本的な批判を加えようとしている。[15] 実際、古い帝国（ロシア帝国、ハプスブルク帝国、オスマン帝国）や海洋植民地帝国の「中核部」において帝国の「資源」に基づいてネイション形成が行われただけでなく、一九世紀に「国民国家」として成立したドイツ帝国もイタリア王国でも、「文明化の使命」を実現する他者としての「辺境」との交渉（「文化闘争」や「南部問題」）が国家建設のダイナミズムを支えたのであった。そしてそれは、明治期の日本にも典型的に当てはまる。

(2) 「ネイションへの無関心」

それでは、一九世紀まで帝国統治下で「小さなネイション」を構築していたグループにもこの議論は適用できるだろうか。[16] タラ・ザーラやピーター・ジャドソンが提唱した「ネイションへの無関心」という概念は、経験的には従来よく知られていながら記述することが難しかった現象に形を与え、それと同時に新たな個別実証研究の領野を開いた。[17]「ネイションへの無関心」という語は、そもそもナショナリストの言説の中で、その思想と運動に動員されえない人々を批判するために用いられた用語である。ナショナリストたちは、ネイションへの帰属の自然さを主張すればするほど、ネイションという運動の外側にある、あるいは諸ネイションの間を往還する人々を告発しなければならなかった。そうした人々の態度が「ネイションへの無関心」である。ザーラらは、ハプスブルク帝国史で諸ネイションの争い（民族紛争）として知られてきたものを、ネイション間の争いというよりも、ナショナリストと「ネイションに無関心」な人々との争いとして理解する。諸ネイションのナショナリストの間に強い類似性がある一方、ナショナリストにとって「無関心」な人々は、馴致するべき本質的な「敵」であった。ザーラは述べる。「ネイションへの無関心」は私的（非政治的）領域に限定される現象ではない。公的領域と非エリート層の日常生活とを横断的に捉えるために、「ネイションへの無関心」を歴史化し、分析概念として鍛えなければならない。なぜなら、「ナショナリストの要求するものと、それに対する人々の反応の緊張関係が、東・中央ヨーロッパにおける政治的変化とその急進化を推進することになった」からである。[18]ザーラによれば、「非ネイション的non-nationalでネイションとしては曖昧な人々nationally ambivalent populationを示すのに適当な用語がない、ということは、ナショナリストの前提が社会科学の用語を規定してきたことを示す」のであって、「ネイションへの無関心」論は、それに言葉を与える試みである。[19]

「ネイションへの無関心」論の基礎にあるのは、ロジャース・ブルーベーカーの「グループなき民族」をはじめとする一連の議論である。[20]ブルーベーカーによれば、ネイションとは社会的・文化的文脈に応じて起こる継起的な「できごと」「現象」であり、言語であれ宗教であれ、何らかの質によって定義される「集団」を前提としない。また「できごと」として開かれているために、ネイション「形成」から帝国の崩壊、国民国家の建設にいたる歴史的方向性の観念は放棄される。そのため「ネイションへの無関心」を援用した分析対象は大きく広がり、第二次世界大戦後の難民・移住政策まで射程を伸ばした。[21]

さて、ネイション化という「できごと」は帝国史、特にハプスブルク帝国史研究でどのように捉えられるようになったのだろうか。ピーター・ジャドソンは、近年の「ネイションへの無関心」研究を総合しながら、ネイション化（「ネイションへの無関心」に対する介入）を帝国と「ナショナリスト」との共同プロジェクトとして考える。[22]帝国は統治技法の近代化をはかり、帝国政治への住民の動員を地域社会のレベルまで深めようと試みながら、帝国支配の正当性を支えるために、いっそうネイションというカテゴリーを行政制度・実践の中に実現していった。一方、ナショナリストたちは拡大する帝国の制度（政治参加や経済利益の分配、社会福祉、教育制度、国勢調査など）を争い、わがものとすることでその要求を実現し、ネイションを可視化していったのである。帝国とナショナリストは相互に依存していた。帝国の不均質な構成は、複数のネイション化の過程に共通の場を提供すると同時に、この過程相互の比較・参照・競合を条件づけることになった。この中で帝国が主張する「文明化の使命」論は、ネイション化の過程でも強力な差異化とネイションの自己規定の動因となる。

このように考えると、「ネイション化する帝国」論はいわゆる「小さな諸ネイション」にも十分に当てはめることができるし、「ネイション化する帝国」論と「ネイションへの無関心」概念は相互に支え合う親和性の高い議論だといえよう。さて、ネイション化の過程を「できごと」として把握し、帝国をネイション化の場と考えるなら、そもそも「帝国から国民国家へ」という図式は放棄される。このようなネイション・帝国研究の文脈に基づいてポトカルパツカー・ルス支配を検討しながら、チェコスロヴァキアを「小さな帝国」として観察する試みを始めたい。[23]

3 「名前のないくに」

(1) カルパチア山麓地方とその人々

このくににはまだ名前がない。正確にいえば、名称がたくさんありすぎて、名づけることができない。旧ハンガリー王国時代には、この地方には特別な名称はなかった。ブダペシュト政府はもうゲームに負けていたのに、一九一八年一二月になってはじめてカルパチア山麓地方に自治権を与え、ここをルーシ地方と呼んだ。サンジェルマン条約での正式名称はポトカルパツカー・ルス〔「カルパチア山麓のルーシ地方」〕である。民族主義的なロシア人たちは、新しい大ロシア帝国を夢見て、カルパチア山脈の向こう側からこの地方を見つめて、そこをザカルパツカー・ルス〔カルパチアの向こうのルーシ地方〕と呼んだ。共産主義者やウクライナ民族主義者たちは、ここの諸族とソヴィエト、ガリツィア、そしてルーマニアのウクライナ人とが民族的につながっているとして、ここをザカルパツカー・ウクライナ、あるいは宣伝活動を理由に迫害されないように、単にザカルパツコと呼んだ。そのどれもがかなりはっきりした政治的刻印を帯びている。ふつうの会話ではポトカルパツコという。ここに住む三つのスラヴ族は、大きな方言差もなく、言語的には一体をなしている。[2]スロヴァキア東部とポトカルパツカー・ルス西部ではレムコ、中部ではボイコ、東部ではフツルと呼ばれているが、一体としてのネイションの名はない。ルシーン人、ルスニャーク人、マロルーシ人、ポトカルパツカー・ルーシ人、ルーシ人、ウクライナ人などと呼ばれている。誇り高いフツル人は、一〇世紀のチェコ人と同じように、種族名称にこだわっている。何語を話しているのか、と村人に聞けば、ルーシ語だと答えるだろう。ルス語〔ロシア語〕ではなく、非常に柔らかい「シ」の音で区別して、ルーシ語である。ポトカルパツカー・ルスという名称はあまりにも学術的であり、ルスニャークという名称は侮蔑的だとされる。一方、ロシア人とかウクライナ人というのは、今でもまだ、ネイションとしての一体性を表すものというより、主義主張の違いだ。本書では、民衆について記しているので、古臭い語ではあるがルシーンという名称を使うことにする。ネイションの名称は、彼ら自身が決めるものである。ポトカルパツカー・ルスの民衆はまだネイションをなしていない。ただ民俗的な特徴を持つグループがあるばかりである。[24]

オルブラヒトは『名前のないくに』で、第一次世界大戦後にチェコスロヴァキア共和国領となったカルパチア山麓地方とその住民の名について、このように述べている。法的には一九二〇年のチェコスロヴァキア憲法で「ポトカルパツカー・ルス」という名称が与えられたが、この地域とその住民をどのように呼ぶのかという問題は、チェコスロヴァキアの統治の本質そのものにかかわっていた。チェコスロヴァキアの「文明化の使命」は、この地域に名前を与えることだったのである。

(2) 第一次大戦末期のカルパチア山麓地方

一九一八年一〇月二八日、チェコ人とスロヴァキア人とがかつてのオーストリア＝ハンガリー君主国から分離し、独立チェコスロヴァキア国家の誕生がプラハで熱狂と歓喜をもって迎えられたとき、ポトカルパツカー・ルスに想いを寄せた人はまずいなかった。美しいこの地方はプラハからずっと遠く、ほとんど知られてもおらず、新国家の一部になると考えた人はほとんどいなかったからである。[25]

歴史家であり、外相エドゥアルト・ベネシュの片腕として活躍したカミル・クロフタは一九三五年にこのように書いている。

カルパチア山麓地方（図5-1）がチェコスロヴァキア建国を目指す人々の視界に入ってきたのは、ようやく一九一八年一〇月末になってからのことである。[26] ハンガリー王国の最貧地域であったカルパチア山麓地方からは、一九世紀末以来、多数の移民がアメリカ合衆国に渡っていた。フレホリ・ジャトコヴィッチは一〇月下旬、在米ハンガリー・ルシーン国民評議会を代表して、フィラデルフィアで行われていた中央ヨーロッパ連合の集会で後のチェコスロヴァキア大統領、トマーシュ・ガリグ・マサリクと会合した。「完全自治」を条件として「ハンガリー・ルシーン人」が「チェコスロヴァキア連邦」に加入する、という考えはこのときはじめて表明された。一二月には、ハンガリー・ルシーン国民評議会の決議に従って、在米ルシーン人の「投票」が行われた。いかに内実が疑わしくとも、「住民の同意」が求められたのである。

　しかし現地では戦争が続いていた。[27] カルパチア山脈の北では一一月に西ウクライナ人民共和国が成立し、ガリツィアをめぐってポーランド共和国と争っていた。西ウクライナ人民共和国は、北ブコヴィナとカルパチア・ルシーン地域を要求しながら、翌一九一九年一月にはキーウ（キエフ）のウクライナ人民共和国との連合を宣言している。一方、

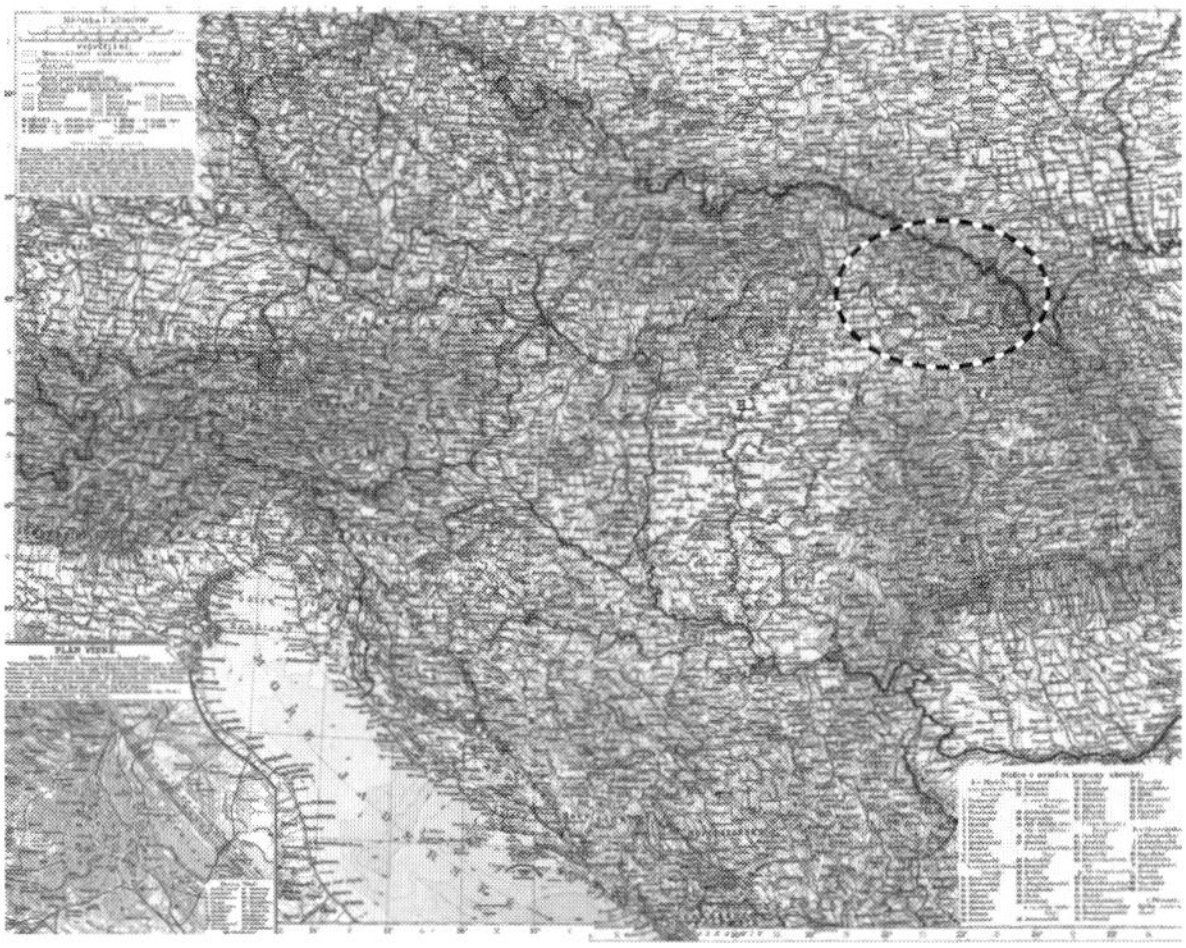

図5-1　ハプスブルク帝国の版図に新国境を書き込んだ地図

注）破線で囲んだ地域がポトカルパツカー・ルスにあたる。旧ハンガリー王国を北から東に囲むカルパチア山系がトランシルヴァニアに向かって南に向かう隅にある。左下の都市図は「帝都」ウィーン。

出所）Fr. Machát (ed.), *Ottův zeměpisný atlas*, Praha: J.Otto, 1924, No.15.

ハンガリーで成立したカーロイ・ミハーイの政権はヤーシ・オスカルに民族問題を担当させ、一二月、ハンガリー王国の歴史的一体性を根拠として、ムカチェヴォを首都として「ルーシ地方」を設置した。この間、カルパチア山脈の南北で多くの「国民評議会」が結成された（図5-2）。これらの評議会は①「民主」ロシアとの連合、②大ウクライナとの連合、③ハンガリー国内の自治、④チェコスロヴァキアとの連合、をそれぞれに目指していたが、「国民評議会」の動きは軍事情勢と人間関係に左右され、はっきりした展望があるわけではなかった。展望を失ってレムコ・ルシーン共和国（フロリンカ）やフツル共和国（マラモロシュ地方）などのように見通しのない「独立」を宣言することもあった。やがてポーランド共和国によるガリツィア全域の実効支配の確立（西ウクライナ人民共和国の敗北）、ハンガリー・タナーチ共和国の崩壊、ルーマニア軍、チェコスロヴァキア軍の進出といった情勢の変化の中で、①から③の選択肢は失われ、カルパチア山麓地域は一九一九年九月一〇日のサンジェルマン条約と一九二〇年六月四日のトリアノン条約によって、「カルパチア山脈南側のルシーン人地域」としてチェコスロヴァキア共和国に編入されることになった。これは多かれ少なかれ軍事情勢の中で生まれた偶然の結果である。ただしチェコスロヴァキアにとっては、のちに小協商で同盟するルーマニア王国と直接国境を接することになったのは軍事的・外交的成果であった。

(3)　「ポトカルパツカー・ルス」の成立

チェコスロヴァキアに編入されたカルパチア山麓地方は、ハンガリー王国時代のウング（県都は現在のウジュホロト）、ウゴチャ（同ヴィノフラディウ）、ベレグ（同ベレホヴェ）、マーラマロシュ（同シゲト・マルマツィエイ）の四県にまたがっている。慣用的にこの地方を漠然とカルパチア・ルーシあるいはハンガリー・ルーシと呼ぶことはあったが、行政的に一つの単位となったことも、はっきりした地域名称があったわけでもない。この地方に名を与えたのは、一九二〇年二月二九日のチェコスロヴァキア共和国憲法である。前年にサンジェルマン宮殿で結ばれた「チェコスロヴァキア独立承認と少数派の保護に関する条約」の第一〇条は次のように定めていた。

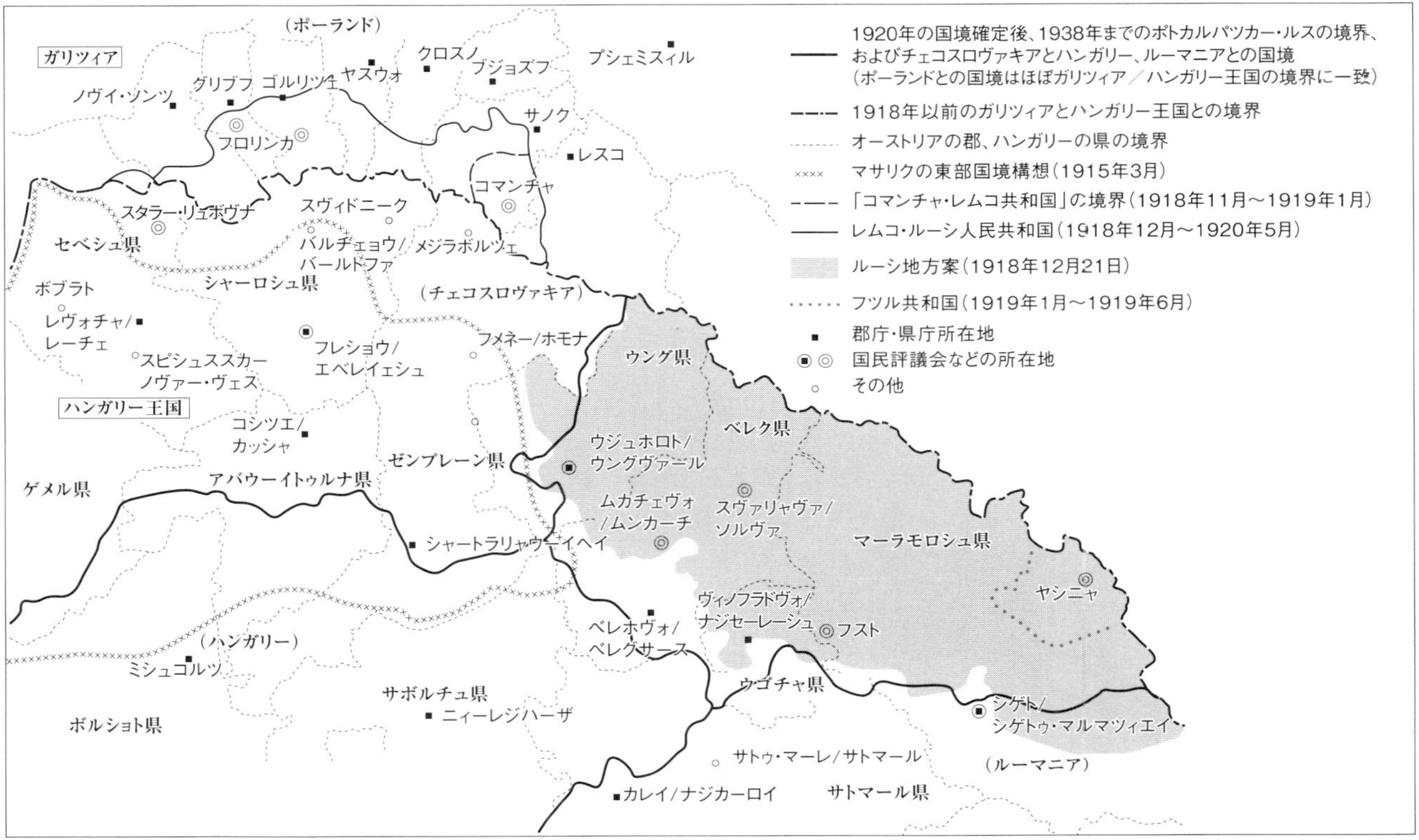

図 5-2　カルパチア山麓地域の国民評議会・「共和国」(1918-1920 年)

出所) J. P. Magocsi, *With Their Backs to the Mountains: A History of Carpathian Rus' and Carpatho-Rusyns*, Budapest/New York: CEU Press, 2015, pp. 180, 192 より筆者作成。

チェコスロヴァキアは協商国の定めた境界線の中で、カルパチア山脈南側のルシーン人地域を、チェコスロヴァキア国家内の自治単位とし、チェコスロヴァキア国家の一体性と一致する限り最大限の自治権を与えられなければならない。[28]

「チェコスロヴァキア国家の一体性と一致する限り最大限の自治権」がいったい何を意味するのか、戦間期を通じて誰にもわからなかったが、これを受けてチェコスロヴァキア憲法第三条はポトカルパツカー・ルスの国制上の地位を定めている。憲法第一条が人民主権、第二条がチェコスロヴァキア国家を「民主的共和国」とする自己規定と大統領を元首とする規定、そして第四条が市民権についての規定だから、ポトカルパツカー・ルスの地位がチェコスロヴァキアの国制において非常に重い意味を持っていることがわかる。第三条の第一項は共和国の領域の不可分一体性を定め、そのうえで第二項はサンジェルマン条約の規定とほぼ同じ文言でポトカルパツカー・ルスの自治を定めている。第三項はポトカルパツカー・ルスの議会の設置、第四項はこの議会の権限を定めており、ポトカルパツカー・ルス議会は「言語、教育、宗教、地方行政その他、チェコスロヴァキア共和国法が委譲する案件について決議する権限がある」としている。議会が定めた法は共和国大統領の同意が必要だった。第五項では、チェコスロヴァキア国民議会へのポトカルパツカー・ルスの代表権を留保している。第六項は、中央政府の提案で大統領が任命する総督がポトカルパツカー・ルスの行政を司ることが定められ、総督はポトカルパツカー・ルス議会にも責任を持つこととされている。そしてポトカルパツカー・ルスの行政官は「可能であれば」現地住民から選ばれることになっていた。[29]

初代総督には、アメリカから帰還したジャトコヴィッチが就任した。しかし、ジャトコヴィッチが提案したポトカルパツカー・ルスの自治権は実現しなかった（失意のジャトコヴィッチは一九二一年に総督を辞職して合衆国に戻った）。行政の実権を握ったのは内務省に任命された副総督で、この役職には戦間期を通じてチェコ人官僚が就任した。総督は名目的・儀礼的な存在だった。一九二七年の地方制度改革では、内務省に直属する州庁と州知事が設置され、総督はいっそう影が薄くなった。「副」総督とされていた職が州「知事」になったのである。ポトカルパツカー・ルスの官僚はほとんどがチェコからやってきた。オルブラヒトは書いている。

お昼になった。ウシュ河畔の新しい役所から役人たちが出てくる。チェコ人だ。議員、役人、裁判官、委員、執行人、事務職員、下僕、臨時雇い、警官、みんなチェコ人だ。ウクライナ語やロシア語での会話を耳にするのはごくまれで例外的だ。ボヘミアやモラヴィアから余ったインテリがやってくる。ルシーン人にはインテリはいない？　インテリはようやく最初の世代が現れ、その層はごく薄い。チェコでもかつてはそうだったのではないか。この人たちは聖職者になるか、教師になるか、弁護士になる。チェコ人との競争が少ないか、まったくない職種である。[30]

写真 5-1　1934 年に完成したポトカルパツカー・ルス州庁舎。フランチシェク・クルプカによる巨大な機能主義建築である。現在はザカルパチア州庁舎として使われている
出所）筆者撮影。

ポトカルパツカー・ルスで行政を担う能力があった地元エリートは、すべてハンガリー語で教育を受けた人々であった。ハンガリーのイレデンティズムを恐れるチェコスロヴァキア政府は、地元のハンガリー語エリートの影響力を極端に恐れていた。人材不足に悩んだ政府は西ウクライナ人民共和国の失敗でガリツィアから亡命してきたウクライナ人に共和国市民権を与え、行政に登用することも検討した。しかし政府は亡命ウクライナ人の影響でウクライナ・ナショナリズムが拡大することもすぐに危惧するようになった。[31]こうしてポトカルパツカー・ルスを統治する官僚はほぼチェコ人が占めるようになった。ポト

カルパッカー・ルスの中心であるウジュホロトは行政都市として大々的に改造され（写真５‐１）、チェコ人中産階級の住宅地も建設された。ポトカルパッカー・ルス成立から一〇年で、ウジュホロトの人口の約三分の一は「チェコスロヴァキア人」が占めるようになった。オルブラヒトはこう観察する。

ウジュホロトは二つの征服者、チェコ人とハンガリー人の町である。古い征服者と新しい征服者。古い征服者の命脈は尽きつつあり、やがて死ぬだろう。新しい方は肩をそびやかし、ポズナンのプロイセン人やＨＫＴ団（ドイツ東部辺境協会）の連中にも負けず劣らず、兵隊のような足取りで闊歩していく。[32]

結局、ポトカルパッカー・ルスには議会も設置されることはなかった。自治が形のうえで実現したのは「チェコスロヴァキア国家の一体性」が損なわれた後の一九三八年一一月のことである。クロフタはこう書いている。

必要な準備がなされなければこのくにの行政を住民に任せるわけにはいかなかった。それまで彼らは行政を握ったことがないのだから。逆に長年にわたる政治的、経済的、文化的な仕事を積み上げて、真に民主的なポトカルパッカー・ルスに必要な条件、そのスラヴ系の多数派住民にとって真に役に立つ自治のために必要な条件を整えることこそ、プラハ政府の義務だったのである。[33]

(4) 「チェコのボスニア」

ポトカルパッカー・ルスは、チェコの人々に知られていない土地であった。農業専門家が書いた、ポトカルパッカー・ルスの地誌と社会をチェコ社会に紹介した本によれば、チェコ人がポトカルパッカー・ルスを知らなかったのは、「ちょうどロシア人がシベリアを知らなかったのと同じ」だった。[34]

ヨーロッパでも経済的最先進地域であったチェコ諸邦に対して、ポトカルパツカー・ルスは最も貧困な地域だった。一九二一年には、農林業に従事する人々が六六・五％（七一％とするものもある）、商工業従事者が一三・九％（または一八％）で、「小農民はルシーン人、一部はハンガリー人、農業労働者はルシーン人、農場経営者や賃貸経営者、大領主はユダヤ人とハンガリー人、商業は完全にユダヤ人の手にある。工業ではドイツ人とユダヤ人が経営者でルシーン人とハンガリー人が労働者、官吏と軍人は大部分がチェコ人」であった。[35] 非識字率は五四％（チェコ諸邦では二・四％、スロヴァキアでは二七・七％）である。[36] 農業は非常に原始的な方法で営まれており、農民が保守的であるために農法改善は進まなかった。[37] オルブラヒトの観察は現実を映していた。

肥料は与えない。遠い中世と同じように、刈り取りの終わった畑で灌木を燃やし、その灰を肥料とする。夏には高原で放牧し、秋には森に戻る。冬の森では痩せた豚が小屋の周りで、春まで生きながらえるよう、狂ったように雪を掘り返している。どうしようもないのだ。小屋のまわりのジャガイモやキャベツの畑にさえ肥料が足りない。ここでは深く耕すこともない。農具は鍬しかない。犂はここではまだ発明されていないのだ。[38]

やがてチェコの人々は、未知の暗がりの中にあるポトカルパツカー・ルスを「文明化」することを共和国の使命と考えるようになる。チェコスロヴァキアのポトカルパツカー・ルス支配は、ルシーン人と「チェコスロヴァキア人」に通じるスラヴ性（共通性）とチェコ人の先進性／ルシーン人の後進性（異質性）との組み合わせによって正当化された。現地社会の複雑な言語・宗派・住民間関係は、「文明化の使命」の点から、きわめて記号的に認識され、ムテレオタイプが配置された。「ルシーン人」は共和国市民として教育され、文明化されるべき「無垢で粗野」な農民である。その無知や無気力、怠惰、過度の飲酒癖などは、教育によって克服されなければならない。ハンガリー人は暴力的で残忍である。それは過去の暴力的・「封建的支配」から現在の貴族による在地支配やハンガリーのイレデンティズムと連なって認識される。ユダヤ人は狡猾な搾取者を象徴する。こうした記号配置にしたがって、チェコスロヴァキアは「ルシーン人」を過去の暗がりから解放し、文明化し、繁栄に導く保護者として立ち現れるのだった。[39]

チェコ社会が参照したのは、ハプスブルク帝国によるボスニア・ヘルツェゴヴィナ支配の経験である。実際、ポトカルパツカー・ルスに赴いた官吏には、帝国時代にボスニアやガリツィア、ブコヴィナで経験を積んだ者も多かったという。[40] カルパチア山麓地方についての無関心を批判し、共和国への有機的な統合を求める論説は次のように述べている。

> 論壇の中には、カルパチア・ルーシを編入する価値は疑わしい、なぜならこの地域は私たちにとってチェコのボスニアになるからである、という否定的な反応がある。〔中略〕新しい市民〔カルパチア山麓地方の人々のこと〕を、文化的にも経済的にもわが国の中心や他の地方と結びつけなければならない。交通網はその必要条件である。そうでなければこの地方は実際に私たちのボスニアになって、地理的にも言語的にも直接接しているウクライナへ離れていってしまうかもしれない。[41]

もちろん共和国の存在根拠は帝国の過去との断絶を強調することにあったから、ボスニア支配の過去はいわば否定的に参照されている。そこにあるのは滅亡した帝国より「文明化の使命」をよりよく果たす、という自負であった。

オルブラヒトはそれに対して批判的であった。かつてはハンガリー大平原に出稼ぎに行くこともできたし、ティサ川を流して木材を売って、その代わりに穀物を買うこともできた。林業では「ガリツィア、トランシルヴァニア、ボスニアやヘルツェゴヴィナに働きに行った」[42]。アメリカに移民する者もいた。しかし、その可能性はみな失われた。チェコスロヴァキアの経済的中心地はただ遠い。[43]

> いまや不幸なときが来た。もう買うものもない。火口には燃えさしばかり、釘の代わりに柳の小枝。必要ならそれでも十分。一三世紀から、わずかな貨幣経済の世界から一一世紀に戻らなければならない。〔中略〕旦那方はみな同じだ。かつてはハンガリー人、今はチェコ人。チェコ人についてはここでは聞いたこともなかった。しかし過去の方が生活はマシだった。〔中略〕かつて金を貸していたのはユダヤ人。〔中略〕今は旦那方。ポトカルパッカー銀行、チェコスロヴァキア軍団銀行、スロヴァキア銀行、ドナウ銀行。[44]

左派知識人は、チェコスロヴァキアによるポトカルパッカー・ルス支配を「植民地支配」と捉えていた。『名前のないくに』を論評したシャルダはこう書きつけている。

> 哀れなルシーン人の住むこの小さなくには、第一次世界大戦後、チェコの町人風情にも植民地化の能力があるかどうか、最初に試す場所となった。[45]

その支配を擁護するにせよ批判するにせよ、ポトカルパッカー・ルスはチェコスロヴァキアが抱え込んだ他者であり、「チェコのボスニア」であった。

4　名前を与える

(1)　ポトカルパッカー・ルスの言語と住民

ポトカルパッカー・ルスではどのような言語が教えられ、公的生活で使われるべきだったのだろうか。チェコスロヴァキア憲法は、ポトカルパッカー・ルスの言語・文化・教育政策は、将来のポトカルパッカー・ルス議会が決めること、としており、共和国政府も一貫してそれは現地住民の問題だとする立場だった。ポトカルパッカー・ルス議会で決定されるまでは、共和国全土で「国家語」として使われる「チェコスロヴァキア語」にならんで、ポトカルパッカー・ルスの公共機関では「ルーシ語、または小ルーシ語」が使われることになっていた。[46] 他方、共和国政府は、現地の諸政治勢力が言語問題で一致できず、交渉に値する相手がいないことを理由に自治問題を先延ばしにしていた。自治を担うべき政治的主体、すなわちネイションが「いまだに」成長していない、というのである。それではポトカルパッカー・ルスの「民族・宗派構成」はどのようなものだったのだろうか。国勢調査の結果を表にしたのが、表5－1と表5－2である。国勢調査そのものが「できごと」として人々に帰属を迫るものなので、慎重に扱わなければならないが、状況を見渡す手がかりにはなるだろう。

表から一見してわかるのは、都市部（といっても人口一万人の都市は表中の四都市しかない）はハンガリー人とユダヤ人が多くを占める一方、チェコ人が存在感を増していることである。ハンガリー語はエリートの言語であり、ギリシア・カトリックの司祭の多くもハンガリー語で教育を受けている。ユダヤ人に関しては、ポトカルパッカー・ルスではイディッシュ語が常用語であり、ハシディズムの影響が強い点で、チェコスロヴァキアのなかでは際立っていた。ポトカルパッカー・ルスを編入したことで、チェコ社会は初めて「東方ユダヤ人」の世界と本格的に向き合うこととなった。「民族としてのユダヤ人」を選択した人々の割合が、ユダヤ教徒の数に対して高いことも注目される。[47] ポトカルパッカー・ルスの都市部ではチェコ語学校が次々に開かれたが、移住チェコ人と並んで生徒の多くを占めたのは、ユダヤ人であった。[48]

それでは「ルーシ人」、その母語とされる「ルーシ語」とはどのようなものだったのだろう。再び、オルブラヒトの報告を聞こう。

一九一九年・一九二〇年のポトカルパッカー・ルスには言語闘争は存在しなかった。まだ美しい熱狂の中で、解放の一

表 5-1　ポトカルパツカー・ルスと主要都市の「民族構成」

	チェコスロヴァキア人	ルーシ人	ドイツ人	ハンガリー人	ユダヤ人	ルーマニア人	その他	外国籍	合計
ポトカルパツカー・ルス	19,737	372,884	10,460	102,144	80,059	13,610	914	6,760	606,568
	33,961	446,916	13,249	109,472	91,255	12,641	1,653	16,228	725,357
ベレホヴェ	746	1,328	99	8,379	2,873	24	34	363	13,846
	2,034	1,954	405	9,190	3,759	5	256	1,404	19,007
フスト	305	6,738	409	3,233	3,233	8	12	224	11,835
	1,490	9,301	732	1,383	4,537	25	13	368	17,833
ムカチェヴォ	1,439	4,936	385	8,394	8,394	5	31	720	20,865
	2,664	6,476	991	5,561	8,869	1	105	1,435	26,102
ウジュホロト	5,064	2,807	433	7,712	3,743	14	55	773	20,601
	8,030	6,260	508	4,499	5,897	4	106	1,371	26,675

注）それぞれ上段が 1921 年、下段が 1930 年の国勢調査による。「民族構成」は「母語」の申告による。なお「ユダヤ人」だけは自己規定による。チェコスロヴァキア共和国は、単一の「チェコスロヴァキア国民」の存在が前提だったので、国勢調査では「チェコスロヴァキア民族」としてチェコ人とスロヴァキア人は区別していない。「ルーシ人」は原史料では「ルーシ民族（大ルーシ、ウクライナ、カルパチア・ルーシ）」とされている。なお、「その他」で最も多いのは「ジプシー」である。外国籍の者は圧倒的にハンガリー国籍の者が多いので、現地社会の者である可能性が高い。

出所）Státní úřad statistický, *Sčítání lidu v republice Československé ze dne 15. února 1921*, Praha: Československý statistický úřad, 1924, pp. 42, 45; idem, *Sčítání lidu v republice československé ze dne 1. prosince 1930*, vol.1, Praha: Československý statistický úřad, 1934, p. 36.

表 5-2　ポトカルパツカー・ルスと主要都市の宗派構成

	ローマ・カトリック	ギリシア・カトリック	ルター派	カルヴァン派	正教徒	ユダヤ教徒	合計
ポトカルパツカー・ルス	55,164	332,451	2,267	60,277	60,986	93,341	606,568
	69,262	359,167	1,592	70,833	112,034	102,542	725,357
ベレホヴェ	2,776	2,014	211	4,050	75	4,592	13,846
	4,475	3,202	111	4,992	115	5,680	19,007
フスト	1,540	4,260	69	364	2,159	3,391	11,835
	2,698	7,491	19	509	1,810	4,821	17,833
ムカチェヴォ	4,346	4,785	113	1,355	100	10,012	20,865
	5,742	6,378	103	1,429	376	11,313	26,102
ウジュホロト	7,365	4,993	216	1,080	139	6,294	20,601
	8,674	7,497	251	1,106	263	7,357	26,675

注）それぞれ上段が 1921 年、下段が 1930 年の国勢調査による。外国籍の者を含む。各宗派の合計と「合計」の差は、上にあげていない少数宗派に帰属する者の数である。

出所）Státní úřad statistický, *Sčítání lidu v republice Československé ze dne 15. února 1921*, Praha: Československý statistický úřad, 1924, pp. 113, 119; idem, *Sčítání lidu v republice československé ze dne 1. prosince 1930*, vol.1, Praha: Československý statistický úřad, 1934, pp. 102-103.

体感に浸っていたのである。具体的な問題、例えば学校ではどんな言語で教えるか、といった問題が持ち上がったときにもそうだった。「そんな簡単でやさしい問題については、決める資格のある人が決めればいいじゃないか。ルシーン人の教師たちだ！」一九二〇年、実際に教師たちが集まった。ほとんどがハンガリー人で、ハンガリー語しかできなかったが、それでも彼らは熱狂して、一体感を求めており、気持ちと良き意志の点では、他の自由な市民たちに引けを取らなかった。問題は日の光のように明らかだ。「聖書が書かれていることばで教えようじゃないか！」みんなは声を合わせて同意した。「神がわれわれを導きたまう！」次々に演説者が立って、大ロシアや偉大な文化、そしてロシア語の美しさについて語り、ロシアと一体にならなければならない、と主張した。一同は拍手喝采して、うなずきあった。そしてまた別の人々が立ち上がり、目を涙で濡らしながら神を称え、もうよそ者のことばで教えなくてもよい、カルパチア山地の貧しく、善良な人々の言葉で教えるんだ、と語った。みんなはこの人々にも拍手喝采を送った。集会にはしかし、たった一人、学のある人物がいた。行政庁教育局長のチェコ人ヨーゼフ・ペシェクである。彼は聴衆に向かっておよそ次のように述べた。「皆さん、素晴らしい一体感を示してくれました。しかし問題は、意見の一致があるように見えて、実は三つの全然違うことがらが一緒くたにされている点です。聖書は古い教会スラヴ語で書かれています。ロシア文化の言語はロシア語で、この山地の人々は三通りのカルパチア山麓方言を話しています。このうち、どれを学校で教えるのでしょう？」ところがこんなささいなことで聖なる一体感が揺らぐことなどなかった。みんなはこう叫んだのである。「あなたが私たちに話しかけている言葉を教えたらいいじゃないか、あなたのいっていることはよくわかりますよ！」ところが局長は一同とウクライナ語で話していたのである。つまり、四つのまったく違うことについて、みんなは意見が一致したと思ったのだ。[49]

ここに活写されている潮流は、やがて運動として分化していく。一つは「ロシア派」で、カルパチア・ルーシを、ロシアを含む「大ルーシ」の一部と考える流れであり、ドゥフノヴィチ協会（アレクサンデル・ドゥフノヴィチ（一八〇三〜六五）にちなむ）に結集していた。書き言葉としては、ロシア語に教会スラヴ語のアルカイックな語彙やカルパチア山麓地域の地方語彙を混ぜたものを使おうとしていた。もう一つは「ウクライナ派」で、ガリツィアにおけるウクライナ・ナショナリストの運動と同調することもあった。ガリツィア全域にネットワークを持っていたウクライナ文化組織「プロスヴィタ（啓蒙）」はポトカルパツカー・ルスにも支部を作っていた。ガリツィアからの亡命者や活動家の働きかけがあったが、ポトカルパツカー・ルスではウクライナ語の著述や教育実践は層が薄く、「ウクライナ語の書物を手にしたこともない」人々が多かった。最後の一つは「ルシーン派」で、独自の「ルシーン・ナショナリティ」を構築しようとしていた。これら三つの流れは運動としては激しく競合・抗争していたように見えるが、現実には人間関係によって離合集散を繰り返していた。チェコスロヴァキア政府はどの流れとも距離を保とうとしていたが、最も共感を持っていたのはロシア派だった。

(2) 過去の私たち

このような状況をチェコ社会はどのように認識していたのだろうか。チェコスロヴァキアによるポトカルパツカー・ルス支配を批判的に観察したオルブラヒトも、ヴェルサイユ会議でこの地域の「獲得」に尽力した外相エドゥアルト・ベネシュも含めて、チェコの政治家や知識人たちが一致していたのは、この地域がネイション形成を経験しつつあり、それを助けるのがチェコスロヴァキア共和国とチェコ社会の文明的使命だとする認識だった。ポトカルパツカー・ルスの社会は過去のチェコ社会であり、時間の遠近法を操ることによってポトカルパツカー・ルス社会を認識する枠組みが形成された。時間軸を最も長く取ると、そこにはキリスト教化以前の自分たちの姿が現れる。

カルパチアの牧人や木こりは良いキリスト教徒だろうか。決してそうではない。確かにギリシア・カトリックか正教会の教区簿冊に登録されているし、それぞれの教会の習慣や儀礼を守っている。そしてそれを奪おうとする者には誰でも決然と抵抗するだろう。だがそれだけだ。彼らは異教徒である。自然と自然現象を信仰している。神が存在することはもう何世紀も疑っていない。全能の父なる神、天地の創造者、その子イエス・キリスト。しかしここには、その他に誰か別の神様がいて、ボシュコと呼ばれる。さらにまた別の神様がいてダジュボフと呼ばれ、ポーランド国境近くのピクイ山に住んでいる。原生林には霊が宿り、家畜小屋や牧人の番小屋には邪鬼が潜み、トウモロコシや麻の畑の葉の間を妖精が飛び回り、川のそばや沼には人の良い河童や邪悪な水の精が住んでいる。〔中略〕チェコ人の憲兵は異教の神様を迫害しているが、ボシュコを違法とする法律が作られたのはまったく違うくにのことで、ボシュコの住んでいるのとはまったく違う時代のことである。カルパチアの牧童や木こりたちの宗教は異教とキリスト教の混交であり、最初の千年紀のボヘミアで聖ヴォイチェフが戦ったものと同じである。[50]

こうしてポトカルパツカー・ルスの「一一世紀の村」は、遠い自分たちチェコ人の過去と結びつけられるのである。時間軸を近くに取ると、今度は帝国支配下でのチェコ国民社会が現れる。

ポトカルパツカー・ルスの首都での生活の中に、ルシーン人を目にすることはないだろう。農民あるいは牧畜民であるルシーン人には、成長するこの都会ですることはないのだ。彼らの家に行かなければ、彼らに会うことはできない。しかし、銀行や役所、兵舎の並ぶこの町は、一八六〇年のプラハそのものではないか。[51]

帝国時代、チェコ国民運動の焦点だった「学校」も想起される。

チェコ語学校は最高のレベルにある。運営は秩序正しく、予算も豊富で教科書もありチェコ諸邦に引けを取らない。ルシーン人はこうつぶやいてもいいのではないか。「なぜ質の悪い学校に子どもを送り込まなければならないんだ。良い学校があるのに。それにチェコ人の教師はどちらにだっているのだし、いずれにせよチェコ語は必修科目なのだ。」しかし、プラハのお歴々はオーストリアの経験を忘れている。ルシーン人がそんなふうに呟くはずはないのだ。そして子どもを「旦那方の学校」に通わせることはない。むしろそれと戦い、自分たちの学校を広げようとし始めている。今のところは静かに、おずおずと。[52]

オルブラヒトは、チェコスロヴァキア支配下で「ルシーン人」の学校が増え、一〇年間で地元のエリートが増えてきたことを評価する。しかしオルブラヒトによれば、彼らは教育と訓練に見合ったキャリアを見出せず、チェコ人による官職や教職の独占に反感を持つようになるだろう。一方、チェコからは常に「余りもの」のエリートが送り込まれる。ここにルシーン人のナショナリズムが姿を現すだろう。共和国によるポトカルパツカー・ルス支配に批判的なオルブラヒトは、チェコスロヴァキアを帝国に重ね合わせ、「ルシーン人」にかつてのチェコ社会を見る。帝国の経験は立場を変えてチェコスロヴァキアに引き継がれるのであった。

(3)「西と東」をつなぐもの

一九三〇年代の危機の中で、ポトカルパツカー・ルスにおける自治問題の解決はスロヴァキア問題と連関しながらますます緊急の課題となっていった。大統領となったエドゥアルト・ベネシュは一九三四年、ウジュホロトを訪れて長大な講演を行った。歴史と国際関係の観点からポトカルパツカー・ルスが共和国の不可分の一部であることを主張し、共和国のポトカルパツカー・ルスに対する使命を訴えることが目的である。ベネシュは、強い力を持つハンガリー人とユダヤ人からルシーン人の自治を守るためにプラハ政府の介入が必要だった、と述べ、ルシーン人学校の建設や政党組織の発展、行政の整備、公共衛生の改善、ギリシア・カトリック、正教会の教会改革、経済成長を語り、チェコスロヴァキアが達成したものを誇った。[53] 注目すべきは、文明論的にポトカルパツカー・ルスを語るようでありながら、チェコスロヴァキアの使命を主張している点である。

ポトカルパツカー・ルスは地理的な位置と住民のネイション、そして宗教の構成からして文字通り東西の架け橋であり、交差点である。今日も、また未来にわたっても二つの顔を持ち、人々の中で西方志向と東方志向とが争われるだろう。政治情勢により、そしてヨーロッパの大状況に応じて、あるときは西が、そしてあるときは東が重みを増すだろう。数百年にわたって、ポトカルパツカー・ルスはハンガリー国家の中で暴力的にネイションとしての性格を奪われてきた。それにもかかわらず常にネイションとして、また言語的にロシア性とウクライナ性に引きつけられてきた。そして今はチェコスロヴァキアの中にある。チェコスロヴァキア国家はそれ自体スラヴ的国家であり、ポトカルパツカー・ルスのスラヴ的多数派と近しいが、一方、はっきりとまた意識的に西を向いており、政治・社会制度も西欧的民主主義の原則に立脚している。こうした事実のすべてがポトカルパツカー・ルスの歴史的問題を際立たせているのであり、その西と東との間の闘争を際立たせているのである。〔中略〕チェコスロヴァキアはポトカルパツカー・ルスの文化闘争を兄として助け、その民族再生を西欧精神、世界精神の下で完遂させたいのである。[54]

ベネシュはこうしてポトカルパツカー・ルスを「東と西」の軸の上におき、チェコスロヴァキアを文明的な「西」と位置づけて、ポトカルパツカー・ルスの文明化をその使命と言明したのであった。チェコスロヴァキアの後見の下で、ポトカルパツカー・ルスはネイション形成を「完遂」する。ここに「民族再生」というチェコ史のメシア的な用語が使われていることからもわかるように、ポトカルパツカー・ルスはチェコ国民の過去をたどり、かつ時間軸に沿って「東から西へ」昇っていくことが期待されていた。それに応えて叫ぶ人々もいた。

私たちはこの共和国の息子である。われらのくにを名前のないくにと呼ぶ作家には厳しく抗議しようではないか。このくににには名前がある、栄えある名前が。私たちは誇りに思う。ポトカルパツカー・ルス、という名前を。[55]

「栄える名前」はチェコスロヴァキアへの編入によって、ポトカルパツカー・ルスの人々がかつてのチェコ人とスロヴァキア人が歩んだ道をたどり、歴史的使命を果たすことによって得られるのであった。ベネシュはさらに述べる。

ポトカルパツカー・ルスとポトカルパツカー・ルスの人々は一九一八年に解放されて、特別な使命を帯びることになった。歴史上初めて、ネイションとして政治的・国制的に一つの独立した単位を形成し、ネイションとしての深い革命の道を歩んでいるのである。それは私たちが一八四八年以降、スロヴァキア人が一八九〇年代以降に経験したものと似たものである。こうしてポトカルパツカー・ルスの人々は、世界戦争と戦後の偉大な革命が引き起こしたヨーロッパの大変動に轡を並べることになったのである。[56]

これは「帝国」としてのチェコスロヴァキアの自負であった。かつてガリツィアやブコヴィナ、さらにボスニア・ヘルツェゴヴィナを領有したときのハプスブルク帝国の文明的使命論は、いまや世界革命の装いをまとって「民主的共和国」に引き継がれたのである。

5 一九一八年をどう見るか?

このように帝国的な「文明化の使命」を国家建設の基礎に据え、国家の存在理由としたのは、もちろんチェコスロヴァキアだけではない。ポーランドは、ヴォルィニやガリツィアなどの東部辺境地域の支配にあたって、旧ポーランド＝リトアニア連合王国の伝統に訴えかけながら、「文明化の使命」を主張した。そこでは不断に文明化されるべき他者が想像され、創造され、ネイションの輪郭がダイナミックに生成された。[57]そこには『国民化する帝国』の動態が連続している。一九一八年は、帝国が崩壊して、異なる原理に基づく「国民国家」が成立した年として見るよりは、帝国が分裂し、「帝国的構成」を持った「小さな諸帝国」が建国された年として見る方が適当である。[58] 総力戦は国家への同意を前提に、戦争体制への住民の動員と参加を必要とした。諸帝国は同意に必要な資源を調達できずに、国家としての正当性を失い崩壊したのである。したがって継承諸国は、帝国の統治制度と国家建設のダイナミズムを引き継ぎながら、総力戦により適合的な国家理念と統治制度を構築していかなければならなかった。チェコスロヴァキアのポトカルパツカー・ルス支配はそのような文脈に位置づけることができるだろう。

第一次世界大戦後の中・東欧は「小さな諸帝国」が競合する場所となった。さらに国際連盟を核とする新しい国際秩序が、それ自体として諸国家・諸地域を階層化する「帝国的秩序」を基礎としていたことにも留意しなければならない。「小さな諸帝国」は、大きな「帝国的秩序」の中で階層をめぐって競合していたのである。

ベネシュは先の演説の結論部で、ポトカルパツカー・ルスは「民族再生の最初の段階」をあと一五年から二〇年かけて終えるだろう、と述べている。[59] 自治権はいつ与えられるのだろうか。再びオルブラヒトに戻ろう。

一一世紀には外側から穴が開けられ、中世の暗がりの中に二〇世紀が荒々しくうねりをあげて流れ込んでくる。今のところは頭も暮らしも混乱するばかりだ。木造の小さな教会から司祭とともに教会の行列がやってくる。祈りの歌を歌いながら、聖人像を掲げている。そしてそこにはレーニン像も混ざっている。もちろん反教会のデモ行進ではない。そしてピクイ山から敬虔な行列を見つめているのはダジュボフだ。あの小屋には魔法使いが住んでいる。ここには民主主義的な学校がある。あちらには憲兵隊の詰所がある。ほかにどうしようもない。奔流はすべてを押し流し、すべてを混ぜ合わせ、濁流となって流れていく。[60]

今はまだポトカルパツカー・ルスにおけるネイションの運動は散発的で、形も定まらず、素朴で、どちらかというと一八六〇年代のチェコの愛国運動のようだ。まだ政治的・社会的にすべての要素が一つになっている。やがて政治的、社会的、文化的な分化が始まるだろう。しかしその「やがて」は古い歴史的感覚の「やがて」ではない。現代の時代の目盛りは猛烈な生活のテンポで刻まれているからである。[61]

「やがて」は二〇年後ではなかった。次の総力戦はこの数年後にやってきて、すべてを押し流してしまったのである。

注

1 I. Olbracht, Vesnice XI. Století, *Hory a staletí: Kniha reportáží z Podkarpatské Rusi*, Praha: Melantrich, 1935, pp. 9-10.

2 オルブラヒトの経歴については、J. Opelík et al.（eds.）, *Lexikon české literatury*, 3/I, Praha: Academia, 2000, pp. 665-671.

3 L. Merhaut et al.（eds.）, *Lexikon české literatury*, 4/I, Praha: Academia, 2008, pp. 343-347

4 Spisovatelé komunisté dělníkům komunistům, in Š. Vlašim（ed.）, *Avantgarda známá a neznámá*, vol.3, Praha: Svoboda, 1970, p. 47. なお、オルブラヒトは第二次世界大戦後、チェコスロヴァキア共産党に復党し、戦後はもっぱらプロレタリア作家として評価された。

5 V. Vančura, *Poslední soud*, Praha: Družstevní práce, 1929.

6 オルブラヒトのカルパチア山麓地方への最初の訪問・滞在については、次を参照。N. F. Kopisťanská and V. L. Gošovský, Jak vznikla první kniha Ivana Olbrachta o Zakarpatsku, *Česká literatura*, 25（1）, 1977, pp. 26-34.

7 Ibid., p. 29.

8 I. Olbracht, Boj o kulturu na Podkarpatské Rusi, *Literární noviny: Kulturní zpravodaj moderního člověka*, 5（16, 18-20）, 1931.

9 I. Olbracht, *Země bez jména: Reportáže z Podkarpatska*, Praha: Otto Girgal, 1932; idem, *Hory a staletí: Kniha reportáží z Podkarpatska*, Praha: Melantrich, 1935.

10 I. Olbracht, *Nikola Šuhaj: Loupežník*, Praha: Sfinx B. Janda, 1933; idem, *Golet v údolí*, Praha: Melantrich, 1937. これらの作品は

第二次世界大戦後に映画化された。このほか、オルブラヒトは、カルパチア山麓地方の木こりの生活を題材としたヴラヂスラフ・ヴァンチュラ監督の映画「不貞女マリイカ」（一九三三年）の脚本を書き、現地でのロケに参加している。

11 J. Opelík, Ivan Olbracht: Přípravná studie pro IV. díl Dějin české literatury, *Česká literatura*, 13 (4), 1965, p. 292.

12 K. Čapek, *Hordubal*, Praha: Fr. Borový, 1933（邦訳：K・チャペック『ホルドゥバル』飯島周訳、成文社、一九九五年）; J. Durych, *Kouzelná Lampa*, Praha: Rozmach, 1926. 戦間期チェコ語文学におけるカルパチアの主題については、次の論文が見通しを与えてくれる。G. Zand, Die Karpato-Ukraine in der tschechischen Literatur 1918-1938, *Wiener Slawistisches Jahrbuch*, 48, 2002, pp. 179-188.

13 代表的な議論としては次を参照。O. Urban, *Kapitalismus a česká společnost*, Praha: Svoboda, 1978 (2nd edition, Nakladatelství Lidových novin, 2003); idem, *Česká společnost 1848-1918*, Praha: Svoboda, 1982 (*Die tschechische Gesellschaft 1848 bis 1918*, Wien/Köln/Weimar: Böhlau, 1993); J. Kořalka, *Tschechen im Habsburgerreich und in Europa 1815-1914*, Wien/München: Verlag für Geschichte und Politik/Oldenburg, 1991 (*Češi v habsburské říši a v Evropě 1815-1914*, Praha: Argo, 1996).

14 次を参照。A. Kappeler, *Russland als Vielvölkerreich: Entstehung –Geschichte– Zerfall*, München: Beck, 1992; P. W. Werth, *The Tsar's Foreign Faiths: Toleration and the Fate of Religious Freedom in Imperial Russia*, Oxford: Oxford University Press, 2014; A. Miller, *The Romanov Empire and Nationalism: Essays in the Methodology of Historical Research*, Budapest/New York: CEU Press, 2008; P. Judson, *The Habsburg Empire: A New History*, New York: The Belknap Press, 2016; 長縄宣博『イスラームのロシア——帝国・宗教・公共圏一九〇五～一九一七』名古屋大学出版会、二〇一七年。

15 S. Berger and A. Miller (eds.), *Nationalizing Empires*, New York/ Budapest: Central European University Press, 2016.

16 「小さなネイション」とはネイションの形成過程を理論化したパイオニアの一人、ミロスラフ・フロホの用語である。国家の枠組によりながらネイション形成を果たした類型に対して、帝国統治下で形成された「非支配的なエスニック・グループ」のネイションを指し、フロホは主にハプスブルク帝国やロシア帝国内のネイション形成の比較研究を行っている。M. Hroch, *Die Vorkämpfer der nationalen Bewegung bei den kleinen Völkern Europas: Eine vergleichende Analyse zur gesellschaftlichen Schichtung der patriotischen Gruppen*, Praha: Univerzita Karlova, 1968; idem, *Social Preconditions of National Revival in*

Europe: A Comparative Analysis of the Social Composition of Patroitic Groups among the Smaller European Nations, Cambridge: Cambridge University Press, 1985; idem, *V národním zájmu: Požadavky a cíle evropských národních hnutí devatenáctého století ve srovnávací perspektivě*, Praha: Nakladatelství Lidových novin, 1999.

17 ザーラは以下の研究でこの概念を最初に提出し、後に分析概念として理論化を試みている。T. Zahra, *Kidnapped Souls: National Indifference and the Battle for Children in the Bohemian Lands, 1900-1948*, Cornell University Press, 2008; idem, Imagined Noncommunities: National Indifference as a Category of Analysis, *Slavic Review*, 69（1）, 2010. また『オーストリア史年報』がこの問題の特集を組んだ際のザーラとジャドソンによる序論を参照。P. M. Judson and T. Zahra, Introduction, *Austrian History Yearbook*, 43, 2012.

18 Zahra, Imagined Noncommunities, pp. 97-98.

19 Ibid., p. 98.

20 R. Brubaker, Ethnicity without groups, *European Journal of Sociology*, 43（2）, 2002.

21 「ネイションへの無関心論」は、当初、国民形成プロセスの過程を問題としていた。しかし、やがて概念が拡大し、実証研究では、①ネイション形成に関わらないこと、②ネイション帰属の柔軟性、あるいはプラグマティズム、③反ナショナリズム、など様々な様態に適用されるようになった。G. Stourzh, The Ethnicizing of Politics and National Indifference in Late Imperial Austria, in idem, *Der Umfang der österreichischen Geschichte: Ausgewählte Studien 1990-2010*, Wien/Köln/Graz: Böhlau, 2011. 以下の論集は「ネイションへの無関心」論を総括し、その可能性を拓こうとするもので、収録されている研究の対象は第一次世界大戦後、つまり「国民国家形成」後の時期に集中している。M. Van Ginderachter and J. Fox, *National Indifference and the History of Nationalism in Modern Europe*, New York: Routlege, 2019. ただしここでは「ネイションへの無関心」は拡散し、分析概念としての輪郭が不明瞭となりつつある。

22 Judson, *The Habsburg Empire*, esp., pp. 270-275.

23 カルパチア山麓地方の「ルシーン人」の近代史については、P・R・マゴチの著作が長く基本的文献だった。P. R. Magocsi, *The Shaping of National Identity: Subcarpathian Rus' 1848-1948*, Cambridge（MA）, Harvard University Press, 1978. マゴチ

は最近、先史時代から現代にいたる「ルシーン人」の通史を発表している。Idem, *With Their Backs to the Mountains: A History of Carpathian Rus' and Carpatho-Rusyns*, Budapest/New York: CEU Press, 2015. マゴチの著作はルシーン人の独自のナショナル・ヒストリーとして構想されている。チェコスロヴァキア統治期が本格的に歴史研究の対象となったのは一九九〇年代以降である。シュヴォルツの著作はポトカルパツカー・ルスの自治問題に焦点をあてながら、地域政治と国際政治とを交差させた見事な叙述を行っている。P. Švorc, *Zakliata Krajina* (*Podkarpatská Rus 1918-1946*), Prešov: Universum, 1996（チェコ語版は *Zakletá zem: Podkarpatská Rus 1918-1946*, Praha: Nakladatelství Lidových novin, 2006）. ヤン・リフリークらの著作は網羅的に情報を提供しており、特に経済史に詳しい。ポトカルパツカー・ルスの歴史研究は必ずしも多くはないが、リフリークによる同時代から現代にいたる研究史のまとめは有用である。J. Rychlík and M. Rychlíková, *Podkarpatská Rus v dějinách Československa 1918-1946*, Praha: Vyšehrad, 2016. 二つの著作とも、ネイション形成の弱さはこの地域の後進性に由来するという前提に立っており（「経済的・文化的後進性は国民意識の弱さに直接反映している」Švorc, *Zakletá zem*, p.11）、この点で戦間期の認識を共有している。

24 *Země bez jména*, pp. 73-74. 以下、引用文中における〔 〕内は引用者による補足を示す。正確にはサンジェルマン条約およびトリアノン条約では「カルパチア山脈南側のルシーン人地域」と呼ばれており、将来設置されるはずの自治議会は「ルシーン議会」とされている。A. Hartl, K jazykovým sporům na Podkarpatské Rusi, *Slovo a slovesnost: List pražského lingvistického kroužku*, 4, 1938, p. 161. この論文は冒頭で以下のように書いている。「論壇や文献では、いまだにポトカルパツカー・ルス地方とそのスラヴ系住民の名称は安定していない。それはイヴァン・オルブラヒトの著書『名前のないくに』の書名がよく捉えている。」Ibid., p. 161.

この地域は、ハンガリー王国時代には「ハンガリー・ルーシ」という名で呼ばれることもあった。オルブラヒトのいう「ブダペシュト政府」とはカーロイ政権のことで、タナーチ共和国も自治政策を継承した。一九二〇年のチェコスロヴァキア憲法、およびポトカルパツカー・ルス地位法改訂版によってポトカルパツカー・ルスという名称が法的には定着し、一九二七年の政治行政組織法ではこの地方の名称を「ポトカルパツカー・ルス州」とした。ミュンヘン協定・ウィーン裁定ののち、一九三八年一二月にはこの地域に自治が実現し、ウクライナ・ナショナリストが自治の中心となったために、自治法での名称は「ザカルパツカー・

ウクライナ」となった。一九四四年のソ連併合によってこの地域はザカルパチア州となり、ウクライナ独立後の今日まで引き継がれている。チェコスロヴァキアでも社会主義時代の文献では一貫して「ザカルパツカー・ルス」「ザカルパツコ」が使われた。Rychlik and Rychlíková, *op.cit.*, p. 8.

25 K. Krofta, *Podkarpatská Rus a Československo*, Praha: Svaz národního osvobození, 1935, p. 5.

26 Magocsi, *With Their Backs to the Mountains*, p. 189. リフリークは『世界革命』を引用しながら、ロシアの二月革命後のキーウ訪問で、マサリクは将来のチェコスロヴァキア国家の東部国境構想について「明らかに見直しをした」としている。Rychlik and Rychlíková, *op.cit.*, p. 35. しかしロシア外相のミリューコフは三月一九日のマサリク宛の電報でオーストリア＝ハンガリーの「小ロシア人地域」は「わがウクライナ」に併合されるとしており、この時点でマサリクがカルパチア山麓地域の併合を考慮する可能性は少ない。Švorc, *Zakletá zem*, p. 44.

27 以下の叙述は Magocsi, *With Their Backs to the Mountains*, pp. 179-182, 186-190.

28 Traité concernant la reconnaissance de l' indépendance de la Tchécoslovaquie et la protection des minorités（Saint-Germain-en-Laye, le 10 septembre 1919）, *Digithèque de matériaux juridiques et politiques*, https://mjp.univ-perp.fr/traites/1919tcheco.htm（最終閲覧二〇二〇年八月一六日）

29 121/1920 Sb. Ústavní listina Československé republiky, in *Sbírka zákonů a nařízení státu československého*, částka XXVI, roč. 1920（6.března 1920）, p. 256.

30 *Země bez jména*, p. 31.

31 早くも一九二〇年一月、閣僚会議は次のように決定している。「行政への任用については、外国人、特にポトカルパツカー・ルスの行政にウクライナ人を任用することは避けるべきである。〔中略〕地元の人材が確保できない時には、ポトカルパツカー・ルスでのポストにはチェコ人を、可能ならばチェコスロヴァキア軍団員を充てることが望ましい。」閣僚会議決定「ポトカルパツカー・ルスにおける共和国行政へのウクライナ人の任用について」（一九二〇年一月一四日）。以下に引用。M. Tomek, Ukrajinští emigranti na Podkarpatské Rusi a státní služba（1919-1929）: Těžké hledání uplatnění na východě republiky, *Paginae historie: Sborník Národního archive*, 23（2）, 2015, p. 234. ただし教育省には、ポトカルパツカー・ルスの学校教育にウクライナ語を導入すれば、ガリツィアの教員や教科書を利用できるとする考え方もあったという。C. Fedinec and I. Csernicskó, Jazyk ako labyrint etnopolitických vzťahov na Podkarpatskej Rusi, *Dejiny: internetový časopis Inštitútu histórie FF PU v Prešove*, 2, 2017, p. 66.

32 *Země bez jména*, p. 28.

33 Krofta, *op. cit.*, p. 34.

34 V. Drahný and F. Drahný, Podkarpatská Rus, její přírodní a zemědělské poměry (publikace Ministerstva zemědělství, roč. 1921, č.15), Praha: Ministerstvo zemědělství, 1921, p. 3.

35 Ibid., p. 42. ちなみに同時期にボヘミアで農林業に従事する人々は約三割、チェコスロヴァキア共和国全体の平均は約四割である。Švorc, *Zakletá zem*, p. 283.

36 Ibid., p. 40. ポトカルパツカー・ルス行政庁の教育局長を務めたヨゼフ・ペシェクは非識字率を七八%としている。彼によれば、一九世紀末から二〇世紀はじめにかけて就学年齢にあった世代は「ルシーン語もハンガリー語も学ばなかった」ために非識字率が最悪であるという。J. Pešek, *Školství v Podkarpatské Rusi*, Užhorod: Ždímal a Vetešník, 1921, p. 8.

37 表5-3は、ボヘミア諸邦とポトカルパツカー・ルスの農業生産性を比較したものである。気候と需要の関係で、とうもろこしだけはポトカルパツカー・ルスの方が生産性が高いが、穀物の一ヘクタールあたりの収穫量はボヘミア諸邦のほとんど三分の一にすぎない。Rychlík and Rychlíková, *op.cit.*, p. 99.

38 *Hory a staletí*, p. 11.

39 S. Holubec, Mezi slovanskou vzájemností a orientalismem: České zobrazování Podkarpatské Rusi a jejích obyvatel v publicistice dvacátých let minulého století, *Soudobé dějiny*, 4, 2016, pp. 537-544. チャペックの『ホルドゥバル』ではポトカルパツカー・ルスという場の意味は薄いが（邦訳者は舞台を「東スロヴァキア」と解説して

表5-3　農業生産性の比較

	1ヘクタールあたりの収穫量（100kg）	
	ボヘミア諸邦	ポトカルパツカー・ルス
とうもろこし	1.9	9
小麦	15.7	5
ライ麦	16.4	5
燕麦	16.2	7
ジャガイモ	97.8	60

いる）、ルシーン人農民とハンガリー人にはそれぞれこのような記号的性格が配置され、ルシーン人農民の住む貧しい高地とハンガリー人の肥沃な南部の平地との往還が物語にリズムを与えている。

40　Ibid., pp. 533-535. 帝国からチェコスロヴァキア共和国にいたる官僚の行政経験、特に「辺境支配」の経験の連続性については、さらに実証研究が必要とされる。チェコスロヴァキアのポトカルパツカー・ルスに対する「文明化の使命」については以下も参照。D. Státník, Rusíni v českém snu: Etnograf Jan Húsek a československá civilizační mise za první republiky, in M. Ducháček and J. Bílková (eds.), *Václav Chaloupecký a generace roku 1914: Otazníky české a slovanské historiografie v éře první republiky*, Praha: Ústav dějin Univerzity Karlovy a Archiv Univerzity Karlovy, 2018, pp. 266-281.

41　“Problémy Karpatské Rusi”, *Tribuna*, 21（6）, 1919. この論説では「わが国」にあたる語に、「帝国」を意味するのと同じ říše という語が使われている。

42　*Hory a staletí*, p. 15.

43　ポトカルパツカー・ルスと共和国の他の地域との鉄道による接続、運賃などについてはリフリークらが詳しく分析している。Rychlík and Rychlíková, *op.cit.*, pp. 124-133.

44　*Země bez jména*, pp. 10, 21.

45　F. X. Šalda, Česká kolonisace na Podkarpatské Rusi, *Šaldův zápisník*, 4, 1931-1932, p. 315. ポトカルパツカー・ルスは貧しく、生産性も低く、共和国中央から遠く離れていた。チェコスロヴァキアがこの地域のインフラストラクチャ（交通網、都市改造、衛生政策、特に教育）に投資した資本とエネルギーは、ここから「搾取」したものをはるかに上回ると考えられる。リフリークらによれば学校のほか、道路、河川事業への投資が際立っていた。Rychlík and Rychlíková, *op.cit.*, p. 122, 134. また一九三二年、ある経済学者の試算によれば、共和国によるポトカルパツカー・ルスへの投資が三〇億コルナに上ったのに対し、そこからの収益は一六億コルナ程度だったという。Švorc, *Zakletá zem*, p. 108. もちろんそれが在地社会を幸福にしたかどうかは別問題である。

46　L. Králík, Podkarpatská Rus a publikace právních předpisů, *Správní právo*, 50（1）, 2017, p. 32.

47　一九二一年の国勢調査によれば、ボヘミアではユダヤ教徒が七万九七七七人、「民族としてのユダヤ人」を選択した人が一万一二五一人である。ユダヤ教徒（A）と「民族としてのユダヤ人」（B）の比を取れば（B／A）、ボヘミアでは一四％であるのに対し、ポトカルパツカー・ルスでは八六%に及ぶ（もっとも社会主義シオニストのように、ユダヤ教徒ではないが「民族としてのユダヤ人」である、という人々も考えられるので、この比はユダヤ人社会の状況を知る目安にすぎない）。チェコのシオニスト活動家たちは、国勢調査の民族的帰属の指標に「母語」を用いることに頑強に抵抗したが、それによってサンジェルマン条約で認められた「少数民族としてのユダヤ人」の存在が見えなくなるからであった。第一回国勢調査のあと、シオニスト活動家たちはポトカルパツカー・ルスのユダヤ人が強い「民族的自覚」を持っていることを称賛している。T. Lichtenstein, Racializing Jewishness: Zionist Responses to National Indifference in Interwar Czechoslovakia, *Austrian History Yearbook*, 43, 2012, pp. 75-97. しかし、ポトカルパツカー・ルスでは、多くのユダヤ人、特に相対的に富裕でユダヤ共同体に影響力を持つ人々は、宗教的立場からユダヤ・ナショナリズム、特にシオニズムに厳しく反対し、しばしば激しい世代間闘争、階級闘争の様相を示した。ユダヤ人職人のもとに寄宿したオルブラヒトはそれを詳細に観察している。彼の小説『谷間のディアスポラ』、特にその一編「ハナ・カラヂチョヴァーの悲しい目」はこのような争いをテーマとしている。

48 オルブラヒトは書いている。「チェコ語の学校にないものが一つだけある。チェコ人の生徒だ。ラビが弟子たちを送り込まなければ、チェコ語の学校はほとんどが閉鎖となるだろう。」*Země bez jména*, p. 85. 一九二八年にチェコ語の小学校に通う生徒約九八〇〇人のうち、五五%がユダヤ人、三〇%がチェコ人で、「ルシーン人」の子弟は五%に過ぎなかった。チェコ語学校に通う生徒はユダヤ人子弟の約四割にあたる。Švorc, *Zakletá zem*, p. 179. ユダヤ人の母語はイディッシュで、王国時代の世俗教育はほとんどハンガリー語だったことを考えると、チェコスロヴァキア建国後一〇年の変化は顕著である。

49 Hory a staletí, pp. 72-73.

50 *Země bez jména*, p. 18. 聖ヴォイチェフ（ドイツ語でアーダルベルト）は一〇世紀末の第二代プラハ司教で中央ヨーロッパ各地でキリスト教の布教にあたり、最後はプロイセンの地で殉教した。

51 *Ibid.*, p. 33.

52 *Ibid.*, pp. 85-86.

53 E. Beneš, *Řeč o problému podkarpatoruském a jeho vztahu k Československé republice*, Užhorod: Zemský výbor ČSL. obce legionářské pro Podkarpatskou Rus, 1934, p. 33.

54 *Ibid.*, p.40.

55 *Hory a staletí*, p. 235. これは『山々と数世紀の時』にあらたに加えられた章「くににナショナリズムが浸透する」の一節である。オルブラヒトは自らの表現を援用しながら、ポトカルパツカー・ルスの急速な変化に戸惑っているように見える。

56 Beneš, *op.cit.*, p. 51.

57 以下の論文を参照。K. Ciancia, The Local Boundaries of the Nation: Borderland Guard Activists in Polish-Occupied Volhynia, 1919-1920, *Slavic Review*, 78 (3), 2019, pp. 671-693; M. Labbé, National Indifference, Statistics and the Constructivist Paradigm: The Case of the Tutejsi ('the people from here') in interwar Polish Censuses, in *National Indifference and the History of Nationalism in Modern Europe*, pp. 160-179.

58 ジャドソンは一九一八年の事態を次のように見ることを提唱している。「中東欧の大陸帝国について、私たちは、長い間、帝国を継承した国民国家とそのイデオロギーにしたがって、理解し、評価する傾向があった。〔中略〕しかし、自称国民国家を、『小さな帝国』と定義し直すだけで、議論の構図を変えることができる。一九一八年以降の国民国家はすべて多民族国家（Vielvölkerstaat）であり、その生き残りは、多民族的な住民の統合、周縁に対する中心の、しばしば権威主義的支配の成功いかんにかかっており、支配民族に帰属しない人々の間にも、共通のアイデンティティを作り出さなければならなかった。つまり、一九一八年は、帝国的な多民族国家の終焉の年ではなく、むしろ、多民族国家増殖の年だとも言えるのだ。」Judson, *The Habsburg Empire*, p. 458.

59 Beneš, *op.cit.*, p. 51.

60 *Země bez jména*, p. 25.

61 *Ibid.*, p. 92.

第6章

帝国の遺産

チェコスロヴァキアの行政改革の事例から

桐生裕子

1918年10月28日、チェコスロヴァキア独立宣言当日のプラハ・ヴァーツラフ広場

出所）チェコ国立博物館提供（ANM, sig. HF_P1918_0095）。

1　ハプスブルク帝国の解体と国民国家の建国

ハプスブルク帝国の解体と、「民族自決」の理念に基づく新たな国民国家の建国は、長い間、「時代遅れ」で「抑圧的な」帝国からの諸ネイションの「解放」「民主主義の実現」と捉えられてきた。[1] しかし、近年の研究は、帝国と帝国内の諸ネイションが、対立関係というよりもむしろ相互依存的関係にあったこと、また第一次世界大戦に至るまで、住民が帝国への忠誠心を維持していたことを指摘している。[2] さらにナショナル・ヒストリーの相対化に伴い、帝国の解体と国民国家の建国をネイションの「解放」「民主主義の実現」と捉える見方が、新生の国民国家のイデオロギーを強く反映したものであることが認識されるようになった。[3]

新たな研究の進展は、帝国と国民国家の関係の捉え方にも大きな影響を与えた。従来は両者の断絶が強調されたのに対し、近年では新生の国民国家が帝国から諸制度などさまざまなものを継承したとして、両者の連続性に関心が向けられている。[4] さらに国民国家を規範とする歴史像の見直しを試みるジャドソンは、新生国家が国民国家を自称しつつも、支配的ネイションに属さない住民を数多く抱え、その統合を課題とするなど、帝国と多くの共通点を有したと論じる。そして、これらの国民国家を「小さな帝国（small empire）」として捉える見方を提唱している。[5]

旧ハプスブルク帝国領の歴史叙述において、長い間、一九一八年が断絶点と捉えられてきたことを考えると、帝国と新生国家の連続性に目を向けることには意義があろう。他方で、両者の連続性を強調しすぎることに対しては、第一次世界大戦という未曽有の出来事が与えた影響を軽視することになる、という批判も存在する。[6] また新生国家があくまで国民国家を自称し、公式には「帝国の遺産」を拒絶していたならば、帝国の制度等を継承した場合にも、その正統化には帝国時代とは異なる論理が必要になったであろう。そもそも国家的枠組みの変化は、従来の制度を取り巻く状況を大きく変化させずにはいなかったはずである。したがって、帝国と新生国民国家の関係を考える場合、両者の連続性を指摘するだけでは不十分であり、帝国の諸制度などが、総力戦や国家的枠組みの変化の影響を受けつつ、新生国家にいかに引き継がれたのか、その継承のされ方を「帝国の遺産」をめぐる言説も含めて考察する必要があろう。

そこで本章では、帝国と新生国家の関係を、チェコスロヴァキアの行政改革を事例として検討する。一九一八年一〇月にプラハでチェコスロヴァキアの独立が宣言された後、最初に公布された法令は、ハプスブルク帝国時代の法令と行政機関の維持を定めた。この法令は、帝国と新生国家の連続性を示す例として、近年の研究でしばしば言及される。[7] しかし、これはあくまで暫定的措置であり、帝国時代の行政制度をいかに改革してゆくかが重要な課題となった。本章では、帝国との連続性／断絶がいかに論じられたかにも注目しながら、特に地方行政制度をめぐる議論を検討する。そして、第一次世界大戦や国家的枠組みの変化の影響を受けつつ、チェコスロヴァキアが帝国から何をいかに継承したのか、あるいは継承しなかったのかを明らかにする。以上の作業を通じて、帝国の解体、新国家の建国といった出来事が、当該地域にとってどのような意味を持ったのか、浮かび上がらせたい。

2 チェコスロヴァキアの行政上の課題

(1) チェコスロヴァキアの建国

一九世紀以来、ハプスブルク帝国では近代的なネイションを政治的主体として成立させ、政治的権利の獲得を目指す動きが活発になった。しかし、第一次世界大戦に至るまで、チェコ系、スロヴァキア系政党は二重制を前提にし、あくまで帝国内部での自治を目指していた。一九一八年一〇月のチェコスロヴァキア建国は、第一次世界大戦による国際的、国内的状況の変化、それに対応した政治指導者たちの国外、国内での活動の結果によるものであった。[8]

ただし、一九一八年一〇月に独立が宣言された段階では、チェコスロヴァキアの国境は画定されていなかった。当時中欧では、「民族自決」の原則に依拠して複数の国家が建設されつつあったが、それぞれ自明のネイションの領域

図 6-1　チェコスロヴァキア第一共和国
出所）薩摩秀登『図説　チェコとスロヴァキア』河出書房新社、2006 年、104 頁。

が存在したわけではなく、各国家の領域構想は多くの場合、周辺諸国の領域構想と衝突した。チェコスロヴァキアも例外ではなかった。最終的にチェコスロヴァキアの領域は、一九一九年一月に始まるパリ講和会議での交渉、その前後に展開された複数の軍事行動を経て、画定された。画定された領域は、ボヘミア、モラヴィア、シレジア、および旧ハンガリー王国領のうち「スロヴァキア」とされた地域、同じく「ポトカルパツカー・ルス」とされた地域から構成された（図6‐1）[9]。

　チェコスロヴァキアは、「チェコスロヴァキア・ネイションの国家」という構想の下に建国された。しかし、画定された領域内には、「チェコスロヴァキア・ネイション」に属さない、いわゆる「マイノリティ」の住民を数多く抱えることになった[10]。それだけでなく、そもそも国家を形成するとされた「チェコスロヴァキア・ネイション」自体の概念も曖昧であった。チェコスロヴァキアの建国は「民族自決」の原則に依拠し、チェコ人とスロヴァキア人は二つの枝に分岐した一つの「チェコスロヴァキア・ネイション」であるという考えによって正統化された。しかし、あくまで独立した「スロヴァキア・ネイション」が存在すると主張するスロヴァキア人民党のような勢力もあった[11]。「チェコスロヴァキア・ネイション」の曖昧さは、「マイノリティ」の存在とともに、戦間期の政治を規定することになる。

(2) 行政上の課題

プラハでの独立宣言後、最初に公布された法令は、ハプスブルク帝国時代の法令と行政機関の維持を定めた。ただし、この法令は暫定的なものであり、当初から新国家の行政を、帝国の行政とは異なる形で組織する必要性が認識されていた。[12]

新国家の行政改革を検討する前に、新国家が継承したハプスブルク帝国の行政制度を確認しておく。[13]チェコスロヴァキアは、大きくボヘミア、モラヴィア、シレジア、スロヴァキア、ポトカルパツカー・ルスという地域から構成されたが、二重制下で帝国の西半部（オーストリア側）に属したボヘミア諸邦と、東半部（ハンガリー側）に属したスロヴァキアおよびポトカルパツカー・ルスでは、行政制度は大きく異なった。オーストリア側では、行政区域は上位から領邦（Land）－郡（Bezirk）－自治体（Gemeinde）と区分された。そして、「複線制」と呼ばれる制度がとられ、領邦と郡にはそれぞれ国家機関と自治組織が設置された。ただし、領邦ごとに立法権を有する領邦議会が存在したこともあり、各行政区域に設置される組織は領邦間で相違があった。[14]一方、ハンガリー側で地方行政の中核を担ったのは「ムニツィピウム（municipium）」であった。ムニツィピウムは原則的に自治組織であったが、地域における国家行政の担い手としても機能した。ムニツィピウムとしての権利はコミタート（komitát）[15]または都市に認められ、それぞれに「ムニツィピウム委員会」が設置された。またコミタートの下には郡（slúžnovský okres）、その下には自治体が置かれた。[16]建国後、行政制度を新たな状況に適応させるための暫定的措置がとられたが、領域間の相違はそのまま残った。[17]

一九一九年一月、内相シュヴェフラは、新聞に寄せた年頭の言葉の中で、「国家の行政組織をネイション固有の精神、民主主義の近代的精神に一致するように新たに構築する」必要性を指摘した。そして、具体的課題として、①行政代表組織の民主化、②国家行政と自治の関係の新たな整備、③行政区域の新たな分割、④行政制度の統一、⑤中央官庁の業務の整理、⑥行政手続き全般の迅速化と低コスト化の六つを挙げた。[18]

シュヴェフラが示した行政改革の課題は、帝国から継承した行政制度に対する当時の批判を反映していた。領域による行政制度の相違と並んで、特に問題とされたのが、国家機関と自治組織の関係であった。とりわけボヘミア諸邦で見られた「複線制」は、国家機関と自治組織が併存することで、権限争いを生みやすく、業務の円滑な遂行を妨げる原因と見なされていた。また行政区域の大きさも問題とされた。中でも「領邦」は、必要な課題を適切に遂行するには広すぎると批判されていた。さらに増大し続ける行政業務、それに伴うコスト増加に対処するとともに、行政と市民との間の距離を縮める必要性も指摘されていた。[19]

一九一九年初頭には、内務省が行政改革に関する意見聴取を行い、行政改革の準備が進められた。そして、県の設置を中心として、新たな地方行政制度を導入するための「県庁・郡庁設置法」の法案が作成された。[20]

3　一九二〇年の「県庁・郡庁設置法」

(1)「県庁・郡庁設置法」

「県庁・郡庁設置法」の法案は、チェコスロヴァキア社会民主党と農業党を中心に成立したトゥサル内閣によって議会に提出された。[21]

法案に付された法案説明は、「世界大戦が、ヨーロッパの諸国民の意識と生活にもたらした非常に大きな変動と、民主主義の勝利は、行政に新しく広範な課題を与え、至るところで従来の行政を民主主義的に改革することが試みられている」と現状を分析した。そして、「オーストリアでもハンガリーでも、従来の行政組織はすでに以前から課題にふさわしいものではなくなっており、その欠点は戦争の間に完全に明らかになった」として、法案に基づいて新たな行政制度を導入する必要を説明した。

法案説明はさらに補遺において、従来の行政制度が抱える問題について、帝国時代のケルバーの研究を参照しつつ、詳細に検討している。[22] ここでもボヘミア諸邦の「複線制」、行政区域の広さ、中央官庁への行政業務の集中、行政コストの問題などが論じられており、その問題認識は先述したシュヴェフラの言葉と基本的に重なる。[23]

法案の特徴は、大きく以下の二点にあった。第一に、国家の行政区域を、上位から県（župa）－郡（okres）－自治体（obec）という形で統一すること、第二に、行政の国家機関への一元化をはかり、国家機関と自治組織の併存する「複線制」を廃止することである。なお自治体については別途法令が制定されており、本法案は県と郡の行政について規定している。

法案はまず、県には県長（župan）を長とする県庁（župní úřad）、郡には郡長（okresní náčelník）を長とする郡庁（okresní úřad）を設置し、県長と郡長はそれぞれ国家官僚が務めると定めた（第一条、第七条）。そして、従来の行政機関を廃し、県庁は旧オーストリア側の領邦、旧ハンガリー側のコミタートに割り当てられていた行政業務を、また郡庁は旧オーストリア側と旧ハンガリー側の郡に割り当てられていた行政業務を、それぞれ引き継ぐとした（第四条～第六条）。ただし、県庁と郡庁は官僚のみから構成されるわけではなく、県庁に県代表部（župní zastupitelstvo）、郡庁に郡委員会（okresní výbor）を設置し、それぞれ選挙で選出されたメンバーから構成されると定めた（第一二条、第六九条）。[24] そして、県代表部は県とその住民にかかわる行政的・経済的事項を扱い、特に人道、衛生、社会、経済、交通、文化にかかわる利益に配慮するとした（第三〇条、第三一条）。また郡委員会は、郡とその住民の共同の利益にかかわる郡内部の事項を扱うと定めた（第七八条）。[25]

以上のように法案は、県と郡にそれぞれ県庁と郡庁を設置し、官僚と選出議員による組織（県代表部、郡委員会）から構成することで、行政の国家機関への一元化をはかろうとした。こうして従来の国家機関と自治組織の関係を清算し、行政制度の統一を目指したのである。

行政改革にあたっては、「民主主義」の原則が掲げられた。しかし、法案は、県代表部と郡委員会を国家官僚である県長、郡長の下に置いた。さらに従来の領邦議会と異なり、県代表部は立法権を有さず、政治的事項は扱わないと規定されるなど、県代表部と郡委員会の権限は、従来のオーストリアの自治組織や、ハンガリーのコミタートの組織の権限に比べると、大きく限定された[26]。なぜこのような法案が、「民主主義的」と考えられたのだろうか。

また法案は、従来の領邦と自治組織の廃止を定めた[27]。帝国時代、チェコ系政党は、「ボヘミア王冠の諸邦」(またはボヘミア諸邦)と呼ばれるボヘミア、モラヴィア、シレジアという歴史的領邦の権利を論拠に、チェコ・ネイションの自治を要求し、新国家の領域画定の際にもその境界線の維持を主張した[28]。さらに自治組織は、市民社会の基盤であると同時に、市民から構成されるチェコ・ネイションの主要な活動の場と見なされてきた[29]。従来の自治組織と領邦の重要性を考えると、本法案が、シュヴェフラの述べる「ネイション固有の精神、民主主義の近代的精神に一致する」ものなのか、という疑問も生じる。

以上の点に注目して、次に法案をめぐる議論を検討する。

(2) 領邦制度の廃止をめぐる議論

「県庁・郡庁設置法」の法案は、一九二〇年二月に、当時の議会である革命国民議会で審議された。革命国民議会にはチェコ系、スロヴァキア系政党のみが参加し、ドイツ系など「マイノリティ」の政党が代表を送ることは認められなかった[30]。

審議において主な論点となったのは、県の設置による領邦廃止の是非であった。領邦の維持を訴え、法案に強い反対姿勢を示したのは、青年チェコ党の系譜をひく国民民主党と、モラヴィアに強固な地盤を持つチェコスロヴァキア人民党(以下、人民党)である。

国民民主党のヴァニェクは、法案が設置する県は、住民が県庁所在地にアクセスするには広すぎ、担うべき行政業務に対しては狭すぎ、「これまでの領邦や郡よりも行政機構として目的に適うわけではない」と指摘した。さらに「歴史的発展は有機的発展であり」「ボヘミアやモラヴィアといった領邦が形成されたのも偶然ではない」にもかかわらず、法案は領邦を廃止し、「数百年にわたる歴史的発展が作り上げたものを引き裂こうとしている」と批判した。そして、県制度がもたらす「硬直した中央集権主義が、われわれの国家を形成するこれらの多様な諸領域のさらなる発展を妨げることを望まない」として、領邦の維持を訴えた。同時に、法案説明が「公行政は民主主義的基盤に基づき、市民に公行政に対する広範な影響力が保障されねばならない」と述べているにもかかわらず、法案が設置する県庁や郡庁は、市民の行政への影響力を制限すると主張した。[31]

同じく国民民主党のブラベツは、政府法案に基づいて県を設置すると、「二つのドイツ的性格を持つ県が形成され」「チェコ系マイノリティがさらなるドイツ化の危険にさらされる」と主張した。そして、ボヘミア王冠の諸邦のおかげで独立した国家を建国できたにもかかわらず、「それを暴力的に廃止して、不完全で不十分で、われわれを脅かす〔県〕制度にとって代えるべきなのか」と述べ、法案に基づく県制度の導入と領邦の廃止に反対した。[32]

モラヴィア出身で人民党のシュラーメクも、法案が中央集権的であると批判して、領邦自治の維持を要求した。彼は、「国家の存在は中央集権化によってのみ維持される」という意見があることに触れながら、われわれは領邦の維持を求めているが、「かつても、現在も決して分離主義（separatismus）を支持しているわけではない」と強調した。そして、自分たちも「強力な国家の統一に必要なものは、すべて国家に与えられねばならない」と考えているが、モラヴィアもボヘミアもスロヴァキアもそれぞれ異なり、「その相違は無視できないし、それがわれわれの要求の基盤である」として、従来の領邦の自治を維持すること、そしてスロヴァキアにも領邦自治を与えることを求めた。[33]

以上のように法案反対者は、県制度の不完全さと領邦の意義を強調し、従来の領邦の維持、論者によってはさらにスロヴァキアにも新たに領邦自治を導入するよう要求したのである。

(3)　新たな行政制度の意義の主張

法案への反対意見に対し、法案支持者の多くは、帝国時代と建国後の状況の違いを強調しつつ、法案の意義を論じた。

首相である社民党のトゥサルは、法案は「オーストリアの制度とはまったく異なり」「国家行政全体に市民が実際に直接参加する権利を導入し」、これにより「われわれの国家は最も民主主義的な国家にも劣ることはない」と評価した。そして、「領邦を県に分割することで、われわれの国権的（státoprávní）要求が依拠してきた歴史的形成物を放棄することになる」という批判に対しては、「国権的要求は国家がない間のもの」であり、「われわれは現在自分たちの国家を持っている」と状況が変化したことを強調し、法案への支持を表明した。[34]

法案を検討した憲法委員会の報告者を務めた農業党のマリペトルも、法案が導入する制度の利点を強調した。彼によれば、県庁を設置することで、「国家行政を、一定の分権化をはかりつつ、より容易に簡潔な方法で遂行することが可能になる」。また県庁に県代表部を置くことにより、「国家またはその全権を任された官僚と市民との、行政および選出された自治組織での密接な協力」が実現される。彼はこのように論じて、法案が、「複線制」や領邦制など従来の行政制度によって生じる効率の悪さ、国家行政と市民との間の距離の大きさなどの諸問題を解決すると強調した。[35]

さらにマリペトルは、領邦自治がかつて重要な役割を果たしたことを認めつつも、それは過去の話だとする。そして、「国家全体の利益」という観点からも、「行政の遂行において健全な分権制を維持しながら、一つの中心に管理される統一的な行政制度を構築すべき」であり、「将来的に何らかの形で、われわれの国家の各領域が、固有の、多かれ少なかれ独自の権利を持つ単位（samosprávné celky）へと分裂することにつながる、すべてのものが排除されなければならない」と述べた。このように領邦自治を否定する彼は、以下のように、国家の独立自体が「自治の実現」であると強調したのである。

独立の獲得、共和国の建国により、チェコスロヴァキア・ネイションは自治の最高段階に達した。なぜならわれわれの国家的独立への願望、努力の達成は、最も広範な自治の実現そのものだからである。住民がこのことを意識していれば、共和国は常に安全に守られるだろう。[36]

さらに農業党のヴィシュコフスキーは、法案の定める県境への批判に対し、法案の規定が最適なものとは考えていないが、「行政の目的に適うように、県の領域と県庁所在地をどのように定める必要があるか、時間、経験、実践が基準を示してくれるだろう」と、その変更可能性を指摘して法案を擁護した。[37]

以上のように法案の支持者は、行政を国家機関に一元化する法案を、従来の自治を制限するものではなく、むしろ従来欠如ないし不十分であった「公行政への市民の参加」を実現するもの、つまり「民主主義的行政」をもたらすものと論じた。また法案支持者たちは、チェコスロヴァキアの建国によって、領邦と領邦自治は役割を終えたと主張した。それだけではなく、すでに触れたマリペトルの発言からは、領邦と領邦自治が新国家の統一を阻害するものと捉えられていることがわかる。

同様の見方は、法案を支持したスロヴァキア会派のマルコヴィチの発言にも見てとれる。行政改革をめぐる議論においては、先述したシュラーメクのように、スロヴァキアにも自治の導入を求める意見が出されていた。こうした意見にマルコヴィチは、「広範な自治によってチェコスロヴァキア共和国の各領域の間に壁を作れるような状況に、現在のスロヴァキアはまだ至っていない」と反論した。その理由として、「スロヴァキアのすべての人々の目をペシュトではなく、プラハに向けるためにあらゆることをしなければならないときに、一〇〇〇年にわたるハンガリーへの帰属が、われわれの領域〔スロヴァキアとボヘミア諸邦〕の間に築いた壁がまだ残っている」ことを挙げた。そして、以下のように述べ、法案への賛意を表明した。

まさにスロヴァキアへの愛こそが、われわれに提出された法案を受け入れさせるのである。なぜならこの法案こそが、ハンガリーへの愛に向かうことを妨げ、スロヴァキアへの愛に向かうことを保証するからである。[38]

このように法案支持者たちは、領邦と領邦自治を廃止し、国家の統一に努めることで、チェコスロヴァキアが守られると主張した。建国を経て、チェコ・ネイションの権利要求において重要な役割を果たしてきた、領邦と自治組織の位置づけは大きく変化した。マリペトルのように独立をネイションの「自治の最高段階」と見なす立場からは、新たな国家の安全を保障する法案こそ、シュヴェフラのいう「ネイション固有の精神に一致する」行政制度を構築するものであったといえよう。

(4)「県庁・郡庁設置法」の制定に見る帝国との連続性／断絶

法案は、多数派の支持を得て採択され、一九二〇年に「県庁・郡庁設置法」として制定された。

法案説明が、「世界大戦」と「民主主義の勝利」が「従来の行政を民主主義的に改革する」必要を生じさせたと述べているように、当時の行政改革においては帝国時代との相違や断絶が強調された。実際に「県庁・郡庁設置法」は、帝国から継承した領邦制度を廃止し、県制度の導入を定めた。県制度の導入が目指された背景には、政党間の勢力争いがあったとされる[39]。しかし同時に、国家的枠組みの変化が、行政改革の議論に与えた影響も考慮されるべきであろう。

先述したように、チェコスロヴァキアの国境の画定は外交交渉のみならず軍事行動を必要とし、実効支配の確立は容易ではなかった。例えば、帝国時代には「スロヴァキア」という独立した領域は存在しなかったため、建国にあたって、旧ハンガリー王国領の一部を「スロヴァキア」として境界を画定し、分離する必要があった。しかし、新生ハンガリー国家が旧ハンガリー王国領全域を要求したため、スロヴァキアの境界の画定は難航し、チェコスロヴァキアとハンガリーの間では、一九一八年に暫定境界線が合意された後も、軍事力を伴う衝突が生じていた[40]。またスロヴァキアに派遣されたチェコ系官僚は、住民の大半がナショナルな理念や新国家に対して距離をとるか無関心であり、スロヴァキアへの自治の導入は親ハンガリー派の立場の強化につながる、という危惧を表明していた[41]。すでに言及したマルコヴィチは、ハンガリーに対する強い警戒心を示し、スロヴァキアへの自治の導入に反対した。彼の発言は、以上の状況を反映していたといえよう。

また内相シュヴェフラは、一九二〇年の憲法委員会での議論において、領邦と領邦自治を支持する意見に対し、「四つの議会を持つことは、たちどころに帝国（říše）が解体することを意味する」と述べ、領邦と領邦自治、特に領邦議会がもたらす危険を強調したとされる。[42] シュヴェフラの発言は、チェコ・ネイションのハプスブルク帝国からの独立を支えた領邦と領邦自治が、「自らの国家」の建国後は、その解体をもたらす潜在的危険と捉えられたことを示唆する。従来は帝国に先立って存在し、ネイションの権利を保障すると見なされてきた領邦の独自性や領邦自治が、法案をめぐる審議では、むしろ帝国によって生み出されたと強調されたのも、領邦自治を潜在的危険と捉える見方に基づくといえよう。例えばシュヴェフラは、憲法委員会で領邦自治の支持者に反論する中で、帝国の領邦議会を「シュメアリング[43]がわれわれに与えたもの」と述べたとされる。[44] また法案を支持するボウチェクは、各領邦の相違を論拠に領邦自治の維持を求める意見に対し、「ボヘミアの人々（Češi）と一部のモラヴィアの人々（Moravané）の間の一定の相違は、ウィーン政府によって直接生じさせられ、人為的に支持されてきた」と主張したのである。[45]

このように帝国の解体、建国という経験を経て制定された「県庁・郡庁設置法」は、帝国から継承した領邦と領邦自治を否定し、明確な制度的断絶を意図したといえる。

その一方で、実際には帝国との連続性も維持されていた。新国家が継承することになった帝国の行政制度の問題は、すでに帝国時代から認識され、さまざまな改革案が提案されていた。「県庁・郡庁設置法」は、国家機関の中に住民の代表から構成される組織を設置して従来の自治組織を廃止し、行政を国家機関に一元化するという方法を採用したが、これはすでに帝国時代にケルバーが提案した方法であった。[46] ただし、帝国時代には行政制度の根本的改革は実現されなかった。第一次世界大戦勃発後、国家行政の機能が拡大する中で、行政に対する不満、とりわけ「官僚主義」への不満が高まり、住民が行政に関与する権利がより強く求められるようになった。[47] 法案説明が、従来の行政制度の欠点は「戦争の間に完全に明らかになった」と述べていることからも、新国家の行政改革において、大戦が従来の行政制度の問題を顕著にした重要な契機と捉えられていることがわかる。第一次世界大戦を経て着手された新国家の行政改革は、行政の国家機関への一元化を、帝国時代の改革案を取り入れながらも、「行政への市民の参加」による行政の「民主主義化」として、帝国との断絶を強調して遂行しようとしたのである。このように帝国から継承した行政制度を改革しようとする試みの中にも、帝国との連続性が複雑な形で維持されたといえる。

4 一九二七年の「政治行政組織法」

(1) 新たな法案の作成

一九二〇年に制定された「県庁・郡庁設置法」の施行時期の決定は、政府に委ねられた。人員不足などを理由に、同法の施行は段階的に進められ、まず一九二三年にスロヴァキアで施行された。しかし、他の領域では施行されない状態が続いた[48]。行政制度の統一という課題が依然として残る中、第三次シュヴェフラ内閣は、「県庁・郡庁設置法」の修正法として「政治行政組織法」の法案を作成し、一九二七年六月に議会下院で法案の審議が始まった。

シュヴェフラ内閣は、前回の法令を作成したトゥサル内閣とは構成が大きく異なり、前回も政権に参加していた農業党に加え、国民民主党と人民党、建国後初めて政府参加を決めたドイツ系政党の農業者同盟とドイツキリスト教社会党、さらにスロヴァキア人民党などから構成された[49]。国民民主党と人民党は、前回の法令の審議の際、領邦の廃止に強く反対していた。またスロヴァキア人民党は、統一的な「チェコスロヴァキア・ネイション」が存在するという考えを批判して、あくまでスロヴァキア・ネイションの独自性を主張し、スロヴァキアの自治を要求していた[50]。新たな政治条件の下で作成された「政治行政組織法」の法案は、スロヴァキア人民党の政権参加への対価という側面も持ち、前回の法令を大きく修正する内容を含んだ[51]。

法案は、国家領域をボヘミア、モラヴィア・シレジア、スロヴァキア、ポトカルパツカー・ルスという四つの州（země/

krajina）に分け、行政区域を上位から州‐郡‐自治体と定めた（第二部第一条）。[52]州には州知事（zemský president）を長とする州庁（zemský úřad）、郡には郡長を長とする郡庁を設置し、州知事と郡長はそれぞれ国家官僚が務めるとした（第二部第一条、第七条）。そして、州庁には州代表部（zemské zastupitelstvo）、郡庁には郡代表部（okresní zastupitelstvo）を設置し、構成員の三分の二を公選、三分の一を専門家から政府または内相が任命すると定めた（第二部第一一条、第一二条、第六三条、第六四条）。州代表部の権限は、「県庁・郡庁設置法」における県代表部の権限を基本的に継承した（第二部第三〇条～第六二条）。また新たに設置される郡代表部の権限も、「県庁・郡庁設置法」の郡委員会の権限を基本的に引き継いだ（第二部第七五条～第九八条）。ただし後述するように、各機関の権限については前法とは異なる規定も含まれた。[53]

以上のように法案は、「県庁・郡庁設置法」が定めた行政の国家機関による一元化の原則を維持しながら、県制度に替わって州制度を導入することを目指した。州制度は、県制度の導入で廃止されるはずであった領邦の領域的枠組みに基本的に依拠しつつ、スロヴァキアを初めて統一的な行政区域として成立させようとするものであった。

(2)　法案への批判

前回の法令と異なり、「政治行政組織法」の審議には、「マイノリティ」の政党も参加した。審議では、主に「マイノリティ」の政党や社会主義諸政党が法案への反対を表明した。

法案に反対する「マイノリティ」の政党は、法案が中央集権化を進め、「マイノリティ」の権利を損なうとして厳しく批判した。例えばハンガリー系のキリスト教社会党のスレは、州代表部が教育など文化の問題について決定権を持たないことをはじめとして、「法案には真の、完全な自治の基盤を保障するような規定が何も存在しない」と論じた。そして、国家とネイションが一致する場合には問題がなくても、「国民国家（stát národní）ではなく、われわれのような〔複数のナショナリティから構成される〕ナショナリティ国家（stát národnostní）の場合、自治の破壊はナショナリティの抑圧に等しい」と述べ、法案を批判した。[54]
ドイツ国民社会主義労働者党（DNSAP）のユングも、「われわれはかつてのオーストリアの時代から、ナショナリティ国家はそこに住むネイションを自然な基盤としなければならないと考えており」「オーストリアというナショナリティ国家に、チェコスロヴァキアと称する別のナショナリティ国家がとって代わっても考えを変える理由はない」と述べた。そして、行政改革はネイションを基盤にすべきと主張してきたが、こうした意見は考慮されてこなかったと批判した。さらに法案は、従来の領邦を基盤に州制度を導入しようとしているものの、ドイツ人が多数派を占めるシレジアについては、ドイツ人を有利にしないためにモラヴィアと統合しようとしていると主張し、法案への反対を表明した。[55]
同じDNSAPのクニルシュは、この行政改革は、「スロヴァキア人をこの国の愛国者にし、チェコ人とともに他のナショナリティを支配させるために、チェコ人はあらゆることをしなければならない」という考えに基づくものだと述べ、法案を厳しく批判した。[56]
「マイノリティ」の政党も含め、法案に反対する政党の批判が特に集中したのは、政治官庁の権限と、県・郡代表部の選出方法に関する規定である。
まず県庁や郡庁などの政治官庁の権限に関して、法案は前回の法令を基本的に継承したが、新たに権限を拡大する規定も含んだ。新たな規定は、他の官庁や組織の権限とされていない場合には、政治官庁が公的秩序や治安に配慮する義務を負うと定め、罰則を科す権利も認めた（第一部第二条、第三条、第六条）。法案説明は、この規定は、他国の例からも必要性が明らかであるため、ハプスブルク帝国時代に制定された法令に依拠して追加したと説明した。[57]
審議では、かつての帝国に言及しながら、この規定を批判する声が相次いだ。例えばドイツ社会民主党のヴィッテは、この規定は「メッテルニヒの相続人であるバッハ[58]が考え出したもの」であり、「行政命令を出す官僚を同時に住民に対する裁判官にする」と批判した。そして、「自由で民主主義的とされるチェコスロヴァキア」で、「三月前期のオーストリアが墓からよみがえる」と述べた[59]。

次に州・郡代表部の選出方法については、前回の法令が県代表部と郡委員会について基本的に公選制をとったのに対し、新たな法案が、州代表部と郡代表部の構成員の三分の一を、政府または内相が専門家の中から任命すると定めたことが問題視された。

例えばルテニア系の自治農業同盟のクルチャークは、ポトカルパッカー・ルスは「広範な自治が約束されるという条件でチェコスロヴァキアに自由意思で加わった」が、政府に任命された官僚が州知事を務め、州代表部の構成員の三分の一を政府が任命すると定めた法案は、「ポトカルパッカー・ルスの自治に対する攻撃である」と批判した[60]。さらに州・郡代表部の構成員の任命権については、「政府は専門家の任命によって、特定の階層や政党に有利になるように選挙結果を修正することを望んでいる」（チェコスロヴァキア国民社会党のベルクマン）[61]、「与党が任命権を自らの立場を強化するために濫用するだろう」（DNSAPのユング）[62]、というようにその恣意的な利用の可能性を指摘し、反対する意見が相次いだ。

なお審議では、チェコスロヴァキア国民社会党のフルショフスキーのように、州制度を導入する法案を「チェコスロヴァキア・ネイションの統一をさらに脅かす」と糾弾する声も上がった[63]。しかし、法案が国家の統一を脅かすと批判する論者は少数派であった。

法案に反対する政党の多くは、法案が各ネイションの自治を認めないだけではなく、従来の自治組織すら廃止して中央集権化を進め、国家機関および官僚、そして政府の権限を強化すると主張し、以下のように厳しく批判したのである。

〔法案は〕国家市民の自由を犠牲にして国家権力を絶対的なものにし、自治を犠牲にして容赦ない中央集権主義を導入する（DNSAPのユング）[64]。

〔法案により〕共和国における公行政の新たな時代が始まるというが、新たな時代とは中央集権主義、官僚独裁、そして権利剥奪の時代である（共産党のガーティ）。[65]

(3) 新たな国家にふさわしい行政制度

法案への批判に対し、法案支持者は、州制度の利点と帝国時代との相違を強調しつつ、法案を擁護した。審議では、前回は県制度を、今回は州制度を支持した与党農業党に対する批判の声が上がった。批判に対し農業党のヴィシュコフスキーは、数年にわたる経験と研究に基づくと、やはり県制度よりも州制度の方が行政制度として適切と考えられるとともに、「われわれの共和国にとって重要な役割を果たすナショナリティの問題も、県よりも大きな〔州という領域的〕単位の方がよりうまく解決できる」と論じた。そして、法案が自治を制約するという「マイノリティ」の政党や社会主義諸政党からの批判に対しては、「われわれは、自治がナショナリティ間の争いや社会闘争のスローガンになることではなく、市民と国家内部の秩序にとって価値あるものになることを望んでいる」と述べ、自治を特定集団のための政治的手段とすべきではないと主張した。さらに批判の集中した州・郡代表部への任命権については、立法権を持つ議会と行政にかかわる自治組織では性格が大きく異なり、自治組織としての州・郡代表部の性格を考えれば、任命権は正当だと論じた。そして、以下のように、建国に伴って自治のあり方も変化すべきと述べ、行政の一元化を定めた法案を擁護したのである。

郡・領邦行政はオーストリアとハンガリーの中央集権主義から生じた。この〔郡と領邦の〕自治は官僚主義的制度への対抗物となった。〔中略〕今日われわれは、民主主義国家において自治を国家行政に対抗させる理由を持たない。それゆえ自治を、オーストリアとハンガリーの時代のものから方向転換させる必要がある。自治を国家行政に対抗させるのではなく、国家行政と並ぶ重要な行政の構成要素とすべきである。[66]

法案を検討した憲法委員会の報告者を務めた国民民主党のクラマーシュは、領邦を廃止する前回の法令には反対したが、前回の法令から今回の法案が継承した行政の国家機関への一元化については、「民主主義的国家行政と自治の間に、対立が存在する必要のない国家」にはふさわしい制度だとして支持した。[67] さらに行政の一元化によって、県や郡の代表部に選出されたドイツ人が国家機関とともに活動することになり、両者の対立も緩和されると主張した。また批判の集中した、政治官庁の権限を拡大する規定については、「人々は天使ではない。〔中略〕官僚は国家の権威を守るためにも、刑事制裁の手段を有さねばならないが、それはあくまで極端な場合に限られるべきである」と、その必要性を説明した。同様に厳しく批判された州・郡代表部への任命権を定めた規定については、これにより政府が「人為的に多数派を形成できるようにすること」を望んでいるわけではないと述べ、以下のように、民主主義の下では規定の恣意的な利用はないと主張した。

われわれが民主主義政治を選ぶのであれば、すべての暴力的な強制は排除される。このように自分は民主主義を理解している。〔中略〕政府は、この規定を民衆の意志を修正するためではなく、州・郡代表部により高次の視点から経済的、社会的事項を考えられる人々を送るために利用すると確信している。[68]

さらにクラマーシュは法案の定めた行政領域について、シレジアとモラヴィアの統合は、ドイツ系政党が主張しているようなナショナルな動機によるものではなく、「州と州代表部の課題が現在よりもかなり多くなる」という、行政上の理由によるものだと説明した。一方、スロヴァキアを行政区域とすることについては、「チェコスロヴァキア国家にはスロヴァキア・パトリオティズムが不可欠である」、なぜなら「スロヴァキア・パトリオティズムからは必ずチェコスロヴァキア・パトリオティズムとスラヴ人としての意識と感情が生まれざるをえないからである」と、国家にとってのスロヴァキア・パトリオティズムの必要性から説明した。[69]

このように与党議員は法案を擁護したが、特に「マイノリティ」でありつつ政府に参加していたドイツ系政党は、審議において法案に反対する「マイノリティ」の政党からの厳しい批判にさらされることになった。与党のドイツ系政党は、「ドイツ人の利益」が守られるように法案の修正を試みたが、根本的修正には成功しなかった。そのため二議員が法案に反対票を投じたが、残りの議員は政権参加を優先し賛成にまわった。[70]

こうして法案は議会多数派の支持を得て、下院で採択された。そして、上院での審議を経て、一九二七年七月一四日付で「政治行政組織法」として制定された。同法は、翌年チェコスロヴァキア全域で施行され、建国以来の課題であった地方行政制度の統一が形のうえでは達成された。[71]

5 チェコスロヴァキアの行政改革に見る帝国の遺産

(1) チェコスロヴァキアの行政改革

一九二〇年の「県庁・郡庁設置法」が、従来の領邦を廃止して県制度を導入しようとしたのに対し、その修正法として制定された一九二七年の「政治行政組織法」は、県制度に替わって州制度の導入を定めた。しかし、州制度は従来の領邦の領域的枠組みに基本的に依拠したものの、州代表部の権限は領邦議会に比べると大きく限定されており、従来の領邦制度を踏襲してそれをスロヴァキアにも拡張しようとするものではなかった。つまり二つの法令は、それぞれ県と州という異なる行政区域を採用したものの、従来の自治組織を廃止して、行政を国家機関に一元化し、国家の行政制度の統一をはかるという方針自体は一貫していた。「県庁・郡庁設置法」に反対した国民民主党と人民党も、「政治行政組織法」は与党として支持したことから、両党の主眼は領邦の領域的枠組みの維持にあり、行政の一元化自体の阻止ではなかったといえる。[72]

従来の研究では、「県庁・郡庁設置法」に比べて、「政治行政組織法」は行政機関や政府により大きな権限を認めていることから「反動的」と見なされ、二つの法令の相違が強調されてきた[73]。その論拠の一つとされるのが、州・郡代表部の構成員を、専門家の中から政府または内相が任命する権利を認めた規定の存在である。しかし、スロヴァキアについては、すでに「県庁・郡庁設置法」が政府の任命権を認めていた（第一二条）。したがってこの点においても、二つの法令は根本的に異なるものではなかった。さらに行政課題の遂行に際して「住民の直接参加」に「適切な専門家集団を加える」ことは、ハプスブルク帝国時代、すでに言及したケルバーによって提案されていた[74]。つまりチェコスロヴァキアの行政改革が導入を目指した、行政の国家機関への一元化のみならず、行政への専門家の関与も、帝国時代の改革案に由来したといえる。

ハプスブルク帝国末期、行政課題が急増する中で、行政の効率化の必要が論じられ、複数の改革案が作成されたものの、根本的改革は実現されなかった。第一次世界大戦と建国という経験を経て、チェコスロヴァキアでは行政の国家機関への一元化を主眼とする改革が、帝国時代の改革案を取り入れながらも、「民主主義的改革」として、帝国との断絶を強調しながら遂行されることになったのである。ただしケルバーの改革案が、あくまで当時の領邦制度を基盤とする憲法的枠組みを前提としていたのに対し、新国家の行政改革は領邦制度も改革の対象とした。そして、帝国のような複合的国制を否定し、国家全域における行政制度の統一を目指した点で、より根本的かつ急進的であった。このようにチェコスロヴァキアの行政改革は、帝国時代との思想的連続性を保ちつつも、明確な制度的断絶を目指した。そこには解体した帝国を反面教師として、新国家を死守しようとする意図が反映していたと考えられよう。

(2) 民主主義・国民国家・帝国

チェコスロヴァキアの行政改革で重要な点は、行政制度の統一、従来の自治組織の廃止と国家機関による行政の一元化を主眼とする改革が、「民主主義国家」における「民主主義的改革」として行われたことにある。チェコスロヴァキアの「民主主義的性格」は、とりわけハプスブルク帝国との対比において強調された。同時に、ハンガリー系のキリスト教社会党のスレが、「この国家を支配するチェコ人の利益に役立つものすべてが民主主義的と呼ばれ、チェコ人以外の利益を保障するものにはすべて非民主主義的というレッテルを貼られる」と批判したように、「民主主義」にはナショナルな含意があった。[75] このような「民主主義」のナショナルな含意は、行政改革での自治の扱いに見てとれる。

行政改革をめぐる議論では、自治を求めるさまざまな意見が出された。一九二七年の「政治行政組織法」が導入した州制度は、完全な領域的自治を認めるものではなかったが、従来の領邦の領域的枠組みに基本的に依拠しつつ、スロヴァキアを初めて統一的な行政区域として成立させた。その背景には、領邦の維持を訴えていた国民民主党と人民党、スロヴァキアの自治を求めるスロヴァキア人民党の政権参加があった。「分離主義」を警戒しつつもこれらの政党の要求に一定の譲歩がなされた背景には同時に、先述したクラマーシュが、州制度を「チェコスロヴァキア国家」にとっての「スロヴァキア・パトリオティズム」の重要性から擁護したように、チェコスロヴァキア・ネイション（またはチェコ／スロヴァキア・ネイション）こそがチェコスロヴァキアを構成するという認識があったのも確かであろう。[76]

それに対しドイツ系など「マイノリティ」の政党の自治要求は認められなかった。そして、自治要求を退ける際、チェコ系政党の議員はチェコスロヴァキアが「民主主義国家」であることをしばしば論拠とした。先述したようにハンガリー系のキリスト教社会党のスレは、「マイノリティ」にとっての自治の重要性を訴えたが、農業党のヴィシュコフスキーは、郡や領邦の自治は「オーストリアとハンガリーの中央集権主義から生じた。〔中略〕民主主義国家において自治を国家行政に対抗させる理由を持たない」と論じ、従来の自治制度の維持やその拡張の必要性を否定した。そして、「われわれは、自治がナショナリティ間の争いや社会闘争のスローガンになることは望んでおらず、市民と国家内部の秩序にとって価値あるものになることを望んでいる」と主張した。彼の発言からは、「民主主義国家」であること、そしてそこでは「自治を国家行政に対抗させる理由」がないこと、さらに自治は特定集団の政治的手段となるべきではなく「市民と国家内部の秩序」に寄与すべきことが、「マイノリティ」政党の自治要求を退ける論拠となっていることが見てとれる。

ハプスブルク帝国では、一九世紀後半以降、自治は「ナショナリティの問題」を解決する主要な手段と見なされると同時に、人々をネイション化する手段となっていった。[77] しかし、「チェコスロヴァキア・ネイション」の国家であると同時に、自治と国家行政が対抗する必要のない「民主主義国家」とされたチェコスロヴァキアでは、国家、自治、ナショナリティの捉え方が大きく変化した。その結果、帝国時代のような「ナショナリティの問題」の自治による「解決」という合意が、成立しえなくなっていることが見てとれる。

行政改革をめぐる審議では、法案支持者がハプスブルク帝国とチェコスロヴァキアの断絶を強調したのに対し、法案に反対する「マイノリティ」の政党が、両者の連続性を主張する場面がしばしば見られる。例えば、先述したDNSAPのユングは、「政治行政組織法」の審議において、「オーストリアというナショナリティ国家に、チェコスロヴァキアと称する別のナショナリティ国家がとって代わっても考えを変える理由はない」と述べ、ナショナリティの自治を要求した。[78] 帝国とチェコスロヴァキアの断絶を主張して「ナショナリティの問題」の位相とその解決方法を変化させようとするチェコ系・チェコスロヴァキア系政党の試みに対し、ユングは、チェコスロヴァキアは国民国家ではなく、帝国と同じ「ナショナリティ国家」であると主張し、両者の連続性を強調することによって挑戦しようとしたといえる。

このように帝国との連続性／断絶、あるいは「帝国の遺産」をめぐる言説は、ナショナルな意味合いを含みながら、新たに建設された国家の政治的議論を形成し、その政治文化の一環を形作ることになった。

注

1 本章では基本的にnation/národをネイション、nationality/národnostをナショナリティと表記する。ただし、「国民国家（nation state）」のように定訳がある語はそれを用いる。

2 S. Berger and A. Miller (eds.), *Nationalizing Empires*, Budapest: Central European University Press, 2015; P. Judson, *The Habsburg Empire*, Cambridge (Massachusetts): Belknap Press of Harvard University Press, 2016.

3 J. Deak, The Great War and the Forgotten Realm: The Habsburg Monarchy and the First World War, *The Journal of Modern History*, 86 (2), 2014, pp. 358-360.

4 P. Miller and C. Morelon (eds.), *Embers of Empire: Continuity and Rupture in the Habsburg Successor States after 1918*, New York: Berghahn Books, 2018.

5 Judson, *op. cit.*, pp. 387-388, 442-451.

6 Deak, op. cit., pp. 358-360.

7 C. Morelon, Street Fronts: War, State Legitimacy and Urban Space, Prague 1914-1920, PhD thesis, University of Birmingham, 2014, p. 209; Judson, *op. cit.*, pp. 433-436.

8 中田瑞穂『農民と労働者の民主主義』名古屋大学出版会、二〇一二年、二二頁。

9 チェコスロヴァキアは、ドイツの強大化を阻止しようとするフランスの思惑もあり、講和会議で有利に交渉を進めることに成功した。そして、当初から要求していた領域を基本的に獲得するとともに、独立運動初期には想定していなかったポトカルパツカー・ルスも、自治を認める条件でその領域とした。P. Haslinger, *Nation und Territorium im tschechischen politischen Diskurs 1880-1938*, München: Oldenbourg 2010, pp. 223-258; ジョゼフ・ロスチャイルド『大戦間期の東欧』大津留厚監訳、刀水書房、一九九四年、七三〜八三頁：香坂直樹「チェコスロヴァキア第一共和国における『スロヴァキア』の形成——地方行政制度の変遷とスロヴァキア系諸政党の議論」東京大学、博士論文、二〇〇七年、第二章。

10 中田、前掲書、二七頁。

11 中田、前掲書、四〇〜四一頁。

12 J. Janák et al. (eds.), *Dějiny správy v českých zemích*, Praha: Nakladatelství Lidové noviny, 2005, p. 351.

13 ボヘミア、モラヴィア、シレジアの三領邦は、一般に「ボヘミア王冠の諸邦」「ボヘミア諸邦」と呼ばれる。本章でも、以上の表現を用いる。注28も参照。

14 領邦の国家機関として、ボヘミアとモラヴィアには総督府（Statthalterei）、シレジアには領邦政府（Landesregierung）が設置された。また領邦の自治組織として、領邦議会（Landtag）と領邦委員会（Landesausschuß）が置かれた。郡には、国家機関として郡庁（Bezirkshauptmannschaft）、自治組織としてボヘミアには郡代表部（Bezirksvertretung）、モラヴィアとシレジアには郡道路委員会（Bezirksstraßen-Ausschuß）が設置された。Janák et al., *op. cit.*, pp. 273-278, 297-307.

15 komitát は一般に「県」と訳されるが、本章では一九二〇年の法令が設置を定めた župa を「県」と訳すため、komitát は「コミタート」と表記して区別する。

16 K. Schelle, *Organizace veřejné správy v letech 1848-1948*, Brno: Masarykova univerzita, 1993, pp. 54-61.

17 Janák et al., *op. cit.*, pp. 338, 350; 香坂、前掲論文、七三〜七五頁。

18 *Národní listy*, 1. 1. 1919, p. 2.

19 K. Schelle, Příprava zákona o župním zřízení z roku 1920, *Časopis Matice moravské*, 1987, pp. 34-38.

20 Ibid., pp. 38-48.

21 中田、前掲書、四九頁。チェコスロヴァキアの政党については、同上、二六〜三二頁。

22 ケルバー（一八五〇〜一九一九）はトレント出身の政治家であり、一九〇〇〜一九〇四年、一九一六年には帝国西半部の首相も務めた。Österreichisches Biographisches Lexikon, http://www.biographien.ac.at/oebl?frames=yes（最終閲覧二〇二〇年四月一五日）

23 Národní shromáždění československé 1918-1920, tisk 2422.

24 ただしスロヴァキアについては、選出される構成員の三分の一の数を上限として、政府が任命した者も加えられるとされた。

25 Zákon o zřízení župních a okresních úřadů v republice Československé (Vládní předloha).

26 香坂、前掲論文、七九頁。なお立法機関としての領邦議会は、一九一八年にすでに消滅し、権限は革命国民議会に移行した。

27 Janák et al. *op. cit.*, p. 338. なお法案は、諸県が連携する県連合という制度により、従来の領邦の領域的枠組みを形式的に維持する可能性は認めた（第六三条～第六八条）。

28 「ボヘミア王冠の諸邦」とは、ボヘミア王に統治される諸領邦を指す。特に一八六〇年代以降、チェコ系政治指導者は、「ボヘミア王冠の諸邦」が本来持っていたにもかかわらず、ハプスブルク家によって奪われた歴史的権利を回復するという論拠によって、自治とチェコ・ネイションの権利の実現を目指した。このいわゆる「国権的要求」を中核とする政治プログラムに対しては、一九世紀末以降、批判の声も上がるようになる。しかし、新国家の国境の画定に際しても、チェコ系政治指導者は「ボヘミア王冠の諸邦」の歴史的境界の維持を主張し、三領邦のドイツ系住民が多いとされる地域を、新たに建国されたドイツオーストリア共和国に統合しようとするドイツ系政党の要求を退けることに成功した。「国権プログラム」と帝国時代の自治要求については、O. Urban, *Die tschechische Gesellschaft 1848-1918*, 2 vols., Wien/Köln/Weimar: Böhlau, 1994, Ch. 3ff.

29 篠原琢「文化的規範としての公共圏」『歴史学研究』七八一号、二〇〇三年、一九～二二頁。

30 チェコスロヴァキアの国境確定後、ドイツ系政党は革命国民議会に参加することを望んだが、ネイションに基づく自治を要求していたために、参加は認められなかった。なおチェコスロヴァキアの議会は、政府法案を可決する機関にすぎず、議論や採決は重視されていなかったとされる。中田、前掲書、三九～四二、二〇九頁。ここでは当時存在した意見やその論理を明らかにするために、議会での議論に注目する。

31 議会議事録は次のウェブサイトで閲覧した。Společná česko-slovenská digitální parlamentní knihovna, https://www.psp.cz/eknih/index.htm（最終閲覧二〇二〇年四月一三日）議会議事録を参照した場合は、以下、議会を表す略号NSと審議の日付を記す。NS, 28. 2. 1920.

32 NS, 28. 2. 1920. 以下、引用文中の〔 〕は引用者による補足を示す。

33 NS, 28. 2. 1920.

34 NS, 27. 2. 1920.

35 NS, 27. 2. 1920.

36 NS, 27. 2. 1920.

37 NS, 27. 2. 1920.

38 NS, 27. 2. 1920.

39 Schelle, Příprava zákona, p. 39.

40 香坂、前掲論文、五八～六〇頁。

41 Haslinger, *op. cit.*, p. 334.

42 NS, 28. 6. 1927.

43 シュメアリング（一八〇五～一八九三）は一八六〇年から一八六五年までハプスブルク帝国の首相を務め、その在任中に帝国の国制を定めた「十月勅書」と「二月勅令」が公布された。Österreichisches Biographisches Lexikon. http://www.biographien.ac.at/oebl?frames=yes（最終閲覧日二〇二〇年五月八日）

44 NS, 28. 6. 1927.

45 NS, 27. 2. 1920.

46 Studien des Ministerpräsidenten Dr. Ernest von Koerber über die Reform der inneren Verwaltung, in A. Czedik *Zur Geschichte der k. k. österreichischen Ministerien 1861-1908*, vol. 2, Teschen: Prochaska, 1917, p. 440.

47 例えば、*Zemědělské zprávy*, 1917, p. 287.

48 Schelle, *Organizace veřejné správy*, pp. 368-375.

49 中田、前掲書、一一〇頁。

50 スロヴァキアの自治要求については、香坂、前掲論文、第四章～第七章。

51 Schelle, *Organizace veřejné správy*, pp. 384-388.

52 země の語は、ハプスブルク帝国時代については一般に「領邦」と訳される。帝国時代との連続性を考え、本章でも前節までは、「領邦」と訳した。しかし、共和国で新たに導入される制度に「領邦」の語を用いるのは適切ではないため、一九二七年の法については「州」と訳す。

53 Národní shromáždění československé 1925-1929, tisk 831.

54 NS, 27. 6. 1927.

55 NS, 28. 6. 1927.

56 NS, 1. 7. 1927.

57 帝国時代の法令とは、Verordnung der Minister des Innern, der Justiz und der Finanzen vom 19. Jänner 1853, RGBl. 10/1853; Kaiserliche Verordnung vom 20. April 1854, RGBl. 96/1854 である。Národní shromáždění československé 1925-1929, tisk 831.

58 バッハ（一八一三～一八九三）は、一八四九年から五九年までハプスブルク帝国の内相を務め、いわゆる「新絶対主義」期に行政改革をはじめとする諸改革を進めたことで知られる。Österreichisches Biographisches Lexikon, http://www.biographien.ac.at/oebl?frames=yes（最終閲覧二〇二〇年五月八日）

59 NS, 28. 6. 1927.

60 NS, 28. 6. 1927.

61 NS, 1. 7. 1927.

62 NS, 28. 6. 1927.

63 NS, 30. 6. 1927.

64 NS, 28. 6. 1927.

65 NS, 28. 6. 1927.

66 NS, 27. 6. 1927.

67 NS, 27. 6. 1927.

68 NS, 30. 6. 1927.

69 NS, 30. 6. 1927.

70 J. Kracik, *Die Politik des deutschen Aktivismus in der Tschechoslowakei 1920-1938*, Frankfurt a. M.: Peter Lang, 1999, pp. 173-178; S. Sobieraj, *Die nationale Politik des Bundes der Landwirte in der Ersten Tschechoslowakischen Republik*, Frankfurt a. M.:

Peter Lang, 2002, pp. 178-180.

71 香坂、前掲論文、八一頁。

72 クラマーシュの発言を参照。NS, 27. 2. 1920.

73 一九二七年の法令を「反動的」とする見方は、特に社会主義期の研究に顕著であるが、その後の研究にもある程度引き継がれている。Janák et al., *op. cit.*, pp. 351-352.

74 Studien des Ministerpräsidenten Dr. Ernest von Koerber, pp. 442-443.

75 NS, 27. 6. 1927; I. Koeltzsch and O. Konrád, From "Islands of Democracy" to "Transnational Border Spaces", *Bohemia*, 56（2）, 2016, p. 291.

76 香坂、前掲論文、一九〇頁。

77 Judson, *op. cit.*, pp. 316, 376-378.

78 NS, 28. 6. 1927.

第7章

ウィーンにおけるチェコ系学校の「戦後」

「民族の平等」と「少数民族保護」のはざまで

大津留厚

コメンスキー学校の先生たち（1905年）

出所）*60 let Komenskèho ve Vídní*, Wien, 1932.

1 「民族は平等である」から「少数民族保護」へ

コメンスキー学校とは、一九世紀の末にウィーンのチェコ系住民たちが作った私立の教育機関である。コメンスキーの名は、彼らの故郷であるボヘミア・モラヴィア地方の出身で、初等教育の教科書として画期的な『世界図絵』を著した一七世紀の教育哲学者の名に因んでいる。コメンスキー学校の歴史はウィーンに移り住んだチェコ系の住民たちが、子どもたちにチェコ系としてのアイデンティティを伝えながら、ウィーンで生活する術を身につけさせようとした闘いの歴史だった。コメンスキー学校は一八八三年、ウィーン市内でチェコ系の割合が最も高い一〇区に設立された（写真7‐1）。

写真7-1　ウィーン10区のコメンスキー学校の建物
出所）Archiv školského spolek komensky ve Vídni.

コメンスキー学校が設立されたとき、ウィーンを含むオーストリアでは国民の人権に関する基本法がその第一項で「民族の平等」を謳っていた。そこでは、「民族」を規定する基準を特に設けていたわけではないが、言語の平等性は明確に述べられていた。しかし同時に、その第二項では、言語の平等性が十分に担保されるのは「その州で広く使われている言語」と限定が付されていた。ウィーンではドイツ語は「その州で広く使われている言語」であったが、チェコ語はその概念で捉えられる範囲には入っていなかった。しかし現実にはウィーン一〇区に限定していえば、チェコ語を日常的に話す人が一〇％を超えていた（図7‐1参照）。

ウィーン一〇区に住むチェコ系の人たちは、自分たちの子弟が母語としてのチェコ語で教育を受け、しかしウィーンで生活していけるだけの能力を身に付けるべく、私立の教育機関としてコメンスキー学校を設立した。彼らは「公立」で設置されるべきところを譲って自分たちの資金で学校を設置したと認識していたが、「その州で広く使われている言語」としてのドイツ語の教育を重視するウィーン市教育委員会は、あくまでも、ドイツ語で教育が行われるべきところを譲って、私立のチェコ系小学校の存在を許しているという立場であった。その両者の立場の違いは、究極的には「公的権限」を持つことができるのか、できないのか、というところに現れることになった。コメンスキー学校の側では十全の教育を行っている学校として公的権限（卒業証明に公的な有効性を持たせることができる）を求めたが、ウィーン市教育委員会はそれを与えないことで、ウィーンの初等教育は「その州で広く使われている言語」であるドイツ語で行われるべきことを主張した。

　世界大戦が終わったとき、ハプスブルク帝国は姿を消し、ウィーンのチェコ系住民は、ドイツ系住民が多数を占めるオーストリア共和国のチェコ語を話す少数民族という立場に変わった。そこでは今度は、チェコ系住民は少数民族に属するものとして、サンジェルマン条約とオーストリア共和国・チェコスロヴァキア間で取り決められたブルノ協定とに規定された保護されるべき存在となった。この規定に基づいて、一定のチェコ系住民が住む地域では公立のチェコ系小学校が設置されたが、コメンスキー学校は少数民族に課された制

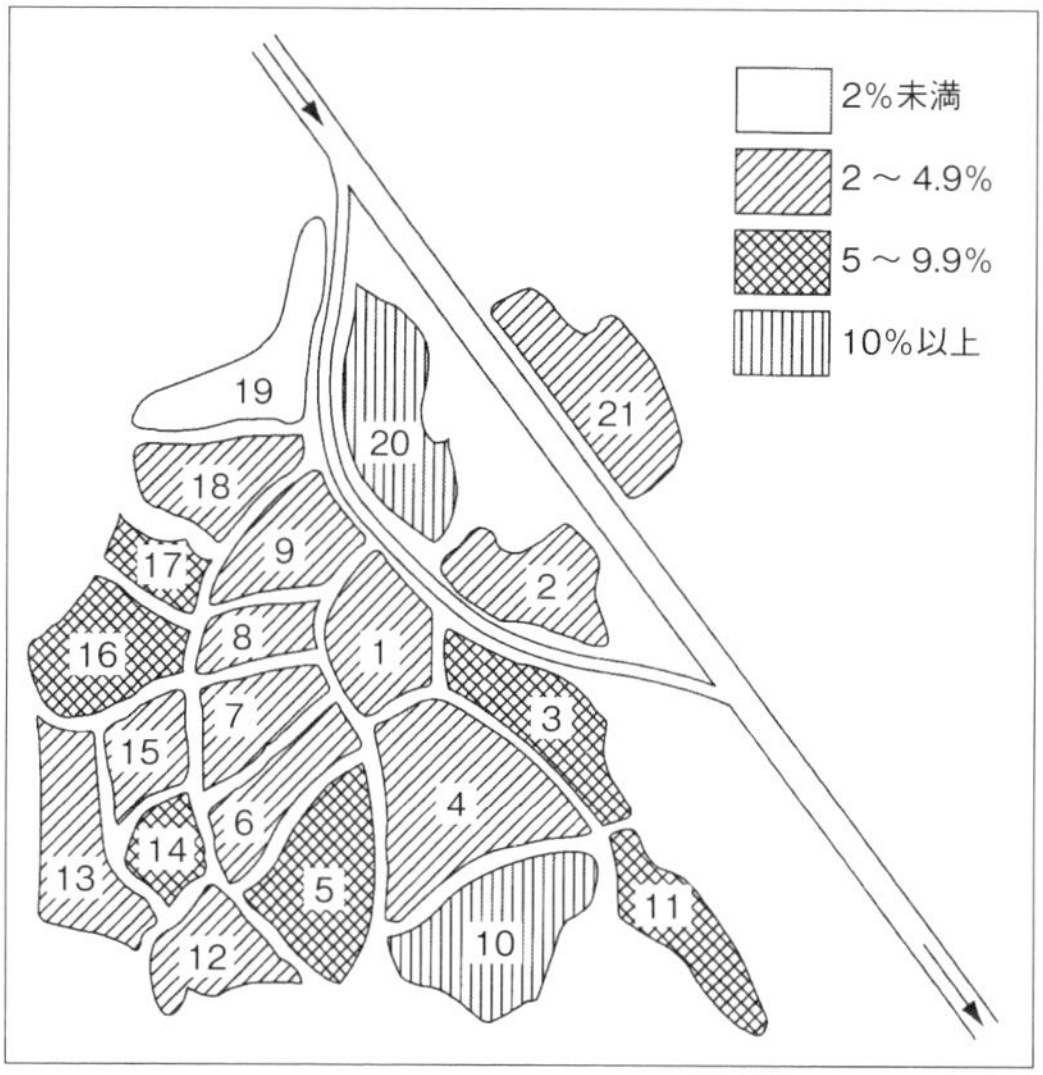

図 7-1　ウィーン各区のチェコ系住民の比率（図中の数字は区番号）

出所）大津留厚「国家と民族のはざまで――コメンスキー・シューレの闘い」大津留厚他著『民族』ミネルヴァ書房、2003 年、149 頁。

約により、公的権限が与えられないままであった。

ここでは、ドイツ系住民が多数を占めるウィーンという町でチェコ語での教育を目指したコメンスキー学校の存在に、ハプスブルク帝国の崩壊とオーストリア共和国、チェコスロヴァキアの成立という大きな時代の転換を見ると同時に、そこに現れる転換を超えた継続性を見ていきたい。

2 「民族の平等」体系におけるコメンスキー学校

(1) 「民族は平等である」

一九世紀末のオーストリアは、一八六七年に成立したアウスグライヒと呼ばれる独特の体制の下で、独自の政府を持ちながら、ハンガリー王国とともにオーストリア＝ハンガリー（ハプスブルク帝国）を形成していた。ハプスブルク帝国にはさまざまな民族的アイデンティティを持った集団が存在していたが、オーストリアとハンガリー王国はアウスグライヒ体制を共通の基盤としつつも独自の民族政策を追求することが可能だった。そのうちオーストリアでは、アウスグライヒ成立を受けて作成された人権に関する基本法の第一九条で「民族の平等」が保障されていた。それは以下の条項からなっていた。

一、国内のすべての民族は平等である。それぞれの民族はそれぞれの民族性と言語を守り、育てる全面的権利を有する。
一、それぞれの州で広く使われている言語は、教育、行政、公共の場で平等の権利を持つことが国家により承認される。
一、複数の民族が住む諸州では、公的な教育機関が以下のような配慮の下に設置されることになる。すなわち、そのうちの一つの民族が別の民族の言語の習得を強制されずに、自分の言語で教育を行うに必要な手段が与えられるということである。

この基本法に拠れば、例えばチェコ系の人たちが、もし彼らの故郷であるボヘミアやモラヴィアで初等教育を受けようとすれば、それが可能なだけのチェコ語で授業を行う公立小学校が存在していたし、もしそれが存在していなければ、当然の権利としてその設置を要求できた。しかし同じオーストリアでも帝都ウィーンでは、チェコ系の人たちにはその権利はなく、チェコ語は「その州で広く使われている言語」ではないため、そこに移り住んだチェコ系の人たちは自分たちでお金を出し合って学校を作らなければならなかったし、その学校にはほかの公立学校と同様の資格（公的権限）が認められなかった。それは具体的には、その学校がそこで学んだ者に、卒業するに足る能力を得たことを証明する卒業証明を出せないことを意味していた。卒業証明がなければ、いつまでも就学義務者名簿から削除されず、就学義務に反するとして処罰の対象になる可能性があった。したがってコメンスキー学校で学業を終えた者は、ウィーンから最も近いチェコ語で授業をする公立小学校（この場合はモラヴィア州ブジェツラフの小学校）に出向いて卒業試験を受けなければならなかった（写真7－2）。その試験に合格した場合はブジェツラフの小学校が卒業証明を出し、したがってブジェツラフの小学校の卒業生名簿に登載されることになった。ブジェツラフはウィーンから直線距離にして八〇キロメートルほど、その距離が、基本法で保障された民族言語で教育を受ける権利が「その州で広く使われている言語」という規定により制約される可能性を端的に示していた。

写真 7-2　ブジェツラフへ卒業試験を受けるために出発する子どもたちを乗せた馬車を見送る人たち
出所）Archiv školského spolek komensky ve Vídní.

(2) 公的権限をめぐって

コメンスキー学校は、この基本法体系の限界を、教育の実践を通じて超えていくことを志向し、母語であるチェコ語の教育と同時にウィーンで広く使われている言語であるドイツ語の教育に努めた。しかしその実績にもかかわらず、公的権限の付与は容易に実現せず、コメンスキー学校の設立母体であるコメンスキー協会は、そろそろ現実に卒業生を出すことが迫ってきた一八八八年に、ウィーン市教育委員会の上位機関である下オーストリア州教育委員会に対して、逆切れともいえる書簡を送った。その中でコメンスキー協会は、まずコメンスキー学校が一八八三年に設立されて以来、チェコ系住民の子弟にドイツ語習得を含む教育の機会を提供してきたことに自信を示した。

> 下オーストリア州教育委員会の通達は、コメンスキー協会のウィーン一〇区クヴェーレン通り七二番にある小学校でドイツ語を必修科目として維持する義務を負わせるものであるが、それに対してコメンスキー協会理事会は異議を申し立てるものである。コメンスキー協会は、知識人の間で広く認められている原則、すなわち子どもの最初期の教育は母語で行われるべきであるという考えに基づいて行動している。そのためにこそコメンスキー協会は自己の資金でチェコ系小学校をウィーンに設立したのである。コメンスキー協会では公立小学校に関する規定に完全に合致するカリキュラムを組んでいる。異なるところは、授業語としてのチェコ語のほかにドイツ語を必修としていることである。現在コメンスキー協会は男子校、女子校と幼稚園を有し、それらを通じて人間性と文化の涵養に貢献していると確信している。[1]

それにもかかわらず、コメンスキー学校に公的権限が与えられず、卒業生に卒業証明を出すことができないという状況にコメンスキー協会は遺憾の意を表した。コメンスキー協会の主張を支えていたのは、ウィーンでチェコ語で授業をする学校が存在することは教育委員会から与えられた「恩恵」ではなく、基本法に基づく「権利」だという考え方だった。カリキュラムでドイツ語を必修科目としているのはあくまで教育委員会に対する「配慮」であって、本来はドイツ語が選択科目であってもカリキュラムは成立する、と主張した。

宗派・教育省はコメンスキー協会が繰り返し要求した卒業証明授与権の付与を拒んできた。その主な理由はドイツ語の教育が基準に満たないということのようである。しかしコメンスキー学校の目的はあくまで母語で教育を行って、それと並行してドイツ語を学ぶ機会を提供しようとするものである。したがってコメンスキー学校はドイツ化のための道具になるつもりはないのである。ほかの文化的民族と同様に、われわれも宝物である母語を子どもに伝えたい。コメンスキー協会はドイツ語を学ぶ価値は認めるが、ドイツ語を学ぶことが主たる目的となることは甘受することができない。教育当局はコメンスキー学校設置の認可を『恩恵』と考えているが、われわれは一八六九年五月一四日法〔学校設置法〕に基づく権利と考えている。

今後コメンスキー学校ではドイツ語を必修科目からはずし、選択科目とするつもりである。ただしドイツ語の授業計画、授業目標は不変のままである。もともとドイツ語を必修科目としたのは法的な根拠があってそうしたのではないし、それがなければカリキュラムが完結しないものでもない。また必修でなくなっても、児童はみなドイツ語を学ぶだろう。

国民の人権に関する基本法第一九条第三項には『複数の民族が住む諸州では、公的な教育機関が以下のような配慮の下に設置されることになる。すなわち、そのうちの一つの民族が別の民族の言語の習得を強制されずに、自分の言語で教育を行うに必要な手段が与えられるということである』とある。宗派・教育省がドイツ語を必修とすべきとする通達を撤回するよう要求するものである。[2]

もとより下オーストリア州教育委員会の側ではコメンスキー協会の主張を認めるわけにはいかなかったし、コメンスキー協会もコメンスキー学校の認可自体が取り消される可能性のあるドイツ語の選択科目化を実施に移すわけにもいかなかった。卒業生に卒業試験をして、卒業証明を発行することができるように、という教育機関として当然と思える要求に端を発した問題は、容易に解決策を見出せないままだったが、二〇世紀に入って新たな動きが出てくることになる。つまり、基本法の限界という原則の問題には手を付けず、しかし八〇キロメートルの距離を移動して卒業試験を受けなければならない子どもたちの負担を最小化する方法が模索された。その結果、ブジェツラフの公立小学校の教員がウィーンに来て卒業試験を実施する、という方法を取ることで大方の合意が得られることになった。この枠組みを主導したのは宗派・教育省だったが、それはブジェツラフの公立小学校の教員はもとより、この学校を管轄するモラヴィア州教育委員会、ウィーンを管轄する下オーストリア州教育委員会、ウィーン市教育委員会の共同作業の成果だった。この共同作業を可能にしたのは、コメンスキー学校が充分に教育的成果を挙げている、という共通認識があったからであるが、同時に最大の障害となるウィーンの民族主義的ドイツ人の反発をいかに回避するかという課題も共有していた。

(3) 卒業試験はウィーンで

一九〇八年になってコメンスキー学校の卒業試験がウィーンで実施される方向で動き出すが、その事情を、ウィーン市長であり、ウィーン市教育委員長であったカール・ルエーガー宛の報告書で見てみよう。ここでは、コメンスキー学校を管轄する下オーストリア州教育委員会が、基本的にこの学校の卒業予定者が隣接するウィーンの公立学校において、ドイツ語で試験を受けることが好ましい、という立場であることがまず表明された。

ウィーン一〇区にあるコメンスキー協会の運営するチェコ系の小学校は公的権限のない私立学校なので、就学年齢を超えて卒業する子どもたちに卒業証明を発行する権限を持っていない。下オーストリア州教育委員会は繰り返し指示を出し、この学校の生徒たちがウィーン一〇区の公立小学校で卒業証明試験を受けるように指導してきた。そのためにヒンベルグ通りにある公立小学校を用意もしてきた。その場合、当然のことながら試験はドイツ語で行われる。それは、このチェコ系学校がカリキュラムの中で授業科目としてのドイツ語を重視し、卒業生が卒業試験をドイツ語で受けられるだけの能力を身に着けることを目指しているからである。[3]

しかしコメンスキー学校は教育委員会の指示に従わず、卒業予定者を最も近いチェコ語で授業をする公立学校に送り込み、そこで卒業試験を受けさせ、その学校の卒業生名簿に登載させるという方法をとっている。しかも最近では卒業予定の子どもたちが試験を受けに出かけていくかわりに、その学校の先生がウィーンに来て卒業試験を実施するよう求めている。それに対して下オーストリア州教育委員会はまず認められないという立場を明らかにしたのである。

他所の州の教員がウィーンの私立小学校に来て試験をすることは異様であり、卒業する子どもたちがブジェツラフで卒業試験を受けて、卒業証明を得る今までのやり方に特に問題はないと考えるからである。[4]

ところが下オーストリア州教育委員会の上部機関である宗派・教育省は一九〇八年六月二四日の省令で、コメンスキー学校の生徒たちがコメンスキー学校でブジェツラフの小学校の先生たちによって卒業試験を受けることに対して反対しない立場を表明し、この試験にウィーン市教育委員会の立ち会いを求めるに至った。これを受けて下オーストリア州教育委員会も、ウィーン市教育委員会の視学官が立ち会うのであればこの案を受け入れることを表明した。そのうえで、ウィーン市教育委員会、ブジェツラフ公立学校を管轄するモラヴィア州教育委員会とも調整して宗派・教育省宛に以下のように報告した。

モラヴィア州教育委員会の了解も得られたので、ウィーンのコメンスキー協会から出されていた、ブジェツラフの公立小学校教員によってウィーンのコメンスキー学校で卒業試験が実施される案に対して、当教育委員会は以下の条件が満たされれば、異議をはさむつもりはない。すなわち、試験はウィーンで実施されるが、卒業証明書はブジェツラフの公立小学校が発行し、卒業生はブジェツラフの小学校の卒業生名簿に登載されるということである。ウィーン市教育委員会は他の州の教員による卒業試験の実施は信頼性に問題を生じさせるのではないかと懸念を表明していたが、それに対しては、試験がウィーン市教育委員会の一員、あるいは視学官の当該校視察を補佐した者の立ち会いの下で実施されることになって、ある程度配慮は示されたと考える。[5]

ところが事態はもう一度微妙に変化することになる。一九〇八年七月一四日付の下オーストリア州教育委員会の宗派・教育省宛報告書に紹介されたウィーン市教育委員会のコメンスキー学校宛の通達を見てみよう。

ウィーン市教育委員会は、その一員、あるいは視学官の当該校視察を補佐した者を、ウィーン一〇区、クヴェーレン通り七二番のコメンスキー協会が運営する私立学校の卒業試験に派遣することはしないことを告げるものである。その理由は以下の通りである。ウィーン市はそのドイツ的性格が市憲章でも確認されており、ドイツ語以外の言語で卒業試験を実施することは不可能である。憲法裁判所の判決にもあるようにチェコ語はウィーンでは州の言語ではない。[6]

ウィーン市長にしてウィーン市教育委員長であるカール・ルエーガーは、この問題に関して『ノイエス・ヴィーナー・タークブラット』紙に対して次のように語った。

コメンスキー学校の生徒が、ウィーンで卒業試験を受けられるようにすること自体は大した問題ではない。しかしこのような形でチェコ人に譲歩することは、最終的にウィーンのコメンスキー学校に公的権限を与える最初の一歩になりかねない。そのような事態はウィーンの単一言語性を揺るがす由々しきことである。オーストリアの心臓であるウィーンはドイツ的でなければならないし、単一言語性が守られなければならない。もしコメンスキー学校が公的権限を与えられるようなことになれば、次にはウィーン市は市の予算でチェコ系公立小学校の設置を求められることになるだろう。そのような事態は避けなければならないし、その方向へのいかなる歩みも阻止しなければならない。[7]

それに対して記者から、キリスト教社会党が多数を占めるウィーン市教育委員会が何故そのような危険を事前に察知できなかったのか、と問われてルエーガーは「知ったことか」と答えた。[8]

ウィーン市教育委員長を兼ねるウィーン市長カール・ルエーガーの意向抜きには卒業試験のウィーンでの実施は考えられない。しかし最後の瞬間、ルエーガーは市議会のドイツ民族主義派への配慮を優先させることになった。それでも、ウィーン市教育委員会のお墨付きこそ得られなかったものの、コメンスキー学校の子どもたちは、これ以降世界大戦が始まるまでの平時には、ウィーンに派遣されたブジェツラフの学校の教員の下で卒業試験を受けることが可能になった。しかしウィーンでチェコ語で教育を行うコメンスキー学校の存在そのものがその後もドイツ系住民との間に緊張関係を生み出していたことは否定できない。コメンスキー協会はウィーン一〇区の学校以外にも需要に応じていくつかの区で小学校の設置を試みたが、いずれも継続的な運営を可能にする認可を教育行政当局から得ることは難しかった。ここではウィーン一二区の学校をめぐる確執を見てみよう。

一九一一年九月二三日、ウィーン一二区役所は、ウィーン市教育委員会の意向を汲んで、コメンスキー協会が運営する同区エーレンフェルス通り一六番にある学校を閉鎖し、学校として使われていた部屋を封鎖する措置をとった。コメンスキー協会はこの措置に対して下オーストリア州総督府に異議を申し立てた。それに対して下オーストリア州総督府は以下の見解をとって、ウィーン一二区にあるコメンスキー学校の閉鎖を正当化した。

一九〇五年の学校教育法によれば、教育行政当局の承認を得ていない者は何人も、就学期にある複数の家庭の子どもたちを集めて、小学校教育に相当する授業を学校形式で行うことは許されていない。コメンスキー協会はそのための認可を得ていないし、今回問題になっている場所でチェコ語で授業をする学校を設置する要求はことごとく却下されている。したがって今回の閉鎖の措置は、すでに承認された私立学校の閉鎖を規定した一八六九年の学校設置法第七三条に基づくものではない。その場合は当然州総督府の教育行政当局の事案になるが、この場合はあくまで不法行為をただすということでウィーン市教育委員会にその権限があるのである。[9]

3 大戦下のコメンスキー学校

(1) 戦時下のコメンスキー学校

一九一四年七月二八日にオーストリア＝ハンガリーがセルビアに宣戦布告して始まった戦争は、たちまちのうちにヨーロッパの主要国を巻き込み、さらにその植民地も含めて、世界戦争の様相を深めていった。オーストリアははじめ予備役を招集して対応したが、対ロシア戦の緒戦で大敗北を喫し、戦力を補充するため徴兵年齢を上げていかざるをえなかった。やがてコメンスキー学校の男性教員も徴兵され、その代わりになる人材を教員として確保する必要に迫られることになった。

教員ヤン・クリメシュはコメンスキー協会宛に、一九一五年八月一六日に軍務に就くことを報告した。これを受けてコメンスキー協会は八月二五日の会議で、クリメシュの代わりにアスマン夫人が教員として業務に就くことを承認した。[10]

また学校教育の中で自国の戦争遂行に生徒たちが協力するよう求められた。その一つに戦傷兵への慰問品の製作があった。

ウィーン市教育委員会は、これまで傷病兵への慰問品として手作りの品がどれだけ作られ、どこに送られたかのリストを要求している。私たちは各学年で完成された手作り品の数を確かめなければならない。[11]

戦時下、国民の戦意高揚のために皇帝フランツ・ヨーゼフ即位六七周年記念行事へ生徒たちが動員された。

一九一五年一一月二日、フランツ・ヨーゼフ帝即位六七周年の記念行事があり、五年生から七年生の生徒が体操競技に参加し、この日の意味について講話があった。三年生、四年生は観客席でオーストリア賛歌を歌い、講話を聞いた。[12]

(2)　卒業試験はブジェツラフで

戦時の混乱は、公的権限を持たないコメンスキー学校が辛うじて実現したウィーンでの卒業試験の実施を難しくした。大戦直前の一九一四年六月の卒業試験はウィーンで行われたが、そのとき試験を実施したブジェツラフの教員への出張費の支払いが滞ったため、翌年の卒業試験はブジェツラフで行われることになった。一九一五年七月一三日付のブジェツラフのチェコ系小学校の校長宛のコメンスキー学校からの書簡は以下のように書いている。

試験を受ける生徒たちは七月一五日、午前九時四一分着の列車でブジェツラフに到着します。生徒たちはブジェツラフの公立小学校で試験を受けた後、その日の午後の列車でウィーンに戻ります。ですから校長先生は生徒たちが午後五時半発のウィーン行き列車に乗車できるように試験が終わるようにお取り計らいください。[13]

掛かった費用への寄付に対するお礼の手紙が残っている。

コメンスキー学校の生徒たちが卒業試験のためにブジェツラフの公立学校に赴くにあたり、その交通費と必要な糧食、宿泊の費用にご寄付いただきありがとうございます。貴殿のご厚意に対してウィーンのチェコ系生徒の名でお礼申し上げますとともに今後のご支援もよろしくお願い申し上げます。[14]

(3) マリシュカ事件

チェコ語はスラヴ系の言語であり、ウィーンのチェコ系住民は同じスラヴ系のロシアに親近感を持っているのではないか、という疑いの目が向けられた。そのために戦時の雰囲気の中でコメンスキー学校の生徒たちは緊張を強いられることがあった。そんな事件の一つがマリシュカの放校事件だった。一九一六年六月二二日にコメンスキー協会は、五年生のF・マリシュカを、デモに参加した廉で告訴されたことを理由に放校処分にしたことを明らかにした。それに対してマリシュカの父親は、放校処分を取り消し、もう一度息子が学校に通えるようにコメンスキー協会に求めた。父親の言によれば、もともと自分が子どもをチェコ系の小学校に通わせているということで、職場の仲間たちから不思議がられていたが、息子が不祥事を犯したとしてますます皮肉な目で見られている、という。マリシュカの父親と面会したコメンスキー協会の事務長も、自分たちが一度受け入れて教育にあたった以上、その子の将来に責任を持つべきではないかと意見を添えて、マリシュカの父親の意向を協会幹部に伝えた。[15]コメンスキー協会幹部会はこれを受けて、警察からも事情を聞き、告訴されているという現状を踏まえたうえで、判決が出るまで処分を保留することを決めた。[16]

(4)「城内平和に反する行為」

コメンスキー学校は第二節で取り上げたウィーン一二区の学校が閉鎖されたことに不満で、ひそかにそこで授業を再開していた。ウィーン一二区役所からウィーン市長宛てに出された報告は次のように述べている。

以下に署名のウィーン一二区長および同様に署名のあるマイドリング教育委員長は、同区エーレンフェルス通り一六番地にあるコメンスキー学校が一九一一年、一二年、一三年と繰り返し当局により閉鎖されたにもかかわらず、資格もないのに授業をまた始めたということを知りました。しかもそこで教員として授業をしているのは察するところ郵便局員のフェルディナント・Pとエードゥアルト・Tで、二人とも国勢調査ではドイツ語を日常語としていると申告しています。〔中略〕このような違法な授業再開は戦時に暗黙の裡に始められた城内平和を著しく傷つけるものであります。城内平和が前提にするのは戦争が始まる直前の状態に何人も変更を加えないということであります。私はウィーン一二区長として、区教育委員長とともにかかる城内平和を乱す行為に強く抗議するとともに、市民憲章でも謳われているウィーン市のドイツ的性格を全力で守ろうとするものであり、かかる不法行為を排除すべく方策がとられるべきことを市長閣下に申し上げるものであります。[17]

この文書はウィーン一二区長がウィーン市長に宛てた苦情であるが、その背景にはドイツ民族主義的な団体の区長への強い働きかけがあった。コメンスキー学校と周辺のドイツ系住民との緊張関係は戦前からの延長線上にあったとしても、ドイツ系住民の主張の根拠として、戦時には平時の対立を止揚して一致して戦争にあたる、という城内平和の論理が援用されたことが注目される。

(5) 視学官の視察

ここまで見てきたように、コメンスキー学校は戦時体制への対応を迫られ、またウィーンのスラヴ系学校という独特の緊張感があったが、それでもなお子どもたちの教育に真摯にあたっていたことは、ドイツ系の視学官の視察から見て取ることができる。一九一七年六月二五日付のアスマン校長からコメンスキー協会宛の報告を見てみよう。

今日ドイツ系の視学官Fr・トレンメル氏が短時間ではあるが視察に訪れた。トレンメル氏は気さくな人物で、出席率が高いこと、また子どもたちが小ぎれいで、栄養状態も悪くないことに驚いていた。トレンメル氏は各学年を見て回り、ドイツ語の発音に満足の態だった。何か欲しいものはないか、と聞かれたが、特にないとお答えした。〔中略〕私はコメンスキー学校が取り組んでいる戦時体制への協力について述べ、それがコメンスキー学校の広報に載ることを約束した。最後に訪問者名簿に署名するようにお願いした。[18]

ここではドイツ系の視学官がコメンスキー学校の生徒たちの出席率が高いこと、子どもたちが小ぎれいで栄養状態も悪くないと評価していることをことさら強調しているが、現実には戦時体制の長期化とともに、通っている児童の貧困化が財政基盤の弱い私立学校としてのコメンスキー学校の負担になっていた。

(6) 困窮するコメンスキー協会

もともとウィーンに職を求めて来たチェコ系の労働者たちが立ち上げたコメンスキー協会は強い財政的基盤を持っていたわけではなかった。戦争が始まって二年が過ぎた一九一六年九月、コメンスキー協会はチェコ系の金融機関やチェコ系の地方自治体、議会に支援を求める書簡を送った。その中でコメンスキー協会は、自分たちが下オーストリアのウィーンでチェコ系学校を運営し、民族的課題と人類的課題に取り組んできたことを述べた後で、次のように述べている。

これらの課題に取り組む協会が直面する困難は、資源が逼迫する中でますます大きくなっています。今日協会の会員は今までになく減少しており、協会の活動は各分野で制約を受けています。現在ではチェコ系の自治体と金融機関からの寄付が定期的な収入になっています。チェコ系自治体の議会はこれまでも下オーストリアのチェコ系少数派の人たちに真摯な関心を示してきました。私たちはそのことに感謝申し上げるとともに、来る一九一七年においても下オーストリアのチェコ系小学校に思いを馳せることをお願いする次第です。[19]

すでに一九一六年三月にはコメンスキー協会では父親が兵役に就いている子どもたちの成績低下が取りざたされていた。その場合でも父親が兵役に就いている生徒に関しては成績不振を理由に退学を促すことはできない、とコメンスキー協会は認識していた。しかも事情を聞くために母親を呼び出すこともままならなかった。母親の多くが働きに出て、帰りも遅かったからである。[20] 一九一七年になるとコメンスキー学校は援助が必要な貧困家庭のリストを作成した。一年生から七年生まで各学年に男女合わせて一〇〇人ほど（全校で約七〇〇人）の生徒がいたが、貧困家庭の割合はほぼ一割に達した。[21] 戦争の長期化で生徒の家庭が貧困化することは、私立学校としてのコメンスキー学校の財政基盤を揺るがせていた。

コメンスキー学校は戦時体制に協力しながら、ウィーンで生活するチェコ系の子どもたちの教育を地道に実践していたが、戦争が長期化するにつれ、通学する子どもたちの貧困化がコメンスキー学校の体力を奪っていた。戦争の終結によってコメンスキー学校は戦時体制による負荷から解放されるが、ウィーンのチェコ系私立学校としてのコメンスキー学校は戦後体制の中で新たな対応を迫られることになった。

4 少数民族保護の体系におけるコメンスキー学校

(1) ブルノ協定の世界

世界大戦後のハプスブルク帝国の崩壊、チェコスロヴァキア共和国の成立によって、ウィーンのチェコ系住民たちは新しくできた「祖国」から取り残された疎外感を味わうと同時に、「祖国」を後ろ盾とする安心感を持つことができた。しかし彼らがまず直面したのは、「帰国」するかウィーンにとどまるか、の二者択一だった。公式の統計でも一九一八年から二二年の間に一〇万人以上のチェコ人たちが帰国した。残ったチェコ人たちは、それまでのハプスブルク帝国オーストリアのチェコ系住民という立場から、オーストリア共和国の少数民族「チェコスロヴァキア人」という立場に変わった。

サンジェルマン条約の第六七条は、オーストリアの少数民族にほかのオーストリア国民と同じ権利を保障していた。特に、少数民族に自分たちの財政的負担によって、学校などの教育機関、福祉事業、宗教・社会組織を設立し、維持し、運営する権利を認めていた。またそうした組織で自分たちが話す言語を使う権利も認めていた。また第六八条は、ドイツ語以外の言語を話す住民が一定以上住んでいる市町村では、当該言語で公的な初等教育が受けられるように求めていた。しかしそれを補完する形でオーストリアとチェコスロヴァキアの間で締結されたブルノ協定は、むしろ少数民族の権利に一定の枠をはめるものであった。つまり、その第一七条は、まずサンジェルマン条約とそれに対応するチェコスロヴァキアの連合国との条約で保障された少数民族の権利を挙げたあとで、その権利によって少数民族が「それぞれの国内で有効な法規に従う義務を免れるものではない」「少数民族に認められている学校監督権は国家の監督権を制約するものではない」と牽制した。また私立の教育機関の長はそれぞれの国の国籍を有すべきことが規定された。[22]

戦時体制の終焉が現実化する中で、チェコスロヴァキアという「国家」を持ったコメンスキー学校には気持ちの高ぶりが見られた。ウィーン一〇区に新設された中等部の教員団を率いたFr・ランゲンベルクが一九一九年一月九日に教員会議で行った講話を見てみよう。ランゲンベルクの現状認識は何よりも、敗戦と帝政の終焉によりウィーンのチェコ人にとっての暗闇の時代が終わりを告げ、覚醒の時代が始まる、というものであった。そしてコメンスキー学校こそその模範でなければならない、と訴えた。

わが校はカトリック的反動から目を覚まし、新しい生の息吹を始めたところである。わが校が重い病にあったことは自明なことであり、その原因はまたさまざまにある。もし今次の敗戦という大きな変動がなければ、覚醒もまたなかったであろう。コメンスキー協会の新執行部が当校の改革、刷新に乗り出したことも驚くにはあたらない。前年の一二月六日、私はコメンスキー協会から当校の運営を任された。私はコメンスキー協会の一員として、これまでの慣習にとらわれず、独立して、どんな犠牲を払ってでも改革することが求められている。なぜなら当校はチェコ系の模範校でなければならないからである。[23]

そしてコメンスキー学校の教員たちに奮起を促し、それに力を与えてくれる民族的存在に言及した。そのうえで、祖国チェコスロヴァキアとともに、自由と民主主義と進歩の実現のために手を取り合って進んでいくことを訴えた。

わが校は重い病からよみがえり、救済されなければならない。それは教員の皆さんの協力とみなぎるパワーがあれば可能なのです。この救済の事業を新たに、そして喜びをもって始めようではありませんか。皆さんチェコスロヴァキアの教員たちはこの学校が私たちにとって持っている意味を本能的に理解していることを私は確信しています。私は教員の皆さんの尽力と協力を信じています。なぜならあなた方教員はこの学校とそこで学ぶ子どもたちのことを思っているからです。

それはちょうど自分たちを生んでくれた民族が子どもたちのことを思ってくれているのと同じです。この民族はゴルゴダの苦難を乗り越え、フスとジシュカとコメンスキーとチェコスロヴァキア軍団を生んだのであり、その民族のために私たちが喜びを与え、愛ある犠牲を払うだけの価値があることなのです。皆さん、くびきから解放されたかけがえのない祖国の名において、民主主義と自由と進歩の名において、英雄的なわが民族の名において、自分たちの義務を果たし、全力を投じて、よりよい、自由で、民主主義的な未来の建設のために、あなた方の運命が定めた地で全力を尽くすようにお願いしたいと思います。[24]

新しい時代への気負いが見られたこの講話に対して、教育の現場に携わる教員の報告からは、戦時体制から解放されてもなおコメンスキー学校に通う子どもたちが置かれた状況が改善せず、授業にしわ寄せが来ていることが見て取れる。

教材をきちっと検討することが困難になっている。なぜならインフルエンザの流行と石炭不足で授業が長いことできないでいるからだ。また子どもたちは栄養が不足しがちで、体力的にも知的にも劣り、授業も宿題もおろそかになっている。子どもたちは時には自分で食糧を手当てしなければならないし、そのために長く行列に並ばなければならないからである。[25]

旧ハプスブルク帝国の帝都ウィーンで母語のチェコ語で授業をする私立学校として、子どもたちに地道な教育活動を続けてきたコメンスキー学校は、世界大戦が終わったとき、オーストリア共和国の首都としてのウィーンでチェコスロヴァキア系少数民族学校として教育活動を継続した。戦時体制から解放され、チェコスロヴァキア国家が成立したことは、この学校に高揚感を生んだが、子どもたちに十全な教育を行うことはなお困難だった。そしてウィーンの戦後体制は、一方で長くこの地で教育活動を継続しながら、なお公的権限を与えられない私立学校としてのコメンスキー学校と、少数民族保護条約の下で経験の乏しいまま設立された公立チェコ系学校との併存という難しい状況を生み出すことになった。

(2) 公立チェコ系小学校とコメンスキー学校の併存

公立チェコ系小学校の設置は少数民族保護の国際条約に基づいていたが、同時にチェコ系の小学生を持つ親たちがウィーン市教育委員会に働きかけて初めて実現するものだった。彼らが設置の根拠にしたのは帝政期の学校設置法にある「五年平均で四〇名」の基準だった。そのうえで署名を集めて教育委員会に働きかけながら公立チェコ系小学校が一つずつ設置されていった。しかしその教育環境は決して恵まれたものではなかったことが教育委員レーオポルト・トモラの報告から読み取ることができる。この報告は一九二一／二二年度のチェコ語を授業語とする公立小学校一五校を列挙したあとで、具体的な問題を次のように指摘した。トモラはまず一つひとつの公立チェコ系小学校の規模が小さいことを指摘している。そのため複式学校にせざるをえないが、いくつかの学校を統合すればその不都合は解消される一方、通学時間が長くなるというマイナスが生じることになる。

> ウィーンの九区と一八区のチェコ系小学校はいずれも三クラス制の学校で、生徒数は一〇〇名以下である。子どもの数が少ないことを考えると、今後の拡大は望めない。そこで賢明な親たちは田舎の学校規模でしかないチェコ系学校ではなくてドイツ系学校へ通わせようと考える。そこで九区と一八区のチェコ系学校を統合して一九区の子どもたちも合わせて一つの学校にすると生徒数は一九〇名になり、五クラス制の学校相当になるが、一部の子どもたちにとっては通学時間が長くなってそれがまた不都合に働くことも考えられる。[26]

トモラが指摘する公立チェコ系小学校の最大の問題点は、ドイツ語の授業が満足に行われていないということだった。特にそれは子弟を公立チェコ系学校に通わせている親の不満になって現れた。

父母集会ではチェコ系小学校におけるドイツ語授業が必ず要求される。ドイツ語授業は父母集会で必ず議題に上り、教員たちは父母たちをなだめるのに苦労しなければならない。現在チェコ系小学校に通っている子どもたちのうち、三年生以上の学年の子どもたちはかつてドイツ系小学校に通っていたためある程度ドイツ語能力を身につけているが、一九一九年以降に小学校に入った子どもたちはドイツ語の授業を受けたことがない。それではウィーンでの生活で困ることになる。[27]

トモラはその背景には教員の側でドイツ語授業を優先することへの抵抗感があったことを指摘している。公立チェコ系小学校教員連盟は一九二二年六月二〇日に「ウィーンのドイツ系小学生が第二言語習得の機会を与えられるまで、チェコ系小学校でドイツ語教育は行わない」ことを決議した。それに対してトモラはドイツ語教育を希望する親と否定的な先生たちとの妥協点として以下の提案を行っている。

父母の希望と教員の志向との間で妥協点を見つけることは難しい。私の考えでは、五年生から必修科目としてドイツ語の授業を始め、六年生のときにはドイツ語で算数の授業をし、七年生、八年生になったらほかの科目もドイツ語で授業をする。それに対してチェコ語の授業は最後まで必修科目として残し、音楽と宗教の授業は母語で受けられるようにするのがいいと思う。[28]

ウィーンの公立チェコ系学校で父母が望み、教員が望まなかったドイツ語の授業を提供したのが、チェコ系子弟にドイツ語教育をするためのノウハウを持っていたコメンスキー学校だった。ウィーン五区にある公立チェコ系小学校の父母会からコメンスキー協会への手紙には、コメンスキー学校の教員によりドイツ語授業が提供されていることへの感謝の気持ちが述べられていた[29]。

公立チェコ系小学校よりも優れたドイツ語教育に関するノウハウを有し、施設の面でも優位にあったコメンスキー学校は、しかし帝政期から継続して公的権限を与えられないままだった。しかしウィーン市内に公立のチェコ系小学校があり、また中学校は一年ごとの更新で公的権限が与えられることで、卒業する子どもたちに大きな負担がかかることは避けられたと考えられる。帝政期に引き続き公的権限が与えられていなくても、また公立のチェコ系小学校というライバルが存在してもコメンスキー学校はこの時期生徒数が着実に増加していることを誇っていた。

一九二六／二七年度において、チェコ系私立学校、コメンスキー学校は一二の幼稚園を有し、五つの小学校（二九クラス）に七四七名の生徒が通っている。さらに七つの中学校（四六クラス、一四七二名の生徒）、実科ギムナジウム（九クラス、二二四名の生徒）、実科学校（一一クラス、三二六名の生徒）、女子職業学校（三クラス、七四名の生徒）を有している。〔中略〕ブルノ協定第一九条で求められているコメンスキー学校の公的権限付与のための条件が満たされていないので、公的権限はまだ与えられていない。しかし中学校では、オーストリア教育相は一年ごとの更新でコメンスキー学校に公的権限を与え、卒業試験を市の教育委員会の委託を受けて行うことが認められている[30]。

5 「民族の平等」と「少数民族保護」のはざまで

世界大戦が終わったとき、中・東欧を支配していた四つの帝国が姿を消し、やがてソヴィエト社会主義共和国連邦と新生、再編諸国家が立ち現れることになった。あるいは、ソヴィエト社会主義共和国連邦と中・東欧諸国家体制がともあれ安定して、初めて世界大戦が一応の終息を見たといえるだろう。世界大戦という過酷な経験を経て、帝国の解体や国境の改変を受けて、しかしそこに住む人々の生活はなお継続を志向する。人々の生活の視点から何が変わり、何が変わらなかったのか、と問うたときに、帝政期からウィーンというドイツ的環境の中でチェコ系子弟の教育を実践してきたコメンスキー学校が、オーストリア共和国の少数民族という立場に置かれたときの継続性と変化は恰好の素材を提供しているといえるだろう。

ウィーンのチェコ系住民の子弟は、ハプスブルク帝政期には、人権に関する基本法第一九条にある「民族の平等」の原則の下で、しかしあくまでも「州で広く使われている言語」ではない言語としてのチェコ語による教育という制約の下に置かれていた。公立小学校の設置要求が認められない中で、ウィーンのチェコ系住民は子弟の教育機関としてコメンスキー学校を設立した。この学校はチェコ語で授業を行ったが、ウィーンで生きていくために身に着けるべきドイツ語の教育に熱心に取り組んだ。それにもかかわらず、この学校は公的権限を与えられなかったため、この学校に通う生徒たちは卒業資格を得るため、約八〇キロメートル離れたモラヴィア州のチェコ系公立学校まで卒業試験を受けに行かなければならなかった。この「八〇キロメートル」の距離は、便宜的にモラヴィア州の公立学校の教員がウィーンで卒業試験を実施することによって解消されることになるが、「民族の平等」と「州で広く使われている言語」との矛盾は原則的には解消されないままだった。

世界大戦が終わって、ハプスブルク帝国が崩壊し、チェコスロヴァキア国家が成立すると、ウィーンのチェコ系住民はチェコスロヴァキアとオーストリアとの間で結ばれたブルノ協定に基づく少数民族保護体系の下に置かれることになった。そこで公立のチェコ系小学校が設立されることになったが、その教育環境はドイツ系小学校に比べて劣悪なものだった。その中でドイツ語教育に関しては、長い実績のあるコメンスキー学校がノウハウを提供することで改善されることになる。ところがコメンスキー学校自体は、ブルノ協定で私立の教育機関の長がそれぞれの国の国籍を有すべきことが規定されたため、公的権限を与えられないままだった。そのため卒業資格はいわばウィーン市教育委員会の「恩恵」として与えられなければならなかった。

コメンスキー学校は帝政期には「民族の平等」における矛盾を体現し、大戦間期には「少数民族保護」における矛盾を体現していた。しかしコメンスキー学校は一貫して、ウィーンに住むチェコ系住民の子弟がウィーンで生活していくための教育を母語としてのチェコ語で受けられる機会を提供したのである。

注

1 Österreichisches Staatsarchiv（ÖStA）, Algemeines Verwaltungsarchiv（AVA）, Unterricht Allgemein（1848-1940）, Volksschulen: Wien, Komensky Schule, Bezirksschulrat der k. k. Reichshaupt- und Residenzstadt Wien, Z. 6935（22. VIII 1908）.
〔 〕内は引用者による補足を示す。

2 Ibid.

3 ÖStA, AVA, Volksschulen: Wien, Komensky Schule, Ministerium für Cultus und Unterricht, Z. 10060（14. IV 1899）.

4 Ibid.

5 ÖStA, AVA, Volksschulen: Wien, Komensky Schule, Ministerium für Cultus und Unterricht, Department XI Z. 28212（23. VI 1908）.

6 ÖStA, AVA, Volksschulen: Wien, Komensky Schule, Ministerium für Cultus und Unterricht, Department XI Z. 31607（14. VII 1908）.

7 *Neues Wiener Tagblatt*（5. VII. 1908）, p. 4.

8 Ibid.

9 Wiener Stadt- und Landesarchiv, Magistratisches Bezirksamt für den XII Bezirk 8368/13, 7. März 1913.

10 Státní ústřední archiv v Praze, A258/5 Školský inspektorát, Obecné Školy X. 1915, Správě školy ve Vídni X（30. VIII 1915）.

11 Státní ústřední archiv v Praze, A258/4 Školský inspektorát, Obecné Školy X. 1916, 2801/2（18. IX 1916）.

12 Státní ústřední archiv v Praze, A258/5 Školský inspektorát, Obecné Školy X. 1915, 4413/1（7. XI 1915）.

13 Státní ústřední archiv v Praze, A258/5 Školský inspektorát, Obecné Školy X. 1915, 2594/3（13. VII 1915）.

14 Ibid.

15 Státní ústřední archiv v Praze, A258/6 Školsky inspektorát, Obecné Školy X. 1916, 2356 (7. VII 1916).

16 Státní ústřední archiv v Praze, A258/6 Školsky inspektorát, Obecné Školy X. 1916, 2552 (29. VII 1916).

17 Archiv školského spolek komensky ve Vídní, Zapisy ze schuzí a konferencí 1915-1926, Bezirksvorstehung des 12. Wiener Gemeindebezirkes. Betr. Komenskyschule XII. Ehrenfelsgasse 16, unbefugter Wiederbetrieb. Beschwerde. (23. Okt. 1915).

18 Státní ústřední archiv v Praze, A259/1 Školsky inspektorát, Obecné Školy X. 1917, 455 (25. VI 1917).

19 Archiv školského spolek komensky ve Vídní, Zapisy ze schuzí a konferencí 1915-1926, č.j. 3074 (5. X 1916), č.j. 3026 (21. IX 1916).

20 Státní ústřední archiv v Praze, A258/6 Školsky inspektorát, Obecné Školy X. 1916, 1071/1 (18. III 1916).

21 Státní ústřední archiv v Praze, A258/6 Školsky inspektorát, Obecné Školy 1842/1 (9. V. 1917)

22 K. Koch und A. Suppan (eds.), *Außenpolitische Dokumente der Republik Österreich 1918-1938, 3. Bd., Österreich im System der Nachfolgestaaten 11. September 1919 bis 10. Juni 1921*, Wien: Verlag für Geschichte und Politik und R. Oldenbourg Verlag, 1996, pp. 94-109.

23 Archiv školského spolek komensky ve Vídní, Zapisy ze schuzí a konferencí 1915-1926 Protokol 6 (11. II 1919).

24 Ibid.

25 Ibid.

26 Státní ústřední archiv v Praze, Školstoví, š, veřejné školy, "Die öffentlichen Volksschulen", von Leopold Tomola (12. VII 1922).

27 Ibid.

28 Ibid.

29 Archiv školského spolek komensky ve Vídní, 2221-1 (11. IV 1923).

30 Wiener Stadt- und Landesarchiv, Aeuserung über das Schulwese der tschechoslowakischen Minderheiten (23. VIII 1927).

第 8 章

国境はどのように引かれたか

日本人が見た南スラヴ

ボシティアン・ベルタラニチュ

ユーゴ・ハンガリー国境画定委員会の委員たちからのハガキ

出所）マリボル地方資料館（Regional Archives of Maribor, SI_PAM/1524 Lipovšek Gašper, TE 1.)。

1　第一次世界大戦後のヨーロッパ再編における日本の貢献

第一次世界大戦における中央同盟側の軍事的崩壊とともに、何世紀にもわたって存続してきた三つの広大な帝国──オスマン帝国、ハプスブルク帝国、ロシア帝国──が瓦解した。この敗戦と帝国内部崩壊の影響を最も激しく被ったのが中欧と東欧であった。それまでのヨーロッパの歴史は帝国の歴史であった。大戦前夜、世界の大部分は、ヨーロッパ諸帝国とその帝国経済に依存する領土に分割されていた。そうした「帝国の時代」が今まさに崩れようとしているという予兆を感知しえた人はほとんどいなかった。しかしそれは現に崩落し、ヨーロッパの勢力均衡地図は激変した。近代史における地政学的地殻変動の一つが生じたのであり、消滅した帝国の廃墟の上に新しい諸国家が群立した。一九一九年のパリ講和会議における重要課題の一つは、それら新生国家どうし、あるいは新生国家と在来国家との国境を定めることであった。

第一次世界大戦に参戦した主要国の中で、アメリカを除けば、日本は、経済力、戦略、軍事力をもって戦争の帰趨に影響を与えた唯一の非西欧の国であった。一〇〇周年を機に第一次世界大戦を回顧した諸研究において、この戦争における日本の役割に対する関心が再浮上してきたのは無視できない傾向であった。大戦時の日本の外交を研究してみると、一九二〇年代の国際的外交の舞台に積極的、建設的にかかわろうとしていた日本の外交姿勢が見えてくる。

しかし専門的研究は進んでも、第一次世界大戦における日本の貢献についての一般の理解度は低いままである。特に講和条約締結後のヨーロッパの諸問題の解決に対する日本の貢献、例えば条約調印国として日本が新しい国境画定にかかわっていたことについては、ほとんど知られていない。本章は、日本がヴェルサイユ体制の構築に携わっただけでなく、講和条項の実施監督にも委員を派遣し積極的に関与していたことを、実証的に示したものである。

パリ講和会議に出席した日本代表団は、明確な外交目的を持っていたにもかかわらず、正当に評価されないことが多かったように思われる。日本の外交方針を的確に把握していた人はきわめて少なかった。日本はヨーロッパの戦場に軍事的プレゼンスを示したわけではなかったので、メディアも大衆も、いったい日本に世界の舞台に登場するだけの資格があるのかと訝しみさえした。日本は、戦争のほとんどの期間、隅の方で戦争の成りゆきを見守っていただけの「沈黙のパートナー」と見なされていた。講和会議における日本代表団も、日本の国益が絡む場合にだけ発言し、後は傍観を決めこんでいるという目で見られがちであった。確かに日本派遣団の中心的な関心が、中国における日本の地位と権益に対する国際的な承認を確保することにあったのは間違いない。また人種的差別撤廃提案も、日本代表団が熱心に訴えた重要議案であった。しかしそれらだけを見ていたのでは、日本の外交努力の全体像をつかむことはできない。日本はパリ講和会議が終わった後も、ヨーロッパの和平実現に向けて関与を続けていたのである。

講和条約の調印が済めば、次は条約から生じる具体的な問題を解決する仕事が待っている。日本はその仕事にも進んで参加した。面倒な問題の一つが国境線の画定で、その作業に向けて国境画定委員会が編成され、地面のうえで実際に境界を確認し、標識を打ち込んでいく任務を担当した。後述するように、日本は軍人を委員に就かせ、その任務にあたらせた。本章では、国境の決め方、およびその決定過程において日本の委員がどのように参与したかを例証するために、後のユーゴスラヴィア王国の前身であるセルビア人・クロアチア人・スロヴェニア人王国の国境画定過程を見ることにする。日本は、ユーゴ・オーストリア国境とユーゴ・ハンガリー国境を定める二つの委員会に委員を出していた。ここでは後者の国境画定を主として扱うことにする。

2　新国家と国境——セルビア人・クロアチア人・スロヴェニア人王国

(1)　南スラヴ統一構想

ヨーロッパの南に分散して住んでいたスラヴ系の人々の民族的・言語的諸集団を政治的に統合しようとする最初の

構想は、一九世紀初期に現れた。それはナポレオンが皇帝であったフランス第一帝政期（一八〇九〜一四年）に、イリリアという自治的な地方で起こった。イリリアは、現代のクロアチア、ダルマツィア、スロヴェニア、ゴリツィア、それにオーストリアの一部を含む地域である。ダルマツィアとスロヴェニアの両方で勤務した経験のあるフランスの官僚たちは、最初イリリア地方のすべてのスラヴ系住民は単一言語を話すと信じていたが、やがて「イリリア人」と一口にいっても、そこには似て非なる民族的、言語的差異が存在しているという現実に気づくようになる。そういう「種々のイリリア人たち」を統一しようとしたのが、リュデヴィト・ガイをリーダーの一人として一八三〇年代に起こったイリリア運動であった。この運動が、思想的源泉として、以後の南スラヴ統一運動に継承されていくのである。[1]

イリリア運動は、イリリア地方のみならず南スラヴの民族的共通性、言語的類似性を拠り所として、諸民族を政治的に統一しようとする大きな運動に発展する。しかしこの統一運動は、時を経るにつれ、単一の統一国家という構想の中に、民族ごとに異なる内容が盛り込まれるようになっていく。構想が抱え込んだこうした寄り合い所帯的な性格のために、共通理解の欠如が一つの病根となって広がり、結局はユーゴスラヴィアを短命に終わらせてしまう主因になる。共通理解のない集団の絆は弱まるのが宿命、セルビア人、クロアチア人、スロヴェニア人のそれぞれが、異なる歴史的、民族的経験、異なる利害意識に固執したために、あるべきユーゴスラヴィアについての像が相互に乖離していったのである。

このように、南スラヴ統一構想といっても一枚岩ではなく、さまざまな問題や矛盾を内包していた。構想の多様さや豊かさは、こと統一構想に関する限り、最大の弱点となる。今にして思えば、セルビア人・クロアチア人・スロヴェニア人王国が建国後も種々の困難に見舞われたのは当然ともいえる。大部分のセルビア人にとっては、統一南スラヴは、大セルビアの別名であるか、あるいは少なくとも、すべてのセルビア人を統一拡大国家の中で統合し保護するための方便であった。一方スロヴェニア人とクロアチア人の念頭にあったのは、どうすればイタリア、オーストリア、ドイツ、ハンガリーの政治的、文化的な支配から逃れることができるかという安全保障上、戦略上の利害であった。

南スラヴ諸民族が、こうした思想的な多様性を乗り越えることができず、相互に協力しながら共通理解に至れなかったことが、結局は統一南スラヴの破綻を招いたのだといえよう。[2]

(2) 第一次世界大戦と南スラヴ国家の誕生

南スラヴ国家誕生の原動力

大戦が始まったとき、統一南スラヴの建国が実現すると信じていた人はほとんどいなかった。セルビア政府も、ハプスブルク帝国の南スラヴ諸民族の指導者層も、共通の国家を望んではいたが、すでに触れたようにその足並みは揃っていなかった。セルビアは領土と政治力を拡張させたがっていたし、他の南スラヴ諸民族はより大きな自治と政治的権利を欲していた。さらに一九一四年六月にサラエヴォで、オーストリアのフランツ・フェルディナント大公がセルビアの一青年によって射殺され、オーストリア＝ハンガリーがセルビアに宣戦布告したとき、ハプスブルク帝国内にいた南スラヴ諸民族のセルビアに対する心象はひどく損なわれてしまった。その結果、南スラヴ諸民族の対セルビア戦への徴兵は驚くほど円滑に進んだ。民衆がセルビアに共鳴し、帝国に対する不服従や抵抗運動が起きるのではないかという可能性は烏有に帰した。[3]

セルビアは戦争の大義名分を打ち出す必要に駆られた。そこでセルビア政府は、一九一四年の秋までには、この戦争に勝利すれば領土を拡張して、すべてのセルビア人、クロアチア人、スロヴェニア人を国民とする南西スラヴ民族の国家を樹立すると宣言した。この宣言は、ベオグラードの戦いに敗れた後の一九一四年一二月七日、政庁を移した南の都市ニシュで発せられた。こうしてすべての南スラヴ民族の解放と政治的統一がセルビア政府の公式の戦争目的の一つとなった。しかしセルビアの指導者たちの本心は、英仏露の力を借りてハプスブルク帝国を破り、バルカン半島におけるセルビアの地位をいっそう高め、強化することにあった。この宣言は、有り体にいえば、他民族の耳に心地よく響く領土的、政治的スローガンを掲げることによって、ハプスブルク帝国内の南スラヴを自分たちの方に引き寄せようとする、自己防衛のための懐柔策であったと解釈されるだろう。[4]

このセルビアの計画に、開戦後協商国側に亡命していた反ハプスブルクの知識人・政治家グループは反対した。このグループの二人の中心人物は、ダルマツィア出身のクロアチア人で前スプリット市長のアンテ・トルムビッチ、それにやはりダルマツィア出身のジャーナリストで、セルビアとクロアチアの協力を唱えたフラニョ・スピロだった。二人は一九一四年の一一月に、南スラヴ連邦構想を推進する目的で、似た考えを持つ亡命者たちとフィレンツェで出会い、一九一五年四月にパリでユーゴスラヴィア委員会を創設した。この委員会のメンバーたちは後にロンドンに移り、パリに連絡事務所を置き、さらにアメリカの南スラヴコミュニティと緊密な協力関係を築いた。ユーゴスラヴィア委員会の構想は、民族自決の原則に基づく、セルビアの統一構想と比べてより平等主義的な国家像であり、セルビアの統一構想とは相容れないところがあった。[5]

皇帝フランツ・ヨーゼフは一九一六年一一月二一日に没した。彼の死はハプスブルク帝国終焉の最初の兆しであった。最後のハプスブルク皇帝カールは、一九一七年五月にウィーンの議会を召集した。その折ユーゴスラヴ議員連であったスロヴェニア、クロアチア、セルビアの議員たちが結集し、後にユーゴスラヴィア・クラブとして知られるようになる会を組織した。彼らは声明を出して、南スラヴの自治権を要求した。この「五月宣言」は、一九一七年五月三〇日の帝国議会で、スロヴェニアの代表アントン・コロシェツによって読み上げられた。これによって一九一七年九月に、声明を支持するスロヴェニア人の間に大きな民族運動が起こり、できるだけ早く停戦して和を講ずべきだとする多くの署名が集められた。[6]

五月宣言は、セルビア政府にとってもユーゴスラヴィア委員会にとっても好ましいものではなかった。ユーゴスラヴィア・クラブは、セルビアとの統合には消極的で、むしろハプスブルク帝国内に南スラヴの統一国家を建設することを望んでいた。当時コルフ島に拠点を移していたセルビア議会は、ユーゴスラヴィア委員会の指導者に近づき、一九一七年七月二〇日、セルビア政府首相ニコラ・パシッチとトルムビッチによって共同署名された対抗宣言を出した。この「コルフ宣言」は、アレクサンダルの下にセルビア人・クロアチア人・スロヴェニア人の王国を建設し、三民族それぞれの文化的、宗教的権利を保障するという内容の、いわば二者の妥協案であった。[7]

五月宣言とコルフ宣言は、異なる利害に動機づけられてはいたが、民族自決の原則に則り、民族的相違を克服して南スラヴ多民族国家の形成を目指すという点では共通していた。さらに協商国側に対し、戦後のバルカン半島に新国家を建設するという意思を表明したという点でも軌を一にしていた。

列強の思惑とロンドン秘密条約

南スラヴの統一運動は、協商国側の戦後計画にとっては支障となった。セルビア政府、およびロンドンなど各国の首都の南スラヴ亡命者たちの活動にもかかわらず、南スラヴ統一に対する国際的な支持は少なかった。他の民族、例えばチェコ人は、自分たちの構想を推進し交渉のテーブルに載せるうえでずっと有利な立場にいた。彼らはイタリアの領土要求と戦う必要はなかったし、英仏秘密協定にも抵触せずに済んだからである。

さらに、ヨーロッパ各国の首都周辺では、南スラヴの構想が好意的に迎えられることは少なかった。セルビアは別としても、スロヴェニア人とクロアチア人はハプスブルク側の民族であり、誰も敵の陣営の人間の気持ちを斟酌する気になどなれなかった。加えて一九一七年末までは、協商国側は、新たに加わったアメリカとともに、依然としてオーストリア＝ハンガリー帝国を戦後も存続させる方向で考えていた。ところが一九一七年一〇月のロシア革命の後になると、ハプスブルクとの単独講和によって、ハプスブルクとドイツの間を裂こうとする動きが強まってきた。その流れの中でウィルソン大統領は、一九一八年一月の「一四か条」演説で、オーストリア＝ハンガリー帝国内の南スラヴを含む諸民族に対し、帝国内での自治権を約束した。[8]

フランスには、南スラヴの統一国家創設を認める気はまるでなかった。セルビア政府の構想は戦争目的の公式声明で知ってはいたが、それを認めると、オーストリア＝ハンガリー帝国が解体されることになり、望ましくなかった。

また後述のロンドン秘密条約によるイタリアの利権との衝突を懸念した。したがってフランス政府はこの問題に触れることを避け続けた。フランス外交の基本はヨーロッパの既存の勢力均衡の保全であり、特にセルビア人・クロアチア人・スロヴェニア人による統一国家の建設は、勢力均衡を崩す一大要因になりかねないと考えていた[9]。

南スラヴの統一に最も強く反対したのがイタリアで、アドリア海の対岸のバルカン半島に大きな統一国家が出現することは何としても避けたかった。バルカン半島にスラヴ国家ができると、弱体化したハプスブルク帝国の領土に野心を持つイタリアにとっては厄介な勢力になる。イタリアは一九一五年の五月二三日にオーストリア＝ハンガリーに対し宣戦布告した。これは四月にイタリアと協商国側との間で締結されたロンドン秘密条約に基づくものであった。大戦が始まったときには、それまでにドイツ・オーストリア側と結んでいた協定に従って中立を保ったイタリアは、両陣営の間での巧みな駆け引きによって、戦争からできるだけ多くのものを得ようとした。ロンドン秘密条約は、一九世紀に始まったイタリア統一運動を実現させる手段として企てたもので、これが戦後における新生セルビア人・クロアチア人・スロヴェニア人王国との国境画定に大きな影響を及ぼすことになる。

一九一八年の初めにボリシェヴィキの新生ソヴィエトがロンドン秘密条約の内容を暴くと、南スラヴとイタリアの関係はさらに悪化した。協商国どうしで取り交わされた秘密協定では、参戦の見返りに、イタリアにダルマツィア海岸やイストリア半島、トリエステ、ゴリシュカ、ジュリア・アルプスの大部分などの領有を認めることが約束されていた。しかし一九一八年の状況は、一九一五年にイタリアが参戦したときの状況とはまったく違っていた。英仏は、終戦後のハプスブルク帝国について、領土は相当失うとしても、存続自体は当然視していた。密約の俎上に載せられた土地の住民には、密約の内容は伏せられていた。同盟国であったセルビアにすら知らされなかった。密約が暴露されるとハプスブルク帝国内の南スラヴ諸民族は衝撃を受けた。そしてただちに団結して力を増強し、イタリアの脅威に対する防衛の準備を始めた。スロヴェニアの指導者アントン・コロシェツは、一九一八年一〇月までには、さまざまな党派からなる民族会議をまとめ、帝国内だけではなく、すべての南スラヴ諸民族を統一した新しい「スロヴェニア人・クロアチア人・セルビア人国家」の創設準備を始めた。[10]

オーストリア＝ハンガリー帝国は、失敗に終わった「六月攻勢」の後、人々の不満が高まり、一九一八年の一〇月には瓦解が始まった。チェコスロヴァキア、オーストリア、ハンガリー、ポーランド、それに「スロヴェニア人・クロアチア人・セルビア人国家」という新しい国々が帝国領土内に生まれてきた。しかし一〇月二九日に誕生した統一南スラヴの新国家は、政治的には連邦共和国であったが、領土はあっても国境の画定していない国で、わずか一か月の短命に終わった。一一月の初めにオーストリア＝ハンガリーが休戦協定に調印すると、イタリア軍はこの新生国家に軍を進出させ、ロンドン秘密条約で約束された境界線までを軍事占領した。[11] 急転直下の展開に襲われた新生国家は、ドイツとの休戦が成立した三週間後、結局セルビアとの統合を選択して王国となった。その時点ではセルビアだけがまとまった軍事力を有していて、その周りに他の南スラヴが結集して外国からの圧力に対抗するのが現実的な道であった。セルビア政府は一二月一日にスロヴェニアとクロアチアの使節をベオグラードに呼び寄せ、「セルビア人・クロアチア人・スロヴェニア人王国」の創立を宣言した。そしてその一〇年後、ユーゴスラヴィアという国名を採択する。[12]

新生セルビア人・クロアチア人・スロヴェニア人王国の国境問題

オーストリア＝ハンガリー帝国の崩壊に伴い、多くの民族が独立国家を建設することができた。国境線は、主に帝国時代の州や行政区の境界線を引き継いで定められた。ただ境界線の近くの土地は民族的な混住地であることが少なくなかったため、戦後いろいろな紛糾が生じて状況は悪化した。国境をめぐる揉め事が急増し、国際社会もようやく腰を上げた。問題の大半はパリ講和会議の交渉によって解決された。

しかし新生のセルビア人・クロアチア人・スロヴェニア人王国は、実質的に国境が定められていない国であった。この国境の画定が最大かつ喫緊の課題となった。理論上はほとんどすべての国境が定まっていなかったが、特に難航が予想されるのが西のイタリア、北のオーストリア、東のハンガリーとの国境線であった。ルーマニア、ブルガリア、アルバニアなどとの国境線はそれらに比べればそれほど複雑ではなかった。以下、画定が難しい三つの国境線について簡潔に述べておきたい。この三つの国境線のすべてが、特にスロヴェニア人とクロアチア人にとって厳しい結果となった（x～xi頁の図参照）。

セルビア人・クロアチア人・スロヴェニア人王国建国の初期段階、特にオーストリア＝ハンガリーとの休戦成立後における最大の急務は、ロンドン秘密条約においてイタリアに割り当てられた土地をすべて軍事占拠するのを防ぐことであった。休戦が成立すると、イタリアは秘密条約の完全履行を求めてただちに軍を進駐させた。解放されたセルビア人捕虜の兵士で結成された部隊がこれに対峙し、スロヴェニアの首都リュブリャナまであと二〇キロメートルのブルフニカで、やっとイタリア軍を押し止めることができた。

パリのヴェルサイユで講和の交渉が始まったとき、戦勝国の代表者たちはこの事態をどう収めるかに苦慮した。アメリカ大統領ウィルソンは、秘密条約の有効性を否認し、イタリアの領土要求に反対した。国境画定の第一段階は、講和会議の開始とともに始まり、一九二〇年の初めまで続いた。この時期においてウィルソンは、イタリアにイストリアの大部分を与える代わりにダルマツィアに対するイタリアの要求を削り、フィウメ（リエカ）はセルビア人・クロアチア人・スロヴェニア人王国に与えるという妥協案を提出した。セルビア人・クロアチア人・スロヴェニア人王国の代表はこれを受け入れたが、イタリアはフィウメの統治権を放棄することを拒んだ。そこで、フィウメは新設された国際連盟が管理する自由国家の一部にして、三年後の住民投票で帰属先を決めるという第二の妥協案が出されたが、イタリア代表はこれも承諾しなかった。講和会議が進行していくうちに、この問題は「アドリア海問題」と呼ばれるようになり、一九一九年五月にはイタリア代表は会議への出席をボイコットした。その後、状況は劇的な展開を見せ、イタリアの民族主義者ガブリエーレ・ダンヌンツィオがフィウメを軍事的に占拠した。そしてさらに紆余曲折を経た末、一九二四年にイタリアに引き渡されることになった。[13]

一九二〇年三月にウィルソンとヨーロッパの首脳たちは、「アドリア海問題」をイタリアとセルビア人・クロアチア人・スロヴェニア人王国との二国間交渉に任せることにした。一九二〇年、ラパッロという海岸沿いの街で結ばれた条約によって、国境は最終的に確定した。終わってみればイタリアの圧勝であった。イタリアはイストリア全域とジュリア・アルプスの大半を得た。ダルマツィアのザダル、そしてアドリア海に浮かぶ北と南の主要な島嶼の統治権もイタリアに与えられた。南スラヴ、特にスロヴェニア人とクロアチア人は、民族的分断の危機に直面した。人口の約四分の一（三〇万以上のスロヴェニア人と一六万のクロアチア人）、それにスロヴェニアの重要な公共施設のある、トリエステとゴリツィアという経済的・文化的中心地が、イタリア側に残されたのである。[14] そこでは、役所や学校をはじめとする公共の場でのスロヴェニア語の使用が禁止され、スロヴェニア人の神父や教師は他の土地へ移住させられ、入れ替わりにイタリア人たちが入り込んできた。

オーストリアとの国境については、「アドリア海問題」とは別種の難しい問題があった。スロヴェニア人とドイツ人との間の民族的・言語的境界線は、オーストリアのケルンテン州とシュタイアーマルク州を通っていた。ケルンテン州については、オーストリアは、フィラッハとクラーゲンフルトを結ぶ線の南側に、スロヴェニア人側は、逆に北側に国境線を引くことを主張した。シュタイアーマルク州では、オーストリアは、マリボル、プトゥイ、それにドラヴァ川北の広い後背地を要求した。しかしセルビア人・クロアチア人・スロヴェニア人王国側は、軍事的に境界線を押さえるという挙に出た。スロヴェニアの将軍ルドルフ・マイスターは、士官と志願兵からなる分遣隊を編成し、一九一八年一一月二三日にマリボルを軍事的に掌握、そこからシュタイアーマルク州の民族的境界地に進出した。パリの講和会議では、最終的にムール川を国境とすること、マリボルおよびその一帯はスロヴェニア人の領土の一部とすることが決められた。

ケルンテン州における境界は住民投票で決められた。一九一九年九月に締結されたサンジェルマン条約の規定では、オーストリアは係争地域については住民投票で解決することに同意していた。しかし住民投票が近づくと激しいプロパガンダ合戦が地域全体で繰り広げられた。社会的、経済的、政治的観点からは、オーストリアの方がセルビア人・クロアチア人・スロヴェニア人王国よりも魅力的だった。投票方式は、クラーゲンフルト盆地をAとBの二地区に分け、まずA地区（ボロウリエとその周辺）で投票を行い、セルビア人・クロアチア人・スロヴェニア人王国が過半数の票を取ったときのみB地区（クラーゲンフルトとその周辺）の投票を行うということになった。一九二〇年一〇月一〇日、A地区の住民投票が行われ、過半数（五九・一％）がオーストリアへの帰属を選んだ。この結果によってB地区も自動的にオーストリアへ編入された。この後ケルンテン州では、スロヴェニア人に対する経済的、社会的圧力の増加、公共の場でのスロヴェニア語の使用禁止、スロヴェニア人社会の団結の弱体化などが主要な原因となって、スロヴェニア人の人口は減少していった。一九三八年にオーストリアがドイツに併合されると、スロヴェニア人の社会的地位はさらに低くなった。[15]

ハンガリーとの国境についても問題はあったが、結果は前二者に比べれば、セルビア人・クロアチア人・スロヴェニア人王国にとってずっと望ましいものになった。この問題については次節でさらに詳しく述べることとし、ここでは次の三つの重要な点を指摘するに留めたい。①ドナウ川沿いの地域の人々の地理的、言語的、民族的分布は入り組んでいて、特に民族自決の原則に則って国境線を画定しようとすると、どのような線引きも公正でなくなるような難しさがあった。②この国境線は数百キロメートルに及び、セルビア人・クロアチア人・スロヴェニア人王国の国境線の中でもかなり長いものであった。③一九二〇年六月のトリアノン条約で取り決められた国境は、セルビア人・クロアチア人・スロヴェニア人王国の他の国境線に比べると著しく安定したものとなった。

日本は戦勝国の一員として、この国境画定に部分的に携わった。パリ条約は、セルビア人・クロアチア人・スロヴェニア人王国とその隣接国との国境を新たに定め、領土を再規定していたが、同時に国境画定委員会を設置し、その委員会に最終的に地面の上に国境を標すまでの任務を委任すると定めていた。講和条約調印国であった日本はこの任務を一部請け負って、国境を実際に画定していく作業に協力したのである。

3　セルビア人・クロアチア人・スロヴェニア人王国の国境画定と日本

(1)　パリ講和会議における日本

日本は一九一七年半ばに講和会議の準備を始めている。政府は陸軍省などの勝手な動きを封じるため、講和外交に向けて省庁間の調整をする臨時外交調査委員会を設置した。そして能力、人望ともに秀でた外交官を選抜し、六五人からなる講和会議派遣団を結成した。団長には最後の元老の一人で、故明治天皇の親友であった西園寺公望前首相を就けた。西園寺はフランス留学の経験があり、ソルボンヌでは、仏首相ジョルジュ・クレマンソーの級友であった[16]。

講和会議派遣団は、東京からの指示に忠実に動いた。日本にとっての最重要案件は、中国における日本の特殊権益の国際的な承認を取りつけること、太平洋のドイツ植民地を獲得すること、そして後には、人種平等条項を国際連盟規約へ明記させることであった。一方で、アメリカ主導の、ウィルソン大統領の一四か条に基づく国際的な集団安全保障体制の構築や、国際政治のあり方の刷新といったことには、限られた関心しかなかった[17]。

ヨーロッパの戦後処理や将来の秩序といった日本に関係の薄い議論にはかかわらないように、という日本政府の基本方針に従って、派遣団は目立たない存在を保った。臨時外交調査委員会の議事録を見ると、日本は例えばアドリア海問題についてイタリアがどのような外交手法を使っているかよく知っていたが、日本政府からの指示は、かかわりあうなというものであった[18]。講和会議における日本の目標達成は、部分的な成功にとどまった。ウィルソン大統領は、会議の円滑な運営のために日本の中国における要求を渋々呑んだ。またドイツの旧植民地だった南太平洋の島嶼について日本に与えられたのは、領有権ではなく委任統治権であった。日本の人種的差別撤廃提案は、一部の国から頑強に反対され否決された。この結末は日本人にとって甚だしく心外なものであった。次席全権大使の牧野伸顕は、この決定は、ゆくゆく日本と西洋の同盟国の安定的な関係に影を落としかねないとの懸念を漏らしている。果たせるかな、一九二〇年代の半ばまでには日本では西洋から人心が離れ始め、牧野の予見は的中した。

ほとんどの歴史書では、日本のパリ講和会議へのかかわりについてここで記述を終えている。しかし実際には日本はその後も会議にとどまり、講和体制を築くためのすべての条約に調印し、さらに条約の履行を監督する責任を果たしている。特に新旧の国家間の国境を定めた条項の実行は重要な任務であった。戦後も国境をめぐる紛糾は多発し、それらの多くは実際に国境の標識が地面に打ち込まれるまで鎮まらなかった。先に述べたように、この国境画定の任務は、講和条約に基づいて特別に設立された各国境画定委員会に委託され、日本はこれらの委員会に積極的に加わった。本節では以下、トリアノン条約に基づいて設立されたユーゴ・ハンガリー国境画定委員会における日本の働きについて述べる。その後で、イタリアとの国境画定、オーストリアとの国境画定についても簡単に触れておきたい。

(2)　トリアノン条約とユーゴ・ハンガリー国境画定委員会における日本

トリアノン条約は、新しく独立してできたハンガリーと隣接諸国家との新しい境界を定めたものである。その第二九条は、先述した国境画定委員会の全体的構成、意思決定方法、予算について定めている。同条はまた、委員会に一定の条件下で国境の一部を変更できる特別な権限を与えている。この権限は、一九二〇年七月の通称「大使会議」でも再確認された。委員会は、大使会議が出した委員会の業務概要の冒頭において、国境を「画定する完全な権限を有するとともに、関係国の一方が望み、かつ委員会も望ましいと判断した場合には、行政上の境界線を適宜変更する権限をも有する」と規定している。[19]

この規定があるために、国境画定委員会は、当事国からの国境線変更の圧力に少なからずさらされることになった。しかし同時に、この国境を変える権限は、委員会の権威を高めた。トリアノン条約により設立された国境画定委員会は四つあり、そのうちの一つユーゴ・ハンガリー国境画定委員会については四三条に規定されている。この委員会は、イギリス、イタリア、フランス、ハンガリー、セルビア人・クロアチア人・スロヴェニア人王国、そして日本の六か国の委員で構成された。日本の委員は柳川平助中佐であった。

(3) 柳川平助

柳川平助は一八七九年に長崎市に生まれ、幼少のときに佐賀県に住む親戚の柳川家の養子となった。陸軍士官学校（騎兵科）を出た後、日露戦争（一九〇四~〇五年）に従軍した。戦後陸軍大学校に入り、一九一二年に卒業、陸軍騎兵学校の教官に任命される。一九一八年には駐在武官として北京に赴任し、北京陸軍大学校の教官となった。[20] ヨーロッパでの戦争が終結すると、柳川はパリ講和会議へ出席する派遣団の一員に加えられる。講和交渉の後も国際連盟の日本代表団の一員として、一九二三年までヨーロッパにとどまった。この時期に柳川はユーゴ・ハンガリー国境画定委員会の委員を務めている。ヨーロッパでの任務を終えた柳川は、一九二三年に日本に帰国し、陸軍の要請によって台湾、次いで中国に赴任した。柳川は最終的に中将にまで昇進し、第二次世界大戦中は司法大臣や国務大臣の要職に就き、一九四五年に亡くなった。

柳川の政治的、軍事的経歴については評価が分かれている。例えば南京事件について書いたアイリス・チャンは、柳川を「闇将軍」と呼び、南京包囲作戦の責任者だと見なしている。[21] 一方、パリ講和会議でスロヴェニアの代表であったマティヤ・スラビッチは、柳川を、非常に礼儀正しく、「日本という強国を立派に代表した」傑出した人物として描いている。スラビッチによれば、外国語が英語しかできなかった柳川は、フランス語でなされる審議については、マルテルというフランス人の通訳を雇って日本語に翻訳させ、また英語の議論についてもすべて私設秘書に和訳させて、東京の日本政府に送り連絡を取った。このようにして蓄積された日本語訳の議事録は相当な分量になったはずである。スラビッチは、日本のアーカイブには、例えばユーゴスラヴィアのそれよりも、ずっと詳細な委員会議事録が残されている可能性があると指摘している。[22]

(4) ユーゴ・ハンガリー国境画定委員会における柳川

実際柳川は、委員会の包括的な議事録を作るだけでなく、国境画定作業の進捗状況についても日本政府に逐一報告している。文書に付された番号から判断して、彼の作成した報告書は五〇部近くになったと思われる（最後の報告書の番号は四七である）。彼の残した記録はその一部がデジタル化され、アジア歴史資料センターのサーバー上の国立公文書館のサイトで閲覧できる。言語は日本語とフランス語が圧倒的に多い。以下、残された柳川の記録が、何を重要とし、何を問題としているかを、いくつかの事例について考察してみたい。

柳川の最初の報告は、一九二一年八月一日にフランス陸軍地理情報局で開催された、国境画定委員会の第一回会合についてである。委員長の選出と、委員会の体制ならびに作業手順についての予備的な話し合いが行われた。委員長にはイギリス代表のクリー中佐が選出され、委員会は八月一一日までには、パリからクロアチアのヴァラズディンに出発している。ベオグラードとブダペシュトを表敬訪問した後、委員会は、設立後三週間目の八月二三日に実際の作業を開始している[23]。柳川の報告には記されてないが、委員長のクリーはそのときの作業の段取りを正確に記録している。

> 私たちは条約の規定、および国境画定委員会概要に則り、国境を遅滞なく明瞭に画定していこうと決めていた。しかし出発前に、利害当事国であるハンガリーとセルビア人・クロアチア人・スロヴェニア人王国の委員に対し、条約に定められた国境線画定について、また国際連盟に変更を具申する可能性のある箇所についての意見を提出するよう要請しておいた。それによって、実地検分の際、双方から出された意見を参照しながら作業を進めることができた。条約に規定された国境線を標していく作業に入るまでには、私たちの委員会は、修正申請のための有用な情報を大量に集めていた[24]。

準備作業と全体調査を終えた段階で、ハンガリーとセルビア人・クロアチア人・スロヴェニア人王国の委員からそれぞれ国境についての正式な修正案が出された。委員会は、修正提案のあった境界線についてさらなる調査を行った。調査の一部はヒアリング形式で行われた。アクセスの悪い遠隔地が対象であることもしばしばで、そういうときは野原の中でヒアリングを行うこともあった。また住民にアンケート調査を実施して、ヒアリングで得られた情報と比較検討したこともあった。このような方法で集めた情報に基づいて修正提案の審議が行われた。

委員会はまず「A区域」から取り掛かった。これは現在スロヴェニアに属するプレクムリェ地方とハンガリーとの間のおよそ一〇〇キロメートルにわたる国境である。柳川は記録の最初の方に、作業を始めたころに起こったいくつかの出来事について記している。その一つは、クロアチアの町コトリバの近くで、ユーゴ警察がハンガリーの外交特使を逮捕したという事件である。この事件は委員会でも議論になり、外交問題にまで発展した。[25] 柳川によれば、ハンガリーはプレクムリェ地方を手放すことに納得していなかった。委員会が始動した一九二一年九月には、ハンガリーの委員ヴァッセル大佐が、条約に規定された国境線に対する最初の修正案をいくつか提出している。それは、民族的、経済的理由に基づいて、プレクムリェ地方の全域をハンガリーに戻すよう要求する覚書であった。[26]

柳川の記録によれば、委員会は九月半ばまでに、その地域の民族的、経済的実態をより正確に把握するために一連のヒアリングを実施している。国境画定作業の始めからこのようなプロセスを経験したことは、その後の国境画定作業のためのよい訓練になったといえよう。ヒアリングで得られた情報は、セルビア人・クロアチア人・スロヴェニア人王国とハンガリーの修正案と突き合わせることによって、その修正が本当に必要かどうかを判断するうえで役立った。また柳川の別の報告には、セルビア人・クロアチア人・スロヴェニア人王国の領土内でハンガリーを支援するデモが行われたことが記されている。デモ隊の何人かが逮捕されたが、逮捕に対する抗議は起きなかった。それはデモ自体が、ハンガリー当局から支援されたものである可能性を示唆していた。セルビア人・クロアチア人・スロヴェニア人王国側から対抗措置が取られることもあり、それに対してハンガリーの委員は、公式の申し立てを頻繁に行っている。[27]

一九二一年の九月から一〇月にかけてヒアリングが続けられていくうちに、委員会は、ムルスカ・ソボタの行政区域が、北部と北東部ではプレクムリェ地方の経済的境界と重なっていることに気づき始めた。この境界線の南に位置する地域共同体はムルスカ・ソボタと緊密な関係がある。しかし北の一群の村落は、モノシュター（セントゴットハールド）と近しい関係にある。審議の末、モノシュターに属する六つの村とレンダヴァの北の二〇のハンガリー的性格の強い村は、ハンガリーに戻されるべきだという修正案がまとめられた。柳川の記録では、委員会のこの最終的な修正案は一九二一年の一一月までに連盟に提出されている。しかしその一年後、この提案は大使会議で否決されてしまう。[28]

この任務中、柳川が遭遇した多くの出来事のうちで生涯忘れられなかったと思われるのが、彼自身がユーゴ警察に逮捕されたことであろう。委員会の仕事が終わりに近づいていた一一月のこと、柳川は一人の警官に呼び止められ、銃を突きつけられて近くの警察署に連行され、尋問を受けた。柳川の乗っていた公用車が外交関係者の車であることを示す旗などの標識をつけていなかったため、警官は彼がユーゴ・ハンガリー国境画定委員会の委員であると知らずに逮捕したのであろう。最終的には事なきを得たのだが、警官たちの態度は無礼で、酔ってさえいたようだ。柳川はこれを腹に据えかね、その後の委員会の席上で、侮辱的行為としてユーゴ側に強く抗議している。[29]

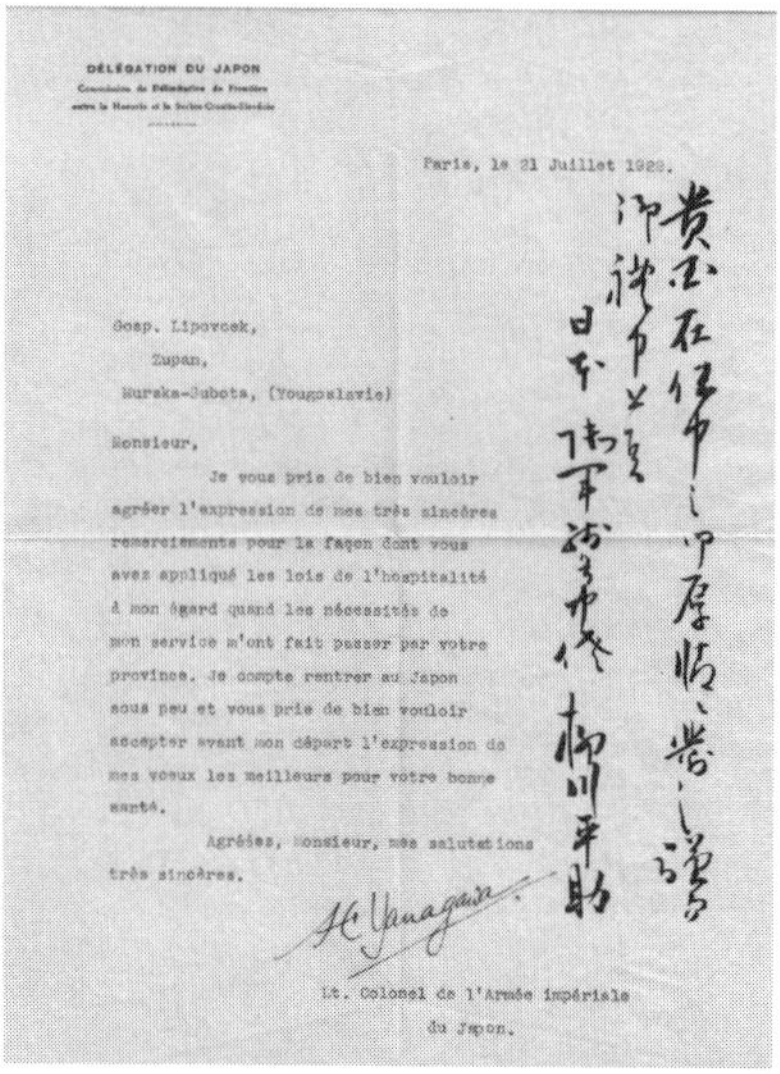

DÉLÉGATION DU JAPON

Paris, le 21 Juillet 1922.

Gosp. Lipovcek,
Zupan,
Murska-Subota, (Yougoslavie)

Monsieur,

Je vous prie de bien vouloir agréer l'expression de mes très sincères remerciements pour la façon dont vous avez appliqué les lois de l'hospitalité à mon égard quand les nécessités de mon service m'ont fait passer par votre province. Je compte rentrer au Japon sous peu et vous prie de bien vouloir accepter avant mon départ l'expression de mes voeux les meilleurs pour votre bonne santé.

Agréées, Monsieur, mes salutations très sincères.

H. Yanagawa

Lt. Colonel de l'Armée impériale du Japon.

写真 8-1　柳川委員がムルスカ・ソボタの市長に書いた手紙

出所）マリボル地方資料館（Regional Archives of Maribor, SI_PAM/1524 Lipovšek Gašper, TE 1.）。

しかし委員会の任務の終わったときの柳川は、この不幸な出来事を根に持つような様子もなく、礼節と品位を保っていた。それは、日本に帰国する直前にムルスカ・ソボタの市長に書いた、訪問の折りに受けた接遇を謝す礼状にも感じることができる（写真８‐１）。[30]

(5) ユーゴ・イタリア国境とユーゴ・オーストリア国境の画定における日本

ユーゴ・イタリア国境

セルビア人・クロアチア人・スロヴェニア人王国とイタリアの国境画定に日本は直接関与してはいない。この国境は二国間のラパッロ条約で決着した。しかし日本の当時の外交文書を見ると、日本がアドリア海問題、特にフィウメの帰属について強い関心を寄せていたことがわかる。これらの文書には、イタリア派遣団の様子、パリ講和会議の進展を伝えるイタリアのメディアの反応が記されている。またアメリカ大統領ウィルソンの言葉とイタリアの世論が特に注視の対象になっている。[31]

さらに一九一九年四月末までには、日本政府は臨時外交調査委員会において、イタリア派遣団の状況について話し合っている。イタリア派遣団が講和会議をボイコットした結果がどうなるかについて、日本政府は強い関心を持っていたようである。在イタリア大使牧野伸顕は、一九一九年四月二一日にイタリア派遣団に面会し、その後大統領のオルランドにも会って、オルランドから、日本が南アルプス、イストリア、ダルマツィアに対するイタリアの領有権を支持するよう要請があったことを報告している。またオルランドは牧野に、イタリアはパリの講和会議からの撤退を考えている旨も話している。[32]

ユーゴ・オーストリア国境

ユーゴ・オーストリア国境は、一九一九年九月のサンジェルマン条約によって規定された。その第二九条に基づいて国境画定委員会が設立され、合意された国境を画定し、修正する権限が与えられた。日本からは、永持源次大佐（一八八四〜一九七八）と山口十八大佐（一八七八〜一九三七）がこの委員会に加わった。彼らの活動についてはまだ十

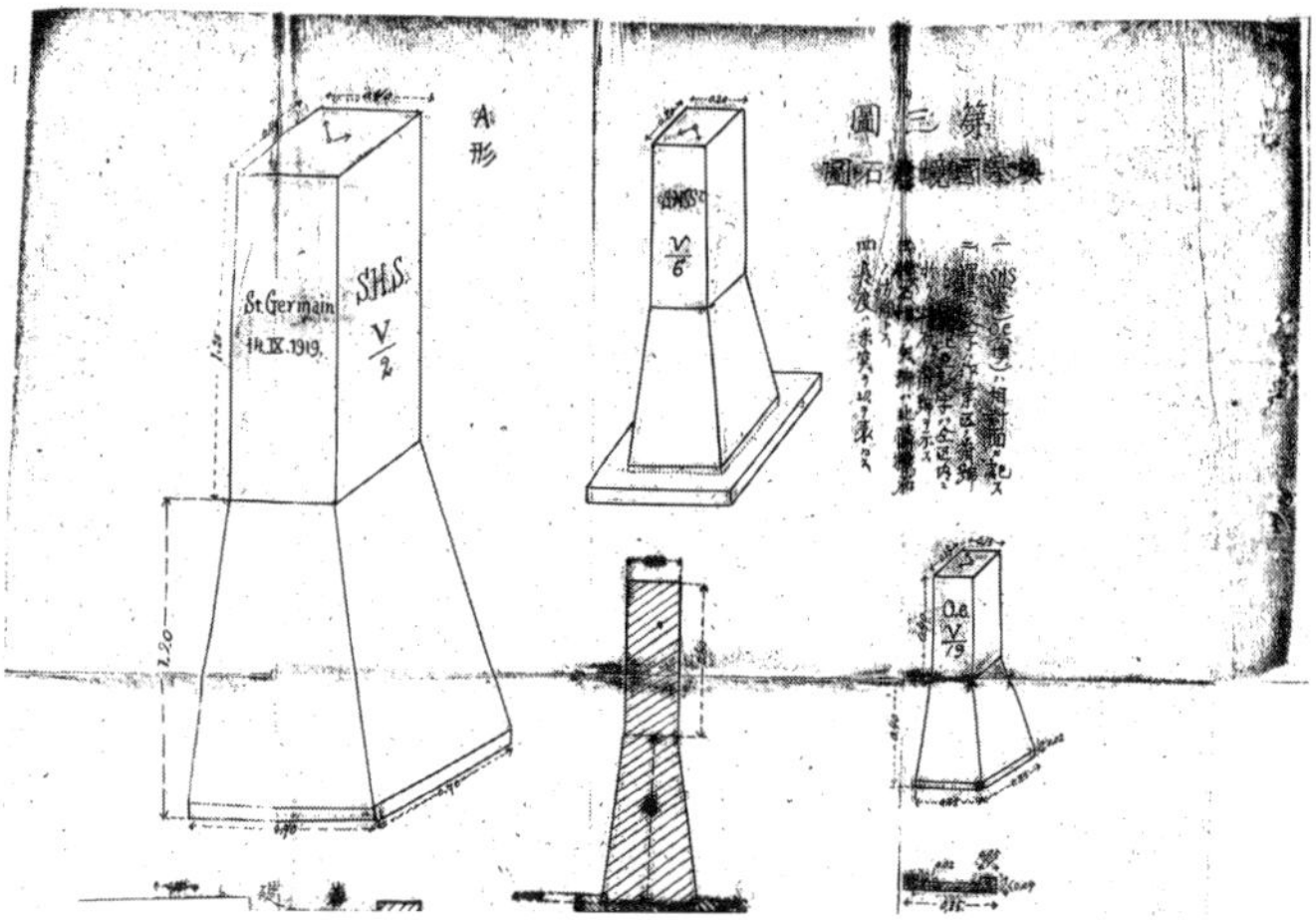

図8-1　山口委員が描いたユーゴ・オーストリア国境の標識

出所）JACAR Ref. B06150276600 国境画定委員会 第3巻（2-3-1-0-44_003）（外務省外交史料館）、40頁。

分に研究が進んでいないが、永持が一九二〇年の夏に、マリボルにある委員会本部に赴任したことは判明している。ケルンテン州の住民投票後の一九二〇年一〇月二〇日、永持に代わって山口が委員になった。山口は国境画定作業と委員会の審議について公式報告を書いている。この報告において特に注目すべきは、具体的な地図と国境を標す標識の採寸図が描かれていることである（図8-1）。就任期間中の山口は、バルカン半島の各地を回り、後にはオーストリア・ハンガリー国境の国境画定委員会の仕事を一九二二年の七月まで務めている。[33]

4　第一次世界大戦後のヨーロッパにおける日本の活動の意義

帰国してからの柳川は、ヨーロッパの政治情勢にかかわる舞台からは離れて、国内政治とアジアにおける軍事関係の仕事に携わるようになる。しかし彼がユーゴ・ハンガリー国境画定委員会で果たした事蹟は、第一次世界大戦後のヨーロッパの国境の安定化に対して日本が果たした重要な役割を、今日のわれわれに雄弁に物語ってくれる。ヨーロッパの地政学的地図を大きく塗り替えた大戦の後、日本は列強の一員としてヴェルサイユ体制構築に加わり、講和条約に基づいて国境の画定作業に携わった。明治維新以降、半封建国家から近代国家に首尾よく脱皮していた日本は、世界大戦の講和会議において大きな発言力を有するまでになっていた。そのような歴史的文脈に立って日本の講和への貢献を見れば、日本が国境画定作業に加わった意義がより適切に評価できるのではなかろうか。

日本は講和条約の調印国として、その履行を監督する責任を負った。特に講和条約はヨーロッパの地政図の大幅な書き換えを伴うものであったため、新しい国境線を画定するという重要課題が生じた。実際に現地に行って国境を標していく作業は、各国境画定委員会に託され、その一部に日本人の委員も加わった。その委員会で日本人委員がどのように振る舞ったかを例証するために、本章ではユーゴ・ハンガリー国境画定委員会の柳川平助に焦点を当てた。また十分に詳らかにされているわけではないが、ユーゴ・オーストリア国境画定委員会の委員を務めた永持源次と山口十八にも簡単に光を当てておいた。

日本人の委員の記録や報告を読むと、第一次世界大戦後の東南ヨーロッパの近代国家創設というきわめて重要な時期に、日本が何を考えどのようにかかわってきたかをうかがい知ることができる。また柳川の記録と報告を、他の記録、例えば山口のそれと照らし合わせながら読めば、戦間期のヨーロッパの領土問題とその解決についての歴史研究をより深めることができよう。日本のアーカイブに保存されている、柳川をはじめとする日本人軍人たちの記録は、第一次世界大戦後のヨーロッパの領土問題に対する日本の役割と影響力を見直す格好の材料を提供するだろう。

注

1 P. Štih, V. Simoniti and P. Vodopivec, *A Slovene History: Society, Politics, Culture*, Ljubljana: Inštitut za novejšo zgodovino zgodovino, 2008, p. 266.

2 L. Kardum, Geneza Jugoslavenske Ideje i Pokreta Tijekom Prvog Svjetskog Rata, *Politička Misao*, 28（2）, 1991, pp. 65-88.

3 I. Banac, *The National Question in Yugoslavia: Origins, History, Politics*, London: Ithaca; Cornell University Press, 1984, p. 115.

4 A. Lane, *Yugoslavia: When Ideals Collide, The Making of the Twentieth Century*, Hampshire: Macmillan Education UK, 2003, p.

30.

5 Banac, *op. sit.*, pp. 118-19.

6 K. Pavlowitch, The First World War and the Unification of Yugoslavia, in D. Djokić (ed.), *Yugoslavism: Histories of a Failed Idea, 1918-1992*, Madison, Wis: University of Wisconsin Press, 2003, pp. 27-30.

7 Ibid., pp. 32-33.

8 A. Mitrović, The Yugoslav Question: the First World War and the Peace Conference, 1914-1920, in Djokić (ed.), *Yugoslavism*, p. 50.

9 V. Pavlovic, France and the Serbian Government's Yugoslav Project, *Balcanica*, 37, 2006, pp. 171-193.

10 J. R. Lampe, *Yugoslavia as History: Twice There Was a Country*, 2nd ed., Cambridge/ New York: Cambridge University Press, 2000, pp. 106-107.

11 Pavlowitch, op. cit., p. 36.

12 Štih et al., *op. cit.*, pp. 349-52.

13 U. Lipušček, *Ave Wilson: ZDA in Prekrajanje Slovenije v Versaillesu 1919-1920*, Ljubljana: Založba Sophia, 2003, pp. 183-194.

14 Štih et al., *op. cit.*, p. 357.

15 Lampe, *op. cit.*, pp. 114-115.

16 M. MacMillan, *Paris 1919: Six Months that Changed the World*, New York: Random House, 2003, p. 310.

17 K. Togo, *Japan's Foreign Policy, 1945-2009: The Quest for a Proactive Policy*, Leiden: Brill, 2010, p. 14.

18 伊東巳代治著、小林龍夫編『翠雨荘日記――伊東家文書　臨時外交調査委員会会議筆記等』原書房、一九九六年、四七〇～四九五頁。

19 The Delimitation of the Frontiers between Hungary and the Adjoining States. Position on Question, June 29, 1922, League of Nations: Memorandum by the Secretary General, C. 428. 1922. VII, 1922.

20 秦郁『日本陸海軍総合事典』第二版、東京大学出版会、二〇〇五年、一六二頁。

21 I. Chang, *The Rape of Nanking: The Forgotten Holocaust of World War II*, New York: BasicBooks, 1997.
22 M. Slavič and V. Vrbnjak（eds.）, *Naše Prekmurje: Zbrane Razprave in Članki*, Murska Sobota: Pomurska založba, 1999, pp. 265-266.
23 JACAR（アジア歴史資料センター）Ref. C08040348700　大正七年　欧受第一八五八号其三五三平和条約関係書類　第一〇号　陸軍省（防衛省防衛研究所）。
24 D. Cree, Yugoslav-Hungarian Boundary Commission, *The Geographical Journal*, 65（2）, 1925, pp. 93, 95.
25 JACAR Ref. C08040348900　大正七年　欧受第一八五八号其三五三平和条約関係書類　第一〇号　陸軍省。
26 JACAR Ref. C08040349100　大正七年　欧受第一八五八号其三五三平和条約関係書類　第一〇号　陸軍省。
27 JACAR Ref. C08040349500　大正七年　欧受第一八五八号其三五三平和条約関係書類　第一〇号　陸軍省。
28 JACAR Ref. C08040350300　大正七年　欧受第一八五八号其三五三平和条約関係書類　第一〇号　陸軍省。
29 JACAR Ref. C08040350500　大正七年　欧受第一八五八号其三五三平和条約関係書類　第一〇号　陸軍省。
30 H. Yanagawa, *Letter of gratitude to Gašper Lipovšek* July 31, 1922（Regional Archives of Maribor, SI_PAM/1524 Lipovšek Gašper, TE 1.）.
31 JACAR Ref. B03041296300　各国分離合併関係雑件　第六巻（1-4-3-5_1_006）（外務省外交史料館）
32 伊東、前掲書、四七一、四七九頁。
33 JACAR Ref. B06150276600　国境画定委員会　第三巻（2-3-1-0-44_003）（外務省外交史料館）

第Ⅲ部

記憶と記録のはざまで

第９章

文書は誰のものか

複合国家の文書館とハンガリーの歴史家たち

飯尾唯紀

ベトレン首相のウィーン・ハンガリー歴史研究所訪問（1931 年６月、前列中央のトップハット姿がベトレン首相、向かって右側が家門・宮廷・国家文書館元館長カーロイ・A）
出所）ハンガリー国立博物館提供（Collection of the Hungarian National Museum）。

1　オーストリア国立文書館の中のハンガリー

(1)　ふたつの国に属する文書館員

ウィーン王宮庭園の脇、閑静なミノリーテン広場の一角に「家門・宮廷・国家文書館」の入口がある（二五一頁、第一〇章扉写真）。ハプスブルク史を研究する者であれば一度は訪れるこの文書館の一室に、ハンガリー人派遣職（Ungarische Archivdelegation/ Bécsi magyar levéltári kirendeltség, 以下「派遣職」）が常駐することは、ハンガリー史研究者以外にはあまり知られていないだろう。「派遣職」は一九二六年の設置以来、わずかな中断をのぞき冷戦期の政治分断の中でも維持されてきた。一九九九年に出されたハンガリー国民文化遺産省の通達は、その職務を次のように定めている。

一、ウィーンのハンガリー文書館派遣職が扱う資料は、一五二六年から一九一八年一〇月三一日の間に共通政府組織の活動により作成され、オーストリア国立文書館の一部である家門・宮廷・国家文書館ならびに宮廷財務局文書庫に保管された文書群である。

二、その職務は次の通り。

(a)一の文書群を一九二六年のバーデン合意で定められた権利に基づき、ハンガリー国のために詳らかにすること。

(b)オーストリアの文書館に所蔵され、一〔の文書群〕に含まれないハンガリー関連の文書を詳らかにすること。〔中略〕

(e)オーストリア国立文書館資料を利用するハンガリー人、ハンガリー史を扱う研究者やハンガリーでの研究を準備する外国研究者に情報提供を行うこと。

三、派遣職は、二(a)が定める職務を（一九二六年のバーデン合意に即し）オーストリア国立文書館の要請に従って実施する。[1]

通達は、「派遣職」が一九二六年「バーデン合意」（以下「合意」）を根拠とすると明記し、その職務として、ウィーンの文書の調査・管理やハンガリー史の研究者への情報提供などを挙げている。引用に続く箇所では副大臣の「派遣職」任免権や省予算による維持が述べられており、同職がハンガリー政府の管轄下にあることがわかる。一方で、職務は「オーストリア国立文書館の要請に従って」遂行されるとの文言もある。同職はオーストリア国立文書館の組織図にも位置づけられており、[2] 単なる文化交流使節ともいえない。

(2)　帝国の記録と歴史家たち

本章では、「派遣職」設置を定めた「合意」をめぐる議論を手がかりとして、帝国崩壊に直面した歴史家たちが、帝国の記憶と記録にどのように向き合おうとしたのかを考えたい。「合意」は、ハプスブルク帝国の崩壊後ほどなくオーストリアとハンガリーの二国間協議を経て締結された。文書の多国間管理を定めたこのとり決めは、現在の眼で見れば、歴史的に堆積した記録を国民国家の論理で分断することへの対案と評価できるかもしれない。実際、「派遣職」設置は、近世複合国家の文書群を継承国が共同管理する先駆的な試みと位置づけられることもある。[3] ただし、同様の制度がチェコやスロヴァキア、イタリア、ポーランド、旧ユーゴなどとの間には見られないことには注意が必要である。ここから「合意」が、一八六七年に成立したオーストリアとハンガリーの同君連合体制の刻印を帯びたものだったことが予想される。「派遣職」はすべての継承国が共同で帝国の記録と記憶を担うという学術的理想だけに基づく制度ではなさそうである。はたして、この制度は、帝国の過去をめぐるどのような想いや力学の中で実現し、そこではどのような可能性が潰えたのだろうか。

本章はこの問題を、特にハンガリーの歴史家たちの動きに焦点をあてながら検討する。次章で見るように、帝国崩壊後にオーストリアは矢継ぎばやに文書の分割に関する二国間合意を成立させたが、ハンガリーはこの問題に対して、分割と共有という選択の狭間で他の国々より複雑な決断を迫られていた。彼らの主張や行動を通じて、帝国の過去との向き合い方をめぐる葛藤や各国の立ち位置がよく観察できると考えられる。

研究状況を見ると、すでに「合意」成立前後から交渉に関与した歴史家や文書館員による論説が公表されていた。[4]その後、史学史的観点からレシュやファゼカシュなど「派遣職」経験者により研究が進められ、[5]二〇〇八年には決定版ともいえる史料集も刊行された。[6]これらによって両国の主張や交渉過程の詳細が明らかにされており、本章もその成果に大きく依拠する。ただし、これまでの研究がハンガリー側の立場を一貫したものとして描きがちだった点には修正が必要だと考えられる。近年の史学史研究では、一九世紀後半に国民史叙述の確立が進む中で、帝国史と国民史を接合する試みを続けた歴史家世代の活動が注目されている。[7]帝国崩壊に直面し、本国からの通達を受けながらウィーンの文書館の現場で対応にあたったのは、かつての文書館長カーロイ・アールパードや戦後ハンガリー史学を牽引する若きセクフュー・ジュラ、エックハルト・フェレンツらだった。彼らは、ウィーンの現場でしばしばオーストリアの元同僚たち以上に帝国の遺産継承にこだわり、チェコスロヴァキアやイタリアの行動に警戒感を示した。しかし彼らの主張も政治情勢の変化の中で揺れ動き、またハンガリー人同士の間でも見解のずれがあった。そこに帝国をめぐる意識のずれや葛藤を見ることも可能ではないか。

こうした見通しのもと、以下ではまず「合意」の成立事情と内容を確認し、次いでその歴史的文脈と交渉過程の議論をたどる。そこでは文書をめぐって帝国消滅後のオーストリアとハンガリーが何を主張したのか、また他の継承国を交えてどのような駆け引きが繰り広げられたかが描かれるだろう。最後に、交渉過程でカーロイが提示した構想を取り上げ、ハンガリー内部の対立や葛藤についても触れてみたい。

2　帝国文書の「遺産分割協議書」——バーデン合意

(1)　二つの講和条約における文書の処遇

一九一八年の晩秋、休戦協定調印と皇帝の国外退去、チェコスロヴァキア独立宣言などの一連の出来事により帝国の瓦解が進む中で、芸術品や図書コレクションなど文化財の処遇問題が浮上した。[8] 中でもウィーンに蓄積された文書群は、新生国家が行政制度を整え、また新たな自国史を構築する際に欠かせない遺産だった。そのため各国は混沌とした状況の中で、有利な形で文書群を獲得すべく動き始めた。

ハンガリーの体制確立は迅速だった。一九一八年一一月初頭、ドイツオーストリア国家評議会が文書館等の分割問題を主導する動きを見せると、一一月一五日、首都ブダペシュトで「旧ウィーン共通宮廷の収集品に関する文化省内委員会」が発足した。科学アカデミー副総裁フラクノーイ・ヴィルモシュを委員長とし、博物館長や文書館長らで構成された委員会は、以後一九二〇年一月までに一二回の会合を行い、ハンガリー側の要求の取りまとめを担った。[9]

委員会は第一回会合で実動部隊となる担当官を任命した。文書館関連では、外務省管轄下の「家門・宮廷・国家文書館」(以下「文書館」)および外交文書の担当にカーロイとセクフューが、また財務省管轄下の宮廷財務文書館担当にエックハルトとタカーチ・シャーンドルが任命された。彼らは帝国末期にウィーンの文書館で勤務し、内部事情にも精通していた。その経験と人脈を活かし、講和条約で有利な条件を得られるようウィーンで文書の総点検を敢行し、元同僚たちとの折衝を試みたのである。

オーストリアおよびハンガリーが連合国と交わした講和条約では、文書群の処遇に関して基本的枠組みのみが定められ、文書館の全面解体はひとまず回避された。条文を確認しておこう。一九一九年九月にオーストリアが調印したサンジェルマン条約は、第九三条で「割譲地域の民政、軍政、財政、司法等行政に属する文書〔中略〕その他の記録を、遅滞なく同盟および連合国の各政府に引き渡す」として、解釈の余地を残しながら継承国領内に由来する文書の譲渡を定めた。またこれとは別に、第一九三条は、「オーストリアは、割譲する領土に直接に関係し、過去一〇年間の移管の結果として公的機関が所持しているすべての記録、文書、歴史資料を、同盟および連合国の各政府に引き渡す」として、直近でオーストリア領内に移管された文書の引き渡しも定めた。[10] さらに、実際の引き渡し方法については第一九五条が附則で文書名を具体的に列挙して、イタリア、ベルギー、ポーランド、チェコスロヴァキアが将来の調査に基づき返還要望書を提出するとした。

一方、翌年六月にハンガリーが調印したトリアノン条約は文書群の扱いを次のように定めた。

第一七七条：〔中略〕ハンガリーは、同盟および連合国政府に対し、割譲する領土の歴史に直接かかわる内容を持ち、一八六八年一月一日以降に移管され公的機関が所持するすべての記録、文書、歴史史料を放棄する。〔中略〕オーストリア＝ハンガリー君主国政府ないし〔ハンガリー〕王冠領の収集物の一部である芸術・考古学・科学・歴史的性格を有する事物や文書のうち本条約が扱わない部分に関し、ハンガリーは以下の通り行動する。(a)要請があれば各国と友好協定締結のため交渉を行い、各国の精神的遺産の一部をなす事物や文書を相互主義の条件でそれが作成された国に返還する〔中略〕反対に、ハンガリーは関係国とりわけオーストリアに対し、前記の条件により収集物、文書、事物の返還に必要な協定を結ぶべく交渉を申し込む権利を有する。[11]

二つの条約は、直近数十年を基準年と定めてそれ以後にウィーンやブダペシュトに運び出されたすべての文書を返還すること、それ以前の文書については条約締結後に各国の要望を受けて改めて協議することを定めた。[12] この結果、ハンガリーは、継承国の文書をめぐる協議要請に応じる義務を負うとともに、オーストリアに対して協議を要請する権利を確保した。

講和条約を受け、ハンガリーでは先のブダペシュトの委員会が「講和条約の文化財に関するとり決め実施のための準備委員会」と改称され、ウィーンでは文書館員らが引き続きオーストリアとの二国間交渉のための作業や交渉に奔走した。[13] 一方、オーストリア側は、講和条約に先立ち協定を締結していたイタリア（一九一九年五月、一一月）に続き、チェコスロヴァキア（一九二〇年五月）、ルーマニア（一九二一年一〇月）、ユーゴスラヴィア（一九二〇年四月、一九二三年六月）と相次いで協定を締結した。[14] ハンガリーとの「合意」が締結されたのは、これらが一段落したあとの一九二六年だった。

(2)「合意」における分割と共有

一九二六年五月二八日、ウィーン近郊の保養地バーデンにおいて、ハンガリーとオーストリアの代表団が本文二五か条と附則（文書目録）からなる合意文書に調印した。[15] その要点は、分割可能な文書を相互に引き渡すこと、分割できない文書はウィーンに残し、オーストリアとハンガリーの両国が共同で管理すること、という二点に集約される。前者については分割の可否をめぐる判断基準が、また後者については共同管理の方法が論点となった。以下、この二点に絞って「合意」の内容を確認する。

分割の基準に関しては、トリアノン条約第一七七条に従ってオーストリアがハンガリーに文書を引き渡すことを確認したあと、次のように定められた。

> 両国がともに認める文書の出所原則 Provenienzprinzip に照らし、物理的に分割不可能な文書に関しては分割や引き渡しは行われない。それらはウィーンに残され、両国の文化的共有財 kulturell-gemeinsames Eigentum（知的遺産 patrimoine intellectuel）と認識される（一項）。[16]

出所原則とは、行政機関等による文書集積過程やフォンド（単一の出所を持つ資料群）の一体性を重視する文書館学の基本原則であり、内容に則して文書を整序する関連原則と対比される。[17] オーストリア側は、この出所原則を適用することで、ウィーンの行政文書の多くを自国に残すことに成功した。一方でハンガリー側も、自国の領土と直接かかわらないような中央行政機関の文書を「文化的共有財」と位置づけ、その管理に一定の権利を確保した。

二つ目の論点である共同管理の方法に関しては、「派遣職」のあり方が焦点となった。そこでは文書管理に必要なハンガリー側職員の定員をオーストリア側定員の三分の一以下とすることや維持経費をハンガリー側が負担すること（三項）、候補者はハンガリー側が選出し、オーストリア側の承認を受けること（四項）、着任時にはウィーンのハンガリー大使に宣誓し、着任後はオーストリアの業務規則に配慮すること（六項）、文書群の配置変更の際、オーストリア側は必ずハンガリー側と協議すること（八項）、などが細かく定められた。「派遣職」関連条項は全体の約三割を占めており、「合意」の主眼の一つとなっていた様子がわかる。

以上に見てきたように、文書問題は帝国崩壊後の文化財分割問題の一環として浮上し、講和条約を経て二国間協定の形で決着を見た。オーストリアとハンガリーが結んだ「合意」は出所原則を前面に掲げて多数の文書群の共同管理を定めるものだった。オーストリアは他の継承国とも類似の協定を結んだが、「派遣職」が持続的に設置されたのはハンガリーのみだった。[18] こうした違いが生まれた背景はなにか。次にこの点について、歴史的文脈と同時代の交渉を検討する。

3　バーデン合意の歴史的文脈——身分制の記録庫から国民史の文書館へ

(1)　国民史のための文書館

ウィーンの文書群に対するハンガリーの要求は、すでに一九世紀後半から浮上していた。帝国崩壊後の協議は、半世紀前に始まった交渉の最終段階と見ることもできるのである。まずはこの点を確認し、「合意」をより長い時間軸に位置づけてみよう。

一九世紀後半の文書館をめぐる交渉は、ヨーロッパ各国で生じていた国民史学の制度化の潮流と、ハプスブルク帝国の国制転換が交わるところで始まった。ドイツを中心とした歴史の学術専門化の流れはヨーロッパ東部にも及び、各地の大学に歴史学講座が設置され、学術雑誌も発刊された。年代記等の叙述史料に代えて記録史料が重視されるようになる中で、議会や王朝の記録庫を学術目的に開放する要求が高まりを見せ、その動きはヨーロッパ東部にも及んだ。[19]帝国では、折しもアウスグライヒ体制によりハンガリー王国政府の樹立がなったことにより、それまでウィーンで保管されていたハンガリー行政関連記録の引き渡しが急務となっていた。[20]文書をめぐる交渉は政治的議題の一部に組み込まれることになったのである。

ハンガリーは、すでに一八四八年に文書の分割・返還を要求していた。[21]このときハンガリー科学アカデミーは、学術目的に資する文書館設置を構想し、それまで議会や司法・行政組織運営のため保管されてきた文書群を基礎として、各地に保管された文書群を集めるという目標を掲げた。ただし、ウィーンの文書館への要求が実際に交渉の俎上にのぼるのは、一八七四年にハンガリー王国文書館が整備されたあとのことだった。同年一〇月から初代文書館館長をつとめ、各地からの文書収集に尽力したパウレルは、就任翌年の共通財務省宛て要望書で次のように述べていた。

実務的な観点から見れば、宮廷財務局のハンガリー・トランシルヴァニア部門〔の文書〕があるべき場所は、関連当局の所在地、すなわち目下生じる課題を処理している場所だろう。ハンガリー問題についてはハンガリー財務省である。またこれにオーストリアの問題の処理に宮廷財務局文書館のハンガリー部門〔の文書〕が必要な場合もあるが、そのときは情報と資料をここ〔ハンガリー〕から提供すればよい。ハンガリーの当局や学者が祖国の事柄のためウィーンに依頼するよりも、オーストリア当局がハンガリー関連すなわち他所の文書をブダペシュトに依頼する方が理にかなっている。[22]

パウレルの主張に見られるようなウィーンからハンガリーへの文書移管の要求と並行して、ウィーンの文書館の再編と、そこでのハンガリー人任用も課題とされた。一八八四年、アウスグライヒ体制下の共通議会において、ハンガリー代表団は、行政文書と歴史文書を分割して後者を学術目的に開放すること、そのために新たに文書館を設立してハンガリー人専門家を採用することを次のように提案した。

一、内閣文書館、国家文書館、ウィーン宮廷財務局文書館〔中略〕、軍事文書館の歴史文書については、後に定める基準年以前の文書を切り分け、オーストリア＝ハンガリー国立文書館として別の文書館を組織すること。

二、結合された文書館は公開の学術機関とされ、学術・文献に関する知見を備えた役職者を置く。その中には、可能であればハンガリー人を、そうでなければ完全なハンガリー語運用能力を持つものをも採用すること。[23]

このように、切り分け可能なハンガリー関連文書をウィーンからブダペシュトへ移し、その他の文書をウィーンで共同管理するという「合意」の基本方針は、すでにアウスグライヒ体制下のハンガリー側の要求に見られた。ただし、その際に重要となる文書切り分けの基準について、この時期のハンガリー側の要求と「合意」との間には明らかな差異があった。パウレルが主張した利便性の観点からの文書要求は、つきつめれば、歴史的由来にかかわらず文書はそのときの行政組織のある場所に置くべきとするものであり、出所原則よりも関連原則に近い。また、その後の文書館に関するハンガリー側の議論を検討したスューチによれば、帝国崩壊までの議論に出所原則という考え方は確認できないという。[24]

(2)　カーロイと文書館改革

では、ハンガリー側が帝国崩壊後に出所原則を掲げるようになったのはなぜか。この問題をたどると、一九世紀後半のウィーン文書館改革にいきつく。改革を推進した人物こそ、後の交渉でハンガリー側の陣頭指揮をとることになるカーロイだった。

一八七七年、カーロイがハンガリー人として初の「文書館」正規館員に採用されたとき、館長アルフレート・フォン・アルネトの下で「文書館」は転換のとば口にあった。[25] 一七四九年にマリア・テレジアの下で王朝の記録保管庫として設置された文書庫は、その後、大公家の文書や、プラハやグラーツなどから移された諸身分の文書群を抱えて複合的構成を見せていた。この文書庫を広く学術利用が可能な文書館にするため、まず行われたのは文書閲覧制限の緩和であった。一八六八年、それまで外務大臣の手にあった閲覧認可権が文書館長に移され、幅広い研究者による閲覧への道が開かれた。また、文書の開示期限も順次拡大され、一九〇四年には、一八四七年までの史料が自由に閲覧できるようになった。[26] カーロイは、こうした改革に伴う業務の只中で頭角を現し、一九〇九年には文書館長に抜擢されアウスグライヒ体制を体現するキャリアを築いた。[27]

カーロイの文書館長としての功績を回顧して、彼の右腕として文書館改革に携わり、「合意」交渉ではオーストリア側で実務にあたったビトナーは次の諸点を挙げている。第一に、「オーストリア歴史学研究所」で学んだ経験を活かし、文書館と研究機関の連携を強化したこと、第二に、文書館史料の大掛かりな整理と文書利用のための補助資料の作成を開始したこと、第三に、出所原則による文書館再編に舵を切ったことである。

カーロイは、文書館での仕事において、〔オーストリア歴史学〕研究所が広めようとしていた批判的方法を用い、長期にわたってただ一人テオドール・シッケルが提唱したいわゆる文書館の出所原則を体現していた〔中略〕彼はシッケル学派の学徒として、組織的に形成された文書群がバラバラにされてしまっていることにすぐ気づき、その問題性を指摘した〔中略〕国家文書館の文書がいかなる文書庫に由来するのか、それを確定するための外面的基準はなにか、それぞれの文書庫の断片がどの部局で保管されているのかを調査するための大規模な作業を開始したのである。[28]

出所原則によってフォンドの一体性を維持しようとする立場は、カーロイの専門知識に基づく確信に根ざしていたことがわかる。このカーロイの確信が、後に文書をめぐる交渉過程でハンガリー側がこの原則に一貫してこだわった一つの背景だったと考えられる。

以上のように、ハンガリー関連文書の分割と返還、共有財と見なされる文書の共同管理、分割の基準としての出所原則への依拠といった後の「合意」の基本的要素は、二〇世紀初頭までに出そろっていた。一九二六年の「合意」は、帝国崩壊後の政治的変動をはさみつつ、アウスグライヒ体制の文書館改革を完成させたと見ることができる。崩壊後の文書館をめぐる交渉において、ハンガリーと他の継承国の間に主張や行動の違いを生み出した一因はここにあった。

4 バーデン合意の同時代的文脈——出所原則と関連原則のはざまで

(1) ドイツオーストリア共和国への不信感

帝国崩壊により激変した状況において、学術的・専門的関心だけがハンガリー側の主張を支えたわけではもちろんない。交渉過程でカーロイらが出所原則と共同所有の堅持に粘り強く努めた背景には、それが自国の利益を最大化するという実利的な判断も働いていた。

ハンガリー側が警戒しなければならなかったのは、オーストリアによる文書の独占と、継承国による文書要求という二つの可能性だった。オーストリア側に対する懸念は、例えばサンジェルマン条約締結直前の一九一九年八月末に作成されたセクフューの覚書で、次のように示されている。

今のドイツオーストリア共和国は、出所原則を放棄して、関連原則に同意を示すだろう。関連原則を採用しても、〔継承国となる〕国民国家の側は出所原則の場合と同じ程度しか得られないとの読みがあるからだ。結果的に、学術的観点からは若干の瑕疵が生じるかもしれないが、〔中略〕約九〇%がドイツオーストリア共和国の占有物として残される。そしてその管理に誰からも口出しされないことを望んでいるのだ。[29]

さらにセクフューは、オーストリア側が各国担当官らの知識不足を見透かしているとの分析を示し、対策として自らを含めたウィーンのハンガリー人文書館員が各国担当官に働きかけ、オーストリアの目論見を挫こうと画策していたことも明かしている。

他の国民国家には文書館専門の委員がほとんどいないため、各国を啓発することもハンガリーの専門家たちの任務である。われわれはカーロイの指示を受けて個別に各国委員と接触し、彼らを通じてサンジェルマン条約にハンガリー側の観点と学術的観点から修正を働きかけるよう試みた。まずエックハルトが南スラヴの委員と接触して講和条約に潜む可能性を伝え、共同で新しい条文を起草した。そこでは出所原則と史料の共同所有・管理が述べられた。南スラヴ代表団はこの条文案を追加要求として即座にパリに送った。〔中略〕セクフューはチェコの専門家と接触した。エックハルトの南スラヴ条項とほぼ同一の案が作成され、チェコ代表団がこれをパリに送った。[30]

講和条約締結前の混沌とした状況の中、ハンガリーの文書館員たちがオーストリアによる文書占有を警戒し、水面下で継承国に説得工作を試みていた様子がわかる。

こうした取り組みもあってか、オーストリアへの警戒感は各国の交渉担当者の間で共有されていた。このことは、サンジェルマン条約の締結直後、九月二〇日から二七日に行われたルーマニア、ポーランド、ユーゴスラヴィア、チェコスロヴァキア、ハンガリーの担当官協議における出席者の発言からも確認できる。そこでは例えばチェコスロヴァキアの担当官ヨゼフ・マロタが、ウィーンに残された文書が他国の研究者に閉ざされてしまうことを警戒し、オーストリア側に公開を約言させる必要性を説いた。また、ポーランドの担当官エウゲニウシュ・バルヴィンスキは、オーストリアとドイツの合併が成立したあかつきには、ドイツに文書群が持ち出される可能性さえあるとの見方を示していた。[31] 次章で論じられるように、個別交渉を有利と見たオーストリアは、以後二国間協議による問題解決へと舵を切ることになる。

(2) チェコスロヴァキアへの警戒

ハンガリーにとってもう一つの懸念は、帝国の継承国や新領土を獲得した国々が、ウィーンやブダペシュトのまとまった文書群の分割を要求することだった。前項で触れた九月の担当官協議でも、オーストリアへの警戒という点では一致したが、文書分割の方法をめぐっては参加者の意見が大きく分かれた。ポーランドやチェコスロヴァキアが関連原則に近い立場から多数の文書の獲得を主張したのに対し、ハンガリーやユーゴスラヴィアは出所原則に基づくウィーンの文書群保全と、共有財としての取り扱いを求めるべきとしたのである。[32] 例えばポーランドは、ウィーンのガリツィア行政関連文書の移管を求めたが、ハンガリーにとってそうした要求は受け入れがたいものだった。

チェコスロヴァキアを例に、ハンガリーの懸念を見ておこう。それが初めて明確に示されたのは、トリアノン条約締結直前の一九二〇年五月、オーストリアとチェコスロヴァキアの文書館に関する二国間協定（「プラハ協定」）が結ばれたときだった。このときハンガリーはオーストリアに口上書を送り、抗議の意思を伝えた。[33] 抗議の必要性を提言したカーロイによれば、ハンガリーへの事前通知なしに協定を締結したこと自体が、文書に関するハンガリーの共同所有権を損なうものだった。また、内容面についてもこの合意では出所原則が誤った形で拡大解釈されており、ハンガリーにとって危険であった。

チェコの貪欲さを知ってみれば、可能性は低いとはいえ、チェコ政府が宮廷財務局文書のボヘミカ部門の〔出所〕原則違反の獲得を前例と見なし、ブダペシュトの文書館に対して〔東スロヴァキアのコシツェ市にあった〕セペシュ財務局の美しく豊かな文書館への要求を掲げることもありうる。その資料は上部ハンガリー全土に及ぶものだからである〔中略〕チェコ人たちは、できるだけ多くを獲得できるようにと「新領土」原則と歴史的原則を都合よく使い分けているからである。[34]

カーロイが警戒したのは、チェコスロヴァキアが領土獲得に際して矛盾した原則を併用したように[35]、文書についても論理の矛盾を顧みず最大限の獲得要求を行うことだった。

ハンガリーの抗議にはオーストリア側も口上書で応じ、出所原則を堅持することに今後も変わりない旨を伝えるとともに、ハンガリーの懸念を逆手にとって次のように牽制した。

今日チェコスロヴァキアとなった上部ハンガリーで作成され、あるいはその土地に関連する文書群に関し、チェコスロヴァキア当局は要求を見合わせることをわれわれに明らかにした。ただしそれは文書群がウィーンに留めおかれる限りという条件つきだった。これらの文書群にハンガリー側から返還要求があった場合、チェコスロヴァキア当局は激しく抵抗するだろう。他の国民国家についても、類似の条件で同様の姿勢が確実に見込まれる。[36]

これに対しハンガリー側は再度口上書を発出し、チェコスロヴァキアにはそもそも上部ハンガリーに関連した文書群を要求したり条件をつけたりする権利もないとの見方を示したうえ、以後のオーストリアと継承国の協定に際してハンガリーと事前協議を行うことを求めた。[37] この要求はオーストリア側に受け入れられ、実際にユーゴスラヴィアやルーマニアとの協定内容は事前にハンガリー側に通知された。[38] その後、チェコスロヴァキアやルーマニア、ユーゴスラヴィアからブダペシュトの文書館へ文書の分割が要請されることはなく、ハンガリーの懸念は杞憂に終わった。

こうして、文書館を取り巻く情勢の見通しが不透明になる中、ハンガリーはオーストリア側にウィーンの文書に対する共同所有権を再三に渡って主張し、また新生国家や新たに領土を獲得した国家には文書の出所原則による維持を求めることで、自国が得られる権利を最大限に確保しようとした。

5 「国際文書館施設」の構想と挫折

以上に見てきたように、「合意」による「派遣職」の設置は、一九世紀後半に始まった国民史学の制度的確立への歩みを歴史的背景として、帝国崩壊後の継承国間の駆け引きの中で実現したものだった。交渉に携わったハンガリーの歴史家たちは、学術的配慮と実利的判断の両立をはかりつつ、文書の処遇を有利に解決するという困難な課題を果たしたといえる。

ただし、「合意」の解決の形が唯一にして最善の選択肢と考えられていたわけではない。ハンガリー側で陣頭指揮をとり続けたカーロイには、当初、別の構想もあった。最後にこの実現することのなかったカーロイの構想に触れておきたい。

カーロイは、サンジェルマン条約締結をはさむ一九一九年七月と一〇月に長文の覚書を二通作成し、次のようにブダペシュトの委員会に提案していた。

私のささやかな提案は『国際文書館施設』の設置である。国際といってももちろん継承国に限定した話である。組織の管理はドイツオーストリア共和国政府に委ねられる。しかしそこには〔オーストリアの〕職員以外に、継承国から一定の比率を定めて学術的訓練を受けた文書館員が派遣される。当然ながら彼らは職務上、文書館長の指揮下におかれる。ただし自国の文書館と連携し、あるいは大使館アタッシェとしても活動する。〔中略〕本計画が実現すれば、〔将来の〕文書分割の作業はきわめて容易となる。〔中略〕それだけでなく、ウィーンから東に位置する国民国家とその知識人層を強い紐帯で結びつけ、彼らを西方の学術世界の重要な一部門へつなぎとめることも期待できるのである。[39]

ウィーンの歴史的文書を、継承国の歴史家が共有遺産として共同管理するこの提案は、実現すれば、第三節で見たアウスグライヒ体制下の「オーストリア＝ハンガリー国立文書館」計画を継承するものとなりえただろう。また、この施設を核として継承国の知識人層ネットワークを維持し、「西方の学術世界」につなぎとめようとするカーロイの発想には、共産主義勢力の拡大への懸念もさることながら、アウスグライヒ体制におけるウィーンのかつての職場環境への愛惜を見ることができるようにも思われる。

しかし、このカーロイの構想は、継承国のみならず国内からの支持も得られなかった。ブダペシュトの委員会に専門家として出席した法制史家ホルブ・ヨージェフは、カーロイの構想を学術的観点から支持して論陣を張ったが、宗教・教育省の担当官や美術館部門の委員からの支持を得られず、提案は却下された。[40] また、一九二一年に軍事文書館の文書分割をめぐって再度カーロイ案が委員会で取り上げられた際には、軍を代表した担当官がカーロイの構想を批判し、「学術的な理由づけはできても、ハンガリー国家の利益に完全に反する」受け入れがたい「プロパガンダ」として強い調子で撤回を要請した。[41] 親ハプスブルク派と独立派の対抗軸によるレッテル貼りの言説は帝国崩壊後も続いていた。

一方、カーロイの指揮下で文書館協議を準備したセクフューやエックハルトは「合意」前にウィーンの文書館について論考を発表したが、彼らキャリア形成途上の歴史家らはカーロイの構想について沈黙している。文書分割交渉の経緯を解説した論考において、エックハルトは、一九二二年にローマで行われた継承国会合がオーストリアとハンガリーの文書館への継承国の無限定な「自由アクセス」権を認めたことをハンガリー代表団の専門知識の欠如として批判した。[42] また、セクフューは、一九二〇年に発表したドイツ語論文でハンガリーの歴史学確立にウィーンの文書館が決定的に重要だったと指摘し、ヴァチカンの文書館を範に学術組織とすることがすべての継承国にとっての利益であると説いた[43]。しかし、エックハルトはもとよりセクフューの文書館の将来展望にも、継承国の歴史家の協力体制構築という発想を見出すことはできない。彼らの目は新生ハンガリー国家の歴史学確立を睨みつつ、帝国の人的ネットワークの維持に過大な期待を寄せてはいないように見える。

　孤立した感のあるカーロイの構想は、世紀末ウィーンに展開したアウスグライヒ世代の歴史家グループの志向と照応しているように思われる。一九世紀末、カーロイや共通財務省文書館長を務めた南欧史家タッローツィ・ラヨシュらを中心に生まれたサークルは、一九世紀後半に帝国史叙述の試みが国民史へと分解する動きが強まる中[44]、帝国史の枠組みの中での歴史叙述の道を模索していた[45]。カーロイが想い描いた文書館は、その制度的基盤となるはずのものだったといえるかもしれない。

注

1　1/1999（K. K. 7.）NKÖM utasítás a Bécsi Magyar Levéltári Kirendeltség működtetéséről, *Kulturális Közlöny*, 43（7）, 1999, pp. 172-173. 以下、引用文中の〔　〕は引用者による補足を示す。この通達は亡命ハンガリー人との接触禁止などを定めた一九六九年省令を廃して一九九九年に定められ、省庁再編後の現在も有効である。なお、本稿の準備にあたり現派遣職 Oross András 氏から多くの情報を提供いただいた。記して感謝したい。

2　オーストリア国立文書館組織図 https://www.oesta.gv.at/abteilungen（最終閲覧二〇二〇年三月二〇日）

3　L. Auer, Das österreichisch-ungarische Archivabkommen als Modellfall archivalischer Staatennachfolge, in *Das Institutionserbe der Monarchie: Das Fortleben der gemeinsamen Vergangenheit in den Archiven*（Mitteilungen des Österreichischen Staatsarchivs. Sonderband 4.）, Wien: Ferdinad Berger & Söhne GesmbH, 1998, pp. 87-94.

4　L. Bittner, Die zwischenstaatlichen Verhandlungen über das Schicksal der österreichischen Archive nach dem Zusammenbruch Österreich-Ungarns, *Archiv für Politik und Geschichte*, 3, 1925, pp. 58-96; Eckhart F., Az osztrák levéltárügy a háború után, *Levéltári Közlemények*, 4, 1926, pp. 20-43.

5 Ress I., A bécsi közös levéltárak szétválasztásának kérdése 1918-1919-ben, *Levéltári Közlemények*, 58, 1987, pp. 175-193; idem, Nemzeti levéltári vagyon――közös szellemi tulajdon: A bécsi magyar levéltári delegáció szerepe a határokon átnyúló levéltári problémák megoldásában, *Levéltári Szemle*, 38, 1988, pp. 3-10; idem, Szekfű Gyula, a levéltárrok 1918-1919-ben, in Ujváry, G.（ed.）, *A negyedik nemzedék és ami utána következik*, Budapest: Ráció Kiadó, 2011, pp. 76-97 Fazekas I., Szekfű Gyula és a Haus-, Hof- und Staatsarchiv és levéltárosai az I. világháború előestéjén, in Ujváry（ed.）, *op. cit.*, pp. 58-75; idem, *A Haus-, Hof- und Staatsarchiv magyar vonatkozású iratai*, Budapest: Magyar Nemzeti Levéltár, 2015, pp. 68-82.

6 Ress I.（ed.）, *A monarchia levéltári öröksége: A badeni egyezmény létrejötte, 1918-1926*, Budapest: Magyar Országos Levéltár, 2008.

7 Varga B., Birodalmi történetírás a nacionalizmus korában az Osztrák-Magyar Monarchiában, in Csibi N. és Schwarczwölder Á.（ed.）, *Modernizáció és nemzetállam-építés: Haza és/vagy haladás dilemmája a dualizmus kori Magyarországon*, Pécs: Kronosz Kiadó, 2018, pp. 37-54; Romsics I., *Clió bűvöletében: Magyar történetírás a 19.-20. században-nemzetközi kitekintéssel*, Budapest: Osiris Kiadó, 2011, pp. 125-152.

8 Szávai F., *Az Osztrák-Magyar Monarchia közös vagyona*, Pécs: Pro Pannonia Kiadói Alapítvány, 1999.

9 革命時の委員交替をはさみつつ、議事は連続性を保たれた。Ress, *A monarchia levéltári öröksége*, pp. 6-7, 7-10, 15-16, 24-25, 29-30, 67-68, 88-90, 94-95, 112-113, 114-115, 116-117, 118-119.

10 文書問題は条約の第九三条と第一九一～一九五条で扱われた。Staatsvertrag von Saint-Germain-en-Laye vom 10. September 1919., *Staatsgesetzblattes*, Nr.303/1920. 次章で詳論されるように、第九三条がどの文書群を対象とするかについては解釈が分かれた。本書第一〇章、Bittner, op. cit., pp. 68-72.

11 Térfy Gy.（ed.）, *Magyar törvénytár. 1921.évi törvénycikkek*, Budapest: Franklin Társulat, 1922, pp. 208-209.

12 サンジェルマン条約は第一七七条附則において、各国別に協議すべき文書群を列挙している。

13 Ress, *A Monarchia levétári öröksége*, pp. 203-208, 209-211, 211-215, 228-238.

14 Bittner, *op. cit.*, pp. 81-93.

15 Ress, *A Monarchia levéltári öröksége*, pp. 353-370.

16 *Ibid.*, p. 354.

17 出所原則の歴史については次を参照。T・クック「過去は物語の始まりである——一八九八年以降のアーカイブズ観の歴史と未来へのパラダイムシフト」塚田治郎訳、記録管理学会・日本アーカイブズ学会編『入門アーカイブズの世界——記憶と記録を未来に』日外アソシエーツ、二〇〇六年、一一七〜一八六頁。

18 Fazekas, *Haus-, Hof- und Staatsarchiv*, pp. 74-75; Bittner, op. cit., pp. 91-93.

19 S. Berger and C. Conrad, *The Past as History: National Identity and Historical Consciousness in Modern Europe*, Basingstoke: Palgrave Macmillan, 2015, pp. 151-154. 各国の国民史確立過程については次を参照。ニーデルハウゼル・E『総覧東欧ロシア史学史』渡邊昭子他訳、北海道大学出版会、二〇一三年。

20 Szűcs L., Adalékok a bécsi központi levéltári anyag Ausztria és Magyarország közötti felosztásának történetéhez, *Levéltári Közlemények*, 33, 1966, pp. 27-42; Lakos J., *A Magyar Országos Levéltár története*, Budapest: Magyar Országos Levéltár, 2006, pp. 125-137; Fazekas, *Haus- Hof- und Staatsarchiv*, pp. 29-35.

21 Lakos, *op. cit.*, pp. 74-77.

22 要望書（一八七五年一二月二〇日付）は次から引用。Szűcs, op. cit., p. 30.

23 共通問題協議のための委員会決議（一八八四年一一月一七日付）。*A közös ügyek tárgyalására a magyar országgyűlés által kiküldött s Ő Felsége által összehívott bizottság naplója 1884*, Bécs: Pesti Könyvnyomda Rt., 1884, p. 66.

24 Szűcs, op. cit., pp. 31-36. スューチは当時ハンガリーの主張に属人的関連原則（ハンガリー人に係る文書をハンガリーに置くべき）と領域的関連原則（ハンガリー領に係る文書をハンガリーに置くべき）が混在していたと指摘する。

25 Fazekas, *Magyar levéltárosok*, pp. 59-85; idem, *A Haus-, Hof- und Staatsarchiv*, pp. 29-68.

26 *Ibid.*, p. 29.

27 Angyal D., *Károlyi Árpád emlékezete 1853-1940*, Budapest: Magyar Tudományos Akadémia, 1943; Bittner L., Károlyi Árpád a

levéltárnok, *Levéltári Közlemények*, 11, 1933, pp. 173-207.

28 *Ibid.*, pp. 183-198.

29 Ress, *A Monarchia levéltári öröksége*, p. 93. 本覚書はハンガリー評議会政権期（一九一九年三月～八月）のウィーンでの文書館員の活動について、一九一九年九月暫定政権下で再組織された委員会に報告するため作成された。

30 *Ibid.*, pp. 91-92.

31 *Ibid.*, pp. 98-102.

32 ユーゴスラヴィア代表がハンガリーに賛同した理由として、担当官ヨシプ・イヴァニチが、オーストリア歴史学研究所に学び、帝国共通財務省文書館での勤務経験を持つ人物だったことが考えられる。

33 *Ibid.*, pp. 151-152, 170-171. プラハ協定については本書一〇章、二五九～二六四頁を参照。

34 *Ibid.*, pp. 148-150.

35 建国時に歴史的領邦の維持（チェコ全域）と民族居住域の独立（スロヴァキア）という相容れない原則を唱えて領土要求したことを指す。林忠行「第一次世界大戦と国民国家の形成」南塚信吾編『ドナウ・ヨーロッパ史』山川出版社、一九九九年、二六〇～二六三頁。

36 Ress, *A Monarchia levéltári öröksége*, pp. 152-154.

37 *Ibid.*, pp. 155-158.

38 *Ibid.*, pp. 182-185.

39 *Ibid.*, pp. 71-87, 102-112.

40 *Ibid.*, pp. 112-113.

41 *Ibid.*, pp. 272-281.

42 Eckhart, op. cit., pp. 40-41.

43 Szekfű Gy., Die ungarische Geschichtsforschung und die Wiener Archive, *Historische Blätter*, 1, 1921, pp. 155-166.

44 R. J. W. Evans, Historians and the State in the Habsburg Lands, in W. Blockmans and J.-Ph. Genêt (eds.), *Visions sur le*

développement des États européens: Théories et historiographies de l'État moderne. Actes du colloque de Rome（*18-31 mars 1990*）, Rome: École Française de Rome, 1993, pp. 203-218.

45 Glatz F., A "bécsi" magyar nacionalizmus a történetírásban: Historiográfiai megjegyzések, *Magyar Tudomàny*, 86-1, 1979, pp. 34-45; Varga, *op. cit.*, pp. 37-54. カーロイとセクフューの見解のずれは、その後も、例えば近世トランシルヴァニアの政治的自立性評価等の問題で表面化した。Dénes I. Z., Szekfű Gyula Bethlen Gábor-képe, *Történelmi Szemle*, 62-1, 2015, pp. 97-120.

第10章

帝国遺産の相続

文書・文化財の移管をめぐる国家間交渉

馬場　優

ウィーンにある現在の「家門・宮廷・国家文書館」
出所）大脇芳夫氏提供。

1　帝国の清算

(1)　ハプスブルク帝国の継承国家

一九一八年一一月三日、ハプスブルク帝国はイタリアと休戦協定を締結し、ここに四年間続いた同国にとっての第一次世界大戦は実質的に終結した。しかしながら、一九一九年一月にパリで講和会議が開催されたときには、帝国は消滅し、その地には多くの継承国家が誕生していた。そして、帝国と戦った連合国は、一九一九年九月に新生オーストリアとサンジェルマン条約、一九二〇年六月に新生ハンガリーとトリアノン条約を締結した。つまり、この両国は「敗戦国」として扱われた。他方、旧帝国領内に成立した国家、またはその一部を領土の一部とした国家は「戦勝国」として扱われた。二つの条約において連合国として位置づけられたのは、ポーランド、ルーマニア、セルビア人・クロアチア人・スロヴェニア人王国（以下、ユーゴスラヴィア）、チェコスロヴァキア、そしてイタリアであった。

これら「敗戦国」と「戦勝国」は、帝国の清算問題に取り組んだ。その一つが、ハプスブルク帝国時代の公的な文書の移管問題であった。ところが、文書の清算問題は容易なものではなかった。それは、ハプスブルク帝国の国家体制の複雑さに原因があった。

(2)　ハプスブルク帝国の国家体制と文書

一八六七年にハプスブルク家が支配するオーストリア帝国は国家体制を変更し、ハンガリー王国と「帝国議会に代表を送る諸王国・諸領邦」からなる同君連合体制となった（アウスグライヒ体制）。後者が「オーストリア」といわれるものである。ハンガリーとオーストリアは内政に関しては独立していた。他方、ハプスブルク帝国としての共通業務はハンガリー政府とオーストリア政府から独立した共通官庁が担当した。共通官庁は外交、軍事、帝国全体の財政の三つの分野に設置された。さらに、一九〇八年のボスニア併合により、同地は共通財務省の管轄となった。

オーストリアでは「皇帝」、ハンガリーでは「国王」であったフランツ・ヨーゼフはウィーンに居を構えた。ハプスブルク家が蒐集してきた芸術作品の多くもウィーンにあった。家門の蒐集品は公共の財産なのであろうか。また、いずれの共通官庁もアウスグライヒ期オーストリア（以下、旧オーストリア）の中央官庁もウィーンにあった。帝国消滅の過程で一九一八年一〇月に誕生したドイツオーストリア共和国は、これら帝国の遺産の扱い方に苦慮した。

文書の扱い方に、出所原則（Provenienzprinzip）がある。これは、「資料を作成、授受、保管してきた機関・団体ごとの文書群としてとらえ、一つの出所を持つ文書群は、他の出所を持つ文書群と混合して整理されてはならないという原則」である。[1] 出所原則は一八世紀末のデンマークで初めて活用されてから、ドイツ各地を含むヨーロッパ全土にその影響力を浸透させていった。なお、出所原則と対置される考え方として、関連原則（Pertinenzprinzip）がある。これは文書を、出所にかかわらず、その内容が関連する地域や個人、あるいは事項別に保管する方法である。[2]

2　多国間交渉か二国間交渉か

(1)　多国間交渉による文書の移管案

敗戦に伴う混乱のさなかの一九一八年一一月一二日、ドイツオーストリア共和国が共和国法律第五号を発表し、ハプスブルク帝国と旧オーストリアの官庁の解体とこれら官庁の全権が同国の官庁に移ること、解体される官庁への請求権を他国が保持することを公表した（第四条）。[3] その二日後、同外務省で、ハプスブルク帝国から独立を宣言した諸政府の代表からなる「代表者会議（Gesandtenkonferenz）」が開催された。ドイツオーストリア共和国外相O・バウアーが、法律第五号に関連してハプスブルク帝国共通官庁と旧オーストリア官庁を清算する必要性を指摘し、各「政府」が各清算官庁に代表者を派遣し、清算業務に協力することを提案した。なお、ハンガリーは旧オーストリアの業務とは関係がないとの理由から、ハプスブルク帝国共通官庁と共通会計検査院に委員を派遣するものとした。[4]

この提案は受け入れられ、その後ほぼ毎週開催されることになるこの代表者会議は、ハプスブルク帝国と旧オーストリアの清算財産を関係諸国間で分割し、そのために必要な基礎を構築し、発生することが予想される諸問題を解決する任務を負うものとされた。[5] そして、より具体的な清算を履行するための協議機関として、国際清算委員会(Internationale Liquidierungskommission)と、清算される官庁で清算業務に従事するために派遣される全権代表団(Bevollmächtigten-Kollegium)も作られた。これらの「国際的な」組織において、文書の移管問題も協議されることとされた。しかしその一方では、別の動きも見られた。

(2) 実力行使による文書の清算の試み――イタリアとユーゴスラヴィア

イタリアでは、半島がオーストリアに支配されていた時代に「不法に」持ち運ばれた文書と文化財を取り戻すために、大戦後期からリストの作成作業が行われていた。[6] とはいえ、実際にイタリアが文書と文化財の引き渡しを要求した対象地は、半島に限定されなかった。その一つがティロール州であった。イタリアは国境を接するティロール州のイタリア系住民が住むトレンティーノ地方と、同地方の北部に位置しドイツ系住民が住む南ティロール地方の獲得に乗り出した。トリエントを中心都市とするトレンティーノ地方の住民の大半はイタリア人であった。他方、ボーツェン、ブリクセン、メラーンなどの都市がある南ティロール地方の大半の住民はドイツ人であった。休戦成立後の一一月下旬から、イタリア軍はティロール全域に進駐した。

イタリアは、一九一九年二月下旬にウィーンなどのハプスブルク帝国の主要都市に軍事使節団を派遣した。特にウィーンの軍事使節団は、イタリア王国領と新しく王国領に組み込まれることを目指した地域(トレンティーノと南ティロール)の文書・文化財を調査し、移送する任務も担った。[7]

一九一八年一二月二一日、ティロール州政府はイタリア軍第六師団長から、①トレンティーノ地方の廃棄修道院と宗教施設の文書、②旧トレント侯司教区の文書（領域的にはトレンティーノ地方と同じ）、③トレンティーノ領邦議会（der Trientiner Landtag/Dieta Trentina）の議事録と文書、④一八一五～六六年のマントヴァの文書の返還を求められた。ティロール州政府は、曖昧な返答で時間稼ぎをする戦術に出た。一二月三〇日に同州政府は、①については、修道院・宗教施設の具体名の提示を求め、②については、その司教区の文書がその他のティロールに関する文書と大きな関連性を持つために、要求される文書だけを取り出す作業にかなりの時間を要する、③については、「トレンティーノ領邦議会」なるものは存在したことがないので、対応しようがない、と返答した。[8] ところが翌月イタリア軍は、実力行使によりこれらの文書を州知事文書館から押収し、さらに、郵政管理部から南ティロールに関連する郵政関連文書や建設設計図なども押収した。[9] ウィーンのイタリア軍事使節団もティロールと同様に移送計画を実行に移し始めた。二月初旬、軍事使節団はウィーンの家門・宮廷・国家文書館（Haus-, Hof- und Staatsarchiv）に対して、マントヴァ関連文書の引き渡しを要求し、引き渡し拒否の場合には、報復措置をとると脅した。結局同文書は、二月一三日にイタリアに引き渡された。[10]

軍事使節団による文書・文化財の「押収」問題は、ハプスブルク帝国財産の清算を協議する代表者会議でも審議された。二月一二日の会合で、ドイツオーストリア共和国外相バウアーは、一九一八年一一月の休戦協定はイタリアの引き渡し要求の法的根拠にはならないし、現場の担当者ができることは要求に対する拒否の態度表明しかないと述べた。ユーゴスラヴィア、ハンガリー、ポーランドの各代表からは、軍事使節団の行動を非難する発言がなされたが、イタリア代表による文書・文化財の「押収」問題についての発言はなかった。[11]

イタリアの動きと並行して、ユーゴスラヴィアも文書引き渡しを要求した。一九一八年一二月、ユーゴスラヴィアは、清算共通財務省が管理するボスニア・ヘルツェゴヴィナ関連文書を押収し、自国に移送する計画を立てた。このような行動は、代表者会議が禁じていたことであった。これに対して、清算共通財務省全権委員団は一九一九年二月に、ユーゴスラヴィアが清算共通財務省の所有権を認めるという条件で、文書をユーゴスラヴィア代表の建物に移送することを承認した。[12]

(3) 出所原則に立つオーストリア

一九一九年一月末以降、ドイツオーストリア共和国はハプスブルク帝国時代の文書処理にようやく本腰を入れた。そこで中心的役割を果たしたのが、ウィーン大学歴史学教授O・レートリヒであった。彼は、家門・宮廷・国家文書館、宮廷財務局文書館、外務省政治文書文書館の各館長も兼任した。一九一九年五月には、共和国文書全権代表のポストに就任した。こうして、今後の文書の移管問題の対象物は彼の手元に集中したのである。[13] そして、彼を支えたのが、家門・宮廷・国家文書館のL・ビトナーであった。

レートリヒは、一九一九年一月下旬に、今後の文書問題の基本方針を決定するため、関係官庁の担当者を招集し、審議することにした。三一日に開催されたと思われる会議の備忘録によると、参加者は、政府への提言内容として、①予想される文書・記録簿の引き渡し要求は、連合国との講和条約で文書・記録簿の扱いが決定した後でのみ正当化されるとの立場を明確にすること、②各国の要求には出所原則で臨むこと、を決定した。また、彼らは、出所に関連性がないもの、官庁の活動に由来しないもの、他国の領土となる土地にある官庁で作成されたものは、引き渡し可能な文書・記録簿と見なした。[14]

一九一九年一月から始まった講和交渉のためにドイツオーストリア共和国代表がパリに招待されたのは、五月二日であった。この会議をきっかけに、ドイツオーストリア共和国とイタリアはこれまでの文書および文化財をめぐる問題を解決するために接近した。それは、五月二六日の墺伊アーキビスト共同宣言として結実した。宣言には「組織的に作成された文書の扱いにとって重要なことは、それがどこと関係するかではなく、どこで作成されたかである」との文言が挿入された。これは、両国が関連原則ではなく、出所原則に基づいて文書問題の解決を目指すことの意思表示であった。そして、宣言は「調印者は、文書が作成された地域の運命を共有すること、そして文書が地域とともに分割不可能な総体を意味することに完全に同意するものとする」との文言で終わっている。[15]この宣言は、それ以降にオーストリアが締結した一連の二国間文書協定に大きな影響を与えることになった。

3　連合国との講和条約

(1)　サンジェルマン条約の成立

七月二〇日、連合国からパリのドイツオーストリア共和国講和代表団に条約草案が渡された。文書・文化財関連の中核的条項は、「オーストリアは連合国に対して、割譲地域の民政、軍政、財政、司法、その他に関連する（concernant）文書、登録簿、図面、権原、記録を遅滞なく引き渡すこと」（傍線筆者）という草案第一八九条第一項第一号であった。これについて、レートリヒは七月二五日に具申書を作成した。[16]彼は、この「関連する（concernant）」というフランス語に注目した。彼によると、この規定によってハプスブルク帝国と旧オーストリアの中央官庁と地方官庁によって組織的に作成された文書が散逸してしまう可能性が生じた。彼の基本的立場は、出所原則に基づいて、文書群の一体性の維持を目指すべきであり、成功的事例として五月のイタリアとの共同宣言を挙げ、これを基本にした他国との交渉を行うべきというものであった。そして、草案の一部を修正し、「関連する（concernant）」ではなく、「行政活動を出所とする（provenant de l'activité des administrations）」にすべきと提案した。パリのドイツオーストリア共和国代表団は、この進言に沿う形で文言の修正要請を書面で行った。「関連する（concernant）」の文言は削除されたものの、彼の希望する単語「由来する／出所とする（provenant）」は採用されず、「属する（appartenant）」が挿入された。

九月一〇日、講和条約が結ばれた（サンジェルマン条約）。この条約は、仏・英・伊の各言語で正式に作成された。言語間の相違がある場合には、フランス語を正文とした。草案第一八九条は第九三条となり、第一項第一号は「オーストリアは連合国に対して、割譲地域の民政、軍政、財政、司法、その他に属する（appartenant）文書、登録簿、図面、権原、記録を遅滞なく引き渡すこと」（傍線筆者）となった。[17] この傍線部分のドイツ語は gehören が使われている。

この他に、ドイツオーストリア共和国は、割譲地域の歴史に直接関連する可能性があり、かつ過去一〇年間に同国内に運ばれた文書や歴史的資料を割譲先の国家に引き渡す義務を負った。イタリアに関しては一〇年ではなく、一八六一年以降のものとされた（第一九三条）。さらに、イタリアに関しては、条約発効の一年後から、条約に基づいて組織される法律家委員会が、旧オーストリアによってイタリア半島から運び出された文書や写本などの調査を実施し、所有権を決定することになった（第一九五条）。

この条約の意義は、文書の移管問題が基本的にレートリヒの主張するような出所原則に基づき実施されるという方向性が決まったことであった。ただし、第一九三条において関連原則に近い考えが盛り込まれたことは、ドイツオーストリア共和国にとって懸念事項であった。[18]

(2) サンジェルマン条約成立後のオーストリアの対応

一〇月二二日（その前日にドイツオーストリア共和国は国名をオーストリア共和国と変更）、オーストリアでは関係官庁連絡会議が開催された（レートリヒとビトナーも参加）。議事進行役の外務省参事官F・ボシャンは同省の立場を説明した際、レートリヒが指摘した草案第一八九条（サンジェルマン条約第九三条）に言及した。ボシャンは、サンジェルマン条約で「関連する（concernant）」に代わって「属する（appartenent）」が採用されたことに関して、このappartenant を「官庁に属する（zur Verwaltung gehörig）」という意味で解釈することを提案した。その理由として、この解釈に基づけば、オーストリアが個々の継承国家に対して、その国家の管理運営上必要とされる文書を引き渡す場合は、継承国家にオーストリアの譲歩の姿勢を示すことができるのではないか、と述べた。会議は、条約第九三条の一般原則として、保管期間が一〇年以内のすべての文書を引き渡すことを決定した。期間が一〇年以上の文書は、必要性を考慮したうえで、文書資料的にあまり重要でないと判断されれば、他国との交渉の際にケースバイケースで引き渡すかどうかを決定することにした。図面と計画書については、それがすでに完成した対象物に関連するものか、計画段階ないし建設中の対象物に関連するものかで判断するとした[19]。

一一月五日に講和条約が発効すると、オーストリアは清算問題の国内化に政策を転換し、議会に清算法案が提出された。この法案は、国際的清算業務をオーストリアの国内事項とするものであった。つまり、代表者会議、国際清算委員会、清算全権委員の活動が消滅し、それらの業務がオーストリアの官庁に移る、という内容であった。法案は一二月一八日に可決され、即日施行された[20]。

この動きは多国間交渉に影響を与えた。法案が提出された直後の一二月一五日に開催された代表者会議では、参加国の代表の多くがこの措置を激しく批判した。これに対して、オーストリア代表は、法案提出の趣旨を説明し、九月末の代表者会議で、講和条約発効後に代表者会議と国際清算委員会も含めたすべての清算活動を終了させることを決議していたことに言及した[21]。結局、会議では合意点を見い出すことができず、代表者会議はこの会合が最後となった。国際清算委員会もこれとほぼ同時期に活動を中止した。

4　二国間協定による問題の解決——モデルとしてのプラハ協定

(1)　出所原則か関連原則か

多国間交渉の継続が事実上不可能となったことを考慮して、ユーゴスラヴィアはオーストリアに対して文書の引き渡しを要請してきた。ユーゴスラヴィアは、一九二〇年一月末にウィーンの司法省中央文書館、また三月初旬には家門・宮廷・国家文書館の旧ラグーザ（＝ドゥブロヴニク）共和国関連の文書群の引き渡しを要請してきた。レートリヒら文書問題担当者は、出所原則に照らせば、文書の返還は問題ないとの見解に至った。ラグーザ文書の引き渡しのために、両国は、四月五日にベオグラードで、一五日にウィーンで共同宣言を取りまとめた。共同宣言において、両国は、サンジェルマン条約第九三条において適用された出所原則に基づいて、文書が組織的に作成されたものとして分割不可能であることを認めた。レートリヒは、この共同宣言はこれからの文書交渉にとって大きな価値があると考えた。なぜなら、ユーゴスラヴィアはこの共同宣言によって、同国領土以外で作成され、オーストリア領内に保管されている文書に対する請求権を放棄したことになるからである。また、サンジェルマン条約第九三条が出所原則の意味で解釈できるというオーストリアの立場に、イタリア同様ユーゴスラヴィアが賛同したことも、オーストリアの立場を強化するからであった。[22]

オーストリアはその後の展開に大きな影響を与えることになる協定をチェコスロヴァキアと一九二〇年五月に締結した。プラハ協定と呼ばれる「サンジェルマン条約の個々の規定の履行に関するオーストリア＝チェコスロヴァキア協定」は、一九二〇年一月のオーストリア首相レンナーのプラハ訪問をきっかけに大きく動いた結果であった。[23]文書・文化財の移管問題で、両国の目的・手段は大きく異なっていた。オーストリアは、ウィーンにある旧帝国および旧オーストリアの中央官庁に保管されている文書や、オーストリア各地の博物館が保有する絵画、および大学図書館などの古写本などの文化財を可能な限り国外に流出させないよう努めていた。これに対して、チェコスロヴァキアは、ハプスブルク家による長期の支配の下で、チェコスロヴァキアの地域から「国外」、特にウィーンに運び出された文書の返還を重視した。これは、チェコスロヴァキアがハプスブルク帝国内でのみ成立したことから、現実問題として日常業務の遂行上必要とされる文書をすみやかに獲得することが喫緊の課題の一つであったためである。また、オーストリアは従来通り、文書の移管については出所原則を一貫して主張する姿勢を取った。それに対して、チェコスロヴァキアは関連原則を主張する姿勢を取った。

プラハ協定は、四部構成となっている。第一部は、「チェコスロヴァキア政府は、サンジェルマン条約第九三条の文言が文書に関する出所原則の意味で解釈されるとの見解に立たないにもかかわらず、オーストリア政府によって第九三条から引き出された出所原則を次の条件、かつ考慮の下でオーストリア政府との合意の基礎とする用意があることを宣言する」との文章で始まっており、チェコスロヴァキア政府が出所原則に全面的に賛同していないことが明らかにされている。サンジェルマン条約第九三条の表現の解釈をめぐって、両国は、条文について五つの基本的相違が存在すると理解していた。一例として、一九一九年一〇月にオーストリア側が関係官庁連絡会議で議題にしたフランス語「に属する（appartenir）」の現在分詞の appartenant をめぐる問題を取り上げてみよう。レートリヒの遺品に残っているチェコスロヴァキア側の意見書によると、「属する（appartenant）」が、これは出所原則ではなく、関連原則として、つまり「関連官庁に（auf die Verwaltung bezughabend）」と同じ意味で理解できるとされた。その根拠として、チェコスロヴァキア側が挙げたのは以下の点であった。

動詞 appartenir は厳格な法的意味では決して用いられない。所有物を表現するためには、propriété が、また、占有を表現するためには possession という名詞が使われている。また、appartenir という動詞は、『属する（gehören）』の意味――例えば、『この本は私のものです（Ce livre appartient á moi. /Dieses Buch gehört mir.）』――や、『当然与えられる（zukommen）』の意味、さらには『何かに関係している』の意味で用いられている。講和条約第九三条の英語版では、『行政に属している belonging to the administration』という表現になっている。これは、appartenir の意味が、『関連省庁に属する』の意味であることは明らかである。[24]

また、チェコスロヴァキアは、オーストリアが草案第一八九条の中の「関連する（concernant）」を「由来する／出所とする（provenant）」に変更する要請をしたにもかかわらず、連合国が九月二日に「割譲される領土に関係する文書の移管（la transmission des archives interéssant les territoires transférés）」と返答したことを取り上げた。チェコスロヴァキアとしては、連合国が「関連する（concernir）」の現在分詞の concernant というフランス語の代わりに「由来する／出所とする（provenir）」の現在分詞の provenant ではなく、「属する（appartenir）」の現在分詞 appartenant を使ったことは、オーストリアの主張する出所原則を採用するつもりのなかったことの証左である、と主張した。チェコスロヴァキアはこのように、サンジェルマン条約第九三条が出所原則について何も表現しておらず、また、講和条約における法解釈は、文書学の理論が採用されるべきではなく、関係国の地域の必要性が重視されるべきであるとした。チェコスロヴァキアのこのような解釈に対して、オーストリア交渉団の一員であったビトナーは、プラハ協定成立後に発表した論文の中で真っ向から反論した。その際、彼は、一八一四年一二月英米講和条約第一条をその根拠にした。また、appartenantという単語が「属する（gehörend）」という意味で、すでに一八一四年のデンマークとスウェーデンの講和条約第一一条や、一八一四年五月にフランスと対仏大同盟との間で締結されたパリ条約第三一条で使われていたことを指摘した。[25]

(2) 引き渡しリスト

文書の引き渡しについての具体的内容は、AからMまでの一三項目に列挙された。

項目Aでは、オーストリア政府が、国家行政の継続のために必要な「書かれた資料」すべてを引き渡すことが明記された。その対象は、旧オーストリア中央官庁とそれに付随する機関、チェコスロヴァキアに編入された地域においても行政活動をしていた旧オーストリアの官庁、さらに軍関係機関と宮廷関係機関の文書と登録簿となっていた。では、「書かれた資料」とは具体的に何を意味したのか。項目Aでは、それは①文書館文書と文書保管室文書――証拠書類や報告書、草案など、②登録簿――土地登記簿や商業登記簿など、③地図類――地図や計画書、下絵など、④権原と証書――教会文書や国際条約、公的私的契約書などの各種証拠書類などを指した。

さらに、項目Aはどの時期の「書かれた資料」を対象とするかについて言及した。この協定では、一八八八年から一九一八年までの「書かれた資料」すべてが引き渡しの対象とされた。対象時期を三〇年間とした理由は、オーストリアの史料によると、オーストリアが旧オーストリア時代の法律問題の消滅時効が三〇年であったことを根拠としてチェコスロヴァキア側に提案したとされている。オーストリアは、消滅時効の概念をこの協定に盛り込むことで、同国の当初からの主張、つまり、チェコスロヴァキアの「行政に必要な文書」の引き渡しという主張との整合性を見出そうとした。一八八八年よりも古い文書の引き渡しは一切行われないのかというと、例外があり、すべての準備書類は一八六八年まで、また鉄道、軍事、農業、林業、内政、郵便・電信の各行政分野については一八四八年まで遡って引き渡された。これらの時期より古い文書群は、証書や現在でも法的関係が有効であるもの——州法の制裁規定、境界規定、営業許可証書、家族世襲財産文書、寄進証明文書——は、チェコスロヴァキアからの請求があれば引き渡されることとされた。

また、チェコスロヴァキアの文化的希望を考慮して、上記の原則の例外として、後に述べる附則Ⅰで列挙されている文書も引き渡されることになった。このような例外規定はさらに存在し、チェコスロヴァキア共和国の領土に出来するものと証明される文書、または同国からオーストリアの領土に移送された文書、証書、冊子も引き渡しの対象とされた。他方、チェコスロヴァキアは、サンジェルマン条約第一九三条で二〇年の期間を区切った条件とは関係なく、オーストリアの領土に関するすべての「書かれた資料」を引き渡すことを約束した。

第一次世界大戦関連の「書かれた資料」のオリジナルの引き渡しは当分の間行わないこととされた。ただし、文書の閲覧、複写、写真による複製作成、オリジナルの貸し出しは認められた。また、チェコスロヴァキア国民に関係する軍法会議文書は、大戦文書の例外として扱われた。

協定第三部は文化財に関する規定である。ここでは、オーストリア政府は、ハプスブルク帝国政府または家門にかつて属していた蒐集物の中で、芸術的、考古学的、学問的ないし歴史的特徴を持つものに関して、二〇年の待機期間の義務を負うとされた。その対象は、次の三点に関係するものである。第一分類は、芸術、工芸、機械、または学問の各分野の貴重品の中で、チェコスロヴァキア領内で誕生したか、長期間もしくは作品製作の重要段階に領内にいた作家（属する民族集団は問わない）のもの、である。第二分類は、起源（作者、出生地）がその土地にある貴重品か、チェコスロヴァキア領内にかつて存在し、同国の領土の文化と密接な関係のある外国の貴重品である。第三分類は、チェコスロヴァキアの諸地方を題材にした風景ないし建造物か、これらの諸地方の歴史または文化発展にとって意味を持つか、または同国の民俗学の観点から重要性を持つ形態を典型的に具現する人物および場面である。

ここで両国は、第一分類から第三分類のうち最低二つに当てはまり、さらに長期間、またはオーストリアの文化財の一部になっていない、または他国の文化財の一部を形成していないものを「真のボヘミア（wirkliche Bohemica）」と呼んでいる。「真のボヘミア」とは具体的には何を意味するのか。チェコスロヴァキア側の主張では、それは地理的な範囲でいえば「チェコスロヴァキア国家」であった。

協定第一部の附則Ⅰには、国立文書館、内務・司法省文書館、内務省貴族文書館、宮廷財務局文書館が所蔵する文書の中で引き渡されるものが列挙されている。その中には、ボヘミア王室文書館文書、チェコスロヴァキア領内にあるヨーゼフ二世によって廃止された修道院文書、プラハ城傭兵隊長文書、一七四九年までのボヘミア官房とボヘミア王国宮廷官房の文書、一五二六〜一七四九年のボヘミア課文書などがあった。

チェコスロヴァキアにかなり有利な内容となった協定が締結された背景には、この時期のオーストリアの置かれた経済的状況が影響していた。大戦末期から続く人々の生活必需品の不足状態は容易には回復しなかった。終戦後も新生オーストリアは石炭と砂糖の供給をチェコスロヴァキアに大きく依存していた。そのため、チェコスロヴァキアは文書協定交渉において石炭と砂糖の供給停止をほのめかすなどした[26]。プラハ協定を補完する形で、一九二二年五月にはサンジェルマン条約でオーストリアからチェコスロヴァキア領になった下オーストリア州の複数の自治体の文書を移管する協定も締結された。

(3)　モデルとしてのプラハ協定の応用

プラハ協定から約一年半後の一九二一年一〇月、オーストリアはルーマニアとも文書協定を締結した。この協定はプラハ協定をもとに作成された（条約言語はドイツ語とフランス語）。ルーマニアの特殊事情が反映されたのは、旧オーストリア領ブコヴィナとガリツィアに関する第五条と第六条であった。ブコヴィナは、一八四九年にガリツィアから分離し、自治権を獲得した地域であったが、サンジェルマン条約の結果としてルーマニア領に割譲されることになった。協定は、ブコヴィナで保管されている文書の中で一八四九年から一九一八年までのものを出所原則に関係なく引き渡すことを定めている。他方、それ以前の時代の文書については、引き渡しは出所原則に基づいて行うと定めた。なお、ガリツィアとブコヴィナの両方に関係する文書は、今までの施政地で共同利用されるとした。[27]

プラハ協定やオーストリア＝ルーマニア協定の成立によって、ユーゴスラヴィアを取り巻く環境は大きく変わった。そこで、一九二二年九月に同国はさらなる文書・文化財の移管を目指して、オーストリアに交渉を持ちかけた。その結果、一九二三年六月に「サンジェルマン条約第九三、一九一、一九六条の履行に関するオーストリア＝ユーゴスラヴィア協定」が調印された。[28] 協定は、全三〇条から構成されており、それに附則がついている。基本的には、プラハ協定を踏襲する内容であった。なお、プラハ協定で言及された「真のボヘミア」に相当する「真のセルビア・クロアチア・スロヴェニア（die wirkliche Serbo-Kroato-Slovenica）」という言葉が第二一条で使用され、プラハ協定に類する三つの要件を使い、それらに合致するものをユーゴスラヴィア側に引き渡すことを明記している。また、この協定では「ユーゴスラヴィア国民（die serbo-kroatisch-slowenische Nation）の文化的希望を考慮して、この協定の附則に掲載される文書群」が引き渡されることを規定していたが、この附則は基本的にはオーストリアが引き渡す対象物を明らかにしていた。これらは家門・宮廷・国家文書館、戦争文書館、内務省・司法省文書館に保管されているものであった。対象物の例としては、セルビア・クロアチア・スロヴェニアを出所とする中世時代の証書、カラジョルジェ侯と辺境司令官との書簡、軍政国境文書、イェラチッチ総督の南部軍文書、一五世紀後半にフリードリヒ三世が現在のスロヴェニアの都市ラシュコに出した年に数回の定期市の開催を認めた特許状があった。[29]

さらに、最終議定書では、オーストリアが移管を要請する文書の一覧も記載されている。そこには、大戦中にハプスブルク帝国軍が現在のユーゴスラヴィア領から撤退した際に放置された旅団以上の司令部の文書やハプスブルク帝国軍第四七歩兵連隊文書などの軍事関係書類、ケルンテン南部の国境画定の際に行われた住民投票実施地域の官庁の文書に加えて、ユーゴスラヴィア領内になお存在するハプスブルク帝国の在外公館――ベオグラード、モンテネグロのツェティニェ、サラエヴォ――の文書の返還、さらにオーストリアが引き渡した共通財務省ボスニア・ヘルツェゴヴィナ関連文書への自由アクセス権などがあった。オーストリアから見て、この一九二三年協定は、一九二〇年の共同宣言と比較してプラハ協定のような関連原則も導入されていることから、交渉上の後退であった。[30]

少し時代は下るが、一九三二年一〇月には、オーストリアはポーランドとも文書協定を締結した。[31]この協定もプラハ協定をもとにつくられた。ガリツィアとブコヴィナに関する資料の引き渡しは行われずに、現在の保管場所に引き続き保管することとされた。

5　文書移管問題の不完全な解決

(1)　オーストリア＝ハンガリー協定

ハンガリーの文書問題における関心は、旧オーストリア関連の文書ではなく、ハプスブルク帝国共通事項（外交、軍事、帝国全体の財政）に関係する文書であった。その際、ハンガリーは共通官庁文書に対する共同所有権を主張した。[32]これは、ハンガリーも出所原則に同意していたことに由来する。ハンガリーの共同所有権論に対して、オーストリアは単独所有権を主張した。そのため、両国の交渉は進展しなかった。さらに、プラハ協定でオーストリアが文書と文化財を引き渡したのみならず、協定をチェコスロヴァキア全域に適用することを承認したことも問題であった。なぜなら、プラハ協定によって、オーストリアは、旧ハンガリー王国領であったスロヴァキアとカルパチア＝ウクライナに対する義務も負うことになったからである。[33]このことは新生ハンガリー政府にとっては納得できるものではなかった。また、旧ハンガリー王国領ブルゲンラントの所属をめぐるオーストリアとハンガリーの対立も、文書・財産問題に影響を与えた。この問題は一九二三年二月に解決した。とはいえ、文書問題の解決には、ブルゲンラント問題の解決からさらに四年を要した。

一九二六年五月に成立した文書問題に関する協定（バーデン合意）では、オーストリアがハンガリーに対して、ハンガリーの文化的遺産に属する書類を引き渡す義務があるとした。しかし、何が「ハンガリーの文化的遺産」にあたる文書なのかについては、明らかにしていない。そこで、両国は、文書に関する出所原則を認めたうえで、分割不可能な文書群は「文化的共有財」として引き続きウィーンに保管することを約束した（共通財産の時期は、一五二六年から一九一八年一〇月三一日までのもの）。ただし、共通官庁が作成した文書でハンガリーに関するものであっても、一八六七年より古い文書は、出所原則により文書群の一体性を維持するとした。そのため、バーデン合意におけるハンガリーの文化的遺産は、一八六七年のアウスグライヒ以降の共通官庁で作成され、かつハンガリーのみに関係する文書だけとなった。また、共通財産の観点から、両国はウィーンの文書館にハンガリー人派遣職を常駐させることにした。[34]

(2) 対立するオーストリアとユーゴスラヴィア[35]

このように、オーストリアはサンジェルマン条約を基本とする二国間協定において具体的に引き渡される内容とその手続きを取り決めた。しかしながら、実際に引き渡しをめぐって長期にわたる問題が生じた。それが、ユーゴスラヴィアとの問題であった。

先述のように、オーストリアは同国に対して、要請していた文書返還の実施を期待していた。さらに一九二六年二月、オーストリアは覚書を送り、文書の引き渡しを改めて要求した。これに対して、ユーゴスラヴィアは、公使館・領事館の文書の保管資格が自国にあること、またボスニア・ヘルツェゴヴィナ関連文書についても、すでに自国に所有権があるとの見解を示した。オーストリアは、この対応を協定不履行の意志と見なしたため、文書協定の履行は事実上停止することとなった。オーストリアが一九三八年にドイツに併合され、第二次世界大戦が勃発すると、事態は大きく変化した。ユーゴスラヴィアを占領したドイツは、ドイツと併合されたオーストリアに文書・文化財を持ち出した。ボスニア関連文書も一九四二年にベオグラードからウィーンに移された。

第二次世界大戦後の両国の文書・文化財問題は、文書協定と第二次世界大戦中に運ばれた文書との関連性をどのように扱うかによって、複雑化した。ボスニア・ヘルツェゴヴィナ関連文書は一九四七年に社会主義国家ユーゴスラヴィアに移管された。オーストリアが主権を回復した国家条約が締結された一九五五年以降、事態は改善し始めたものの、大きな進展はなかった。一九七五年に「ユーゴスラヴィアの文化財の返還に関する議定書」が調印されたものの、抜本的な状況の変化は起きなかった。

冷戦の崩壊と関連する社会主義国家ユーゴスラヴィアの解体は、文書協定に大きな影響を与えた。オーストリアは同国の解体によって文書協定を完結したものと見なした。それは、一九九二年にオーストリアが条約の継承に関する協定をスロヴェニアと締結した際に、文書に関する一九二三年協定を継承の対象に含めなかったことから明らかであった。しかし、オーストリアの複数の連邦州がそれ以降にスロヴェニアと個別に協定を結ぶことで、文書・文化財の移管問題の解消を目指す方法で動いていったのである。

注

1　小川千代子・高橋稔・大西愛編著『アーカイブズ事典』大阪大学出版会、二〇〇三年、一一六頁。

2　ドイツ連邦文書館 https://www.bundesarchiv.de/DE/Navigation/Benutzen/Hilfe/Glossar/glossar.html（最終閲覧二〇二〇年三月二〇日）

3 StGBl 5/1918. http://alex.onb.ac.at/cgi-content/alex?apm=0&aid=sgb&datum=19180004&seite=00000004&size=45（最終閲覧二〇二〇年三月二五日）

4 Protokoll über die am 14. November 1918 im Deutschösterreichischen Staatsamt für Äußeres abgehaltene erste Gesandten-Konferenz, Archiv der Republik（AdR）, Neues Politisches Archiv（NPA）, Präsidium, Karton 4, Österreichisches StA.

5 Y. Huguenin-Bergenat, *Kulturgüter bei Staatensukzession*, Berlin: De Gruyter, 2010, p. 61.

6 H. Gasser, Das Provenienzprinzip, in G. Hetzer und B. Uhl（ed.）, *Festschrift Hermann Rumschöttel zum 65. Geburtstag*, Erster Band, Köln: Böhlau, 2006, p. 191; Huguenin-Bergenat, *op. cit.*, p. 79.

7 *Ibid.*, p. 80; R. Neck, Zu den Österreich-Italienischen Archivverhandlungen nach dem Ersten Weltkrieg, *Mitteilungen des Österreichischen Staatsarchivs*（*MÖStA*）, 31, 1978, p. 436; J. Rainer, Die italienische Militärmission in Wien 1918-1920, in A. Novotny und O. Pickl（ed.）, *Festschrift Hermann Wiesflecker zum sechzigsten Geburstag*, Graz: Historische Instituts der Universität Graz, 1973, p. 273.

8 Zl. 6156/1/prs.（30. Dez. 1918）, NPA, Karton 283, AdR.

9 T. Just, Oswarld Redlich als Archivbevollmächitgter der Republik（Deutsch-）Österreich, *Mitteilungen des Instituts für Österrereichische Geschichtsforschung*, 117（3-4）, 2009, p. 420; Zl. 924/1/prs.（21. Feb. 1919）, NPA, Karton 283, AdR.

10 Just, op. cit., p. 420.

11 Niederschrift über die am 12. Februar 1919 im Deutschösterreichischen Staatsamt für Äußeres abgehaltene neunte Gesandtenkonferenz, NPA, Präsidium, Karton 4.

12 A. Suppan, *Jugoslawien und Österreich 1918-1938*, Wien: Oldenbourg, 1996, p. 363; F. Würthle, Dokumente zum Sarajevoprozeß, *MÖStA Ergänzungsband*, 9, 1978, pp. 104-105 Anm.47; W. Winkelbauer, Das k.u.k. Reichsfinanzministerium（"Gemeinsames Finanzministerium"）und seine Registraturen 1868-1918, *MÖStA*, 28, 1975, p. 243.

13 Just, op. cit., pp. 419-420; J. Holeschofsky, Oswald Redlich（1858-1944）, in K. Hruza（ed.）*Österreichische Historiker*, Bd.3, Wien: Böhalu, 2019, pp. 29-66.

14 Promemoria, Nachalß Oswald Redlich, Karton 2, Haus- Hof- und Staatsarchiv（HHStA）.

15 Gasser, op. cit., pp. 194-195.

16 Gutachten des Archivbevollmächtigtenn des deutschösterreichischen Staates zu Artikel 189 des Friedensvertragsentwurfs, Nachlaß Redlich, Karton 2.

17 StBGl 303/1920. http://alex.onb.ac.at/cgi-ontent/alex?apm=0&aid=sgb&datum=19200004&seite=00000995&size=45（最終閲覧二〇一〇年三月三一日）

18 Neck, op. cit., p. 438.

19 Niederschrift über die 22. Oktober 1919 im österreichischen Staatsamt für Äußeres abgehaltene zwischenstaatsamtliche Besprechung betreffend Übergabe von Akten, Archiven, Registratur beständen etc. gemäß Artikel 93, 184, 191 und 192 des Friedensvertrages von St. Germain, Nachlaß Redlich, Karton 2.

20 StBGl 577/1919. http://alex.onb.ac.at/cgi-content/alex?aid=sgb&datum=1919&iv=1&size=45（最終閲覧二〇一〇年三月三一日）

21 Niederschrift über die am 15. Dezember 1919 im österreichischen Staatsamt für Äußeres abgehaltene 25. Gesandtenkonferenz, NPA, Präsidium, Karton 4.

22 Z.11/ex 1920, Z.48/ex 1920, Z.76/ex 1920, Registratur des Archivbevollmächtigten, Karton 2, HHStA.

23 StBGl 479/1920. http://alex.onb.ac.at/cgi-content/alex?aid=sgb&datum=1920&iv=1&size=45（最終閲覧二〇一〇年三月三一日）

24 Allgemeine Grundsätze, ohne Datum, Nachlaß Redlich, Karton 2.

25 L. Bittner, Die zwischenstaatlichen Verhandlungen über das Schicksal der österreichischen Archive nach dem Zusammnebruch Österreich-Ungarns, *Archiv für Politik und Geschichte*, 4（1）, 1925, p. 76, Amn.1 und 2.

26 Suppan, *op. cit.*, p. 363.

27 BGBl 583/1922. http://alex.onb.ac.at/cgi-content/alex?aid=bgb&datum=1922&page=1131&size=45（最終閲覧二〇一〇年三月三一日）

28 BGBl 602/1923. http://alex.onb.ac.at/cgi-content/alex?apm=0&aid=bgb&datum=19230004&seite=00001909&size=45（最終閲覧

二〇一〇年三月三一日）

29 G. Rill, E. Springer, und C. Thomas, Archivberichte: 60 Jahre Östereichisch-jugoslawisches Archivübereinkommen, *MÖStA*, 35, 1982, pp. 305-318.

30 L. Auer and C. Thomas, The Austro-Yugoslavian Convention on Archives: A Case Study in State Succession, *Information Development*, 1 (3), 1985, p. 170; W. Weilguni, *Österreichisch-Jugoslawische Kulturbeziehungen 1945-1989*, Wien: Verlag für Geschichte und Politik, 1990, p. 97.

31 BGBl 165/1933. http://alex.onb.ac.at/cgi-content/alex?apm=0&aid=bgb&datum=19330004&seite=00000477&size=45（最終閲覧二〇一〇年三月三一日）

32 Huguenin-Bergenat, *op. cit.*, p. 71; I. Ress, Der Weg zum Badener Abkommen, *MÖStA, Sonderband*, 4, 1998, p. 16. 本書第九章を参照。

33 Ibid., p. 20.

34 Huguenin-Bergenat, *op. cit.*, pp. 178-179; M. Silagi, Die internationalen Regelungen zum Archivgut der Habsburgermonarchie nach 1918: Zum Schicksal von Archiven beim Staatszerfall, *Südost-Forschungen*, 55, 1996, pp. 319-320. 本書第九章も参照。

35 この箇所は、Huguenin-Bergenat, *op. cit.* と Weilguni, *op. cit.* を基にした。

第 11 章

帝政期の都市の保全活動をめぐって

チェコの労働者住宅の事例から

森下嘉之

リベレツの労働者住宅
出所）筆者撮影。

1　帝政期におけるリベレツ／ライヘンベルクの発展

(1)　都市の概観

チェコ共和国北部・リベレツ県の県都リベレツは、ドイツとの国境が近い高原に位置する地方中核都市である。二〇一一年の国勢調査によれば、市域の人口一四万〇六四二人中、「チェコ人」が九万七九九二人に対し、「ドイツ人」は四八四人にとどまる。[1]

このチェコ語でリベレツという名の街については、帝政期、さらにはその後も数十年にわたって、ライヘンベルクというドイツ語名が主に通用していた。一九一八年の帝国解体と「民族自決」に伴って独立した新国家チェコスロヴァキアは、総人口およそ一〇〇〇万人中、三〇〇万人以上の「ドイツ人マイノリティ」を抱えた多民族国家であった。彼ら・彼女らの多くは、リベレツ／ライヘンベルクを含むドイツとの国境沿いの北部・西部地域に居住していた。これらの地域は、一九三八年のミュンヘン協定によるヒトラー率いるナチ・ドイツへの割譲、第二次世界大戦後のドイツ系住民「追放」を経験した。チェコ系住民の入植に伴う住民構成の変化、さらに一九四八年に成立した共産党政権による約四〇年間の統治下において、この街は専らチェコ語で「リベレツ」と呼ばれることになった。[2]

一九八九年の体制転換から三〇年の間に、リベレツを取り巻くチェコ・ドイツ国境地域では、国境の事実上の撤廃に伴い、地域間交流がEUの政策としても進められている。本章が着目するのは、帝政期からチェコスロヴァキア独立時にかけて、この街において建設された労働者住宅の保全政策をめぐる議論である。チェコ国内におけるドイツ人の影響の色濃い帝政期の街並み保全の例としては、チェスキー・クルムロフやヘプなどが挙げられるが、リベレツの事例においては二〇世紀の労働者住宅が保全対象となっている点が特徴的である。本章では帝国解体から一〇〇年を経て、労働者住宅がどのような論理で帝国の「遺産」として位置づけられようとしているのかを考えてみたい。なお本章では、混乱を避けるために現在の都市名「リベレツ」で統一するが、場合によってはドイツ語名「ライヘンベルク」も併記する。

(2) 一九世紀後半におけるリベレツ／ライヘンベルクの工業化

ハプスブルク帝国統治下のチェコ（ボヘミア領邦）は一九世紀当時、帝国内屈指の工業地域であったが、その中心的位置を占めたのが、ドイツ諸邦と隣接したボヘミア北部地域であった。当地では、褐炭などの天然資源を背景とした工業化が進み、織物工業が発展したが、その中心地となったのが、交通の要衝に位置していたリベレツであった。[3] リベレツでは織物工場を中心に、さまざまな企業や金融機関が設立されたが、リベレツに設立された北ボヘミア商工会議所は、当地の実業家・有力市民層によって構成され、プラハにも対抗しうる強い存在感を示していた。

工業化に伴ってリベレツでは、近隣からの労働者層の流入による人口増加・都市化が進展した。同時期にチェコ系ブルジョワジーが台頭していたプラハと異なり、リベレツをはじめとするドイツとの国境沿いの諸都市においては「ドイツ系」人口が多数を占めることが特徴であった。リベレツの人口は一八五〇年の人口一万四三六四人から、一八八〇年には二万八〇九〇人へと増加するが、この年から始まった国勢調査の言語調査によれば、このうち「チェコ語話者」は二四八八人（八・九％）にとどまっていた。[4] 当時の国勢調査は、「民族」統計ではなく「言語」を指標としていたが、「ドイツ語話者」が圧倒的優位を占める状況にあったことは確かである。

都市化の進展に伴い、リベレツでは一八五九年にはガス会社、一八八七年には電力会社が設立されたのをはじめ、一八九七年には市電が開通し、公園や墓地などのインフラや教育施設が整備された。[5] 一八九三年には、市のシンボルともいえるネオルネサンス様式の新市庁舎が完成した。また一八九八年には北ボヘミア産業博物館（現・北ボヘミア博物館）、一九〇二年にはフランツ・ヨーゼフ公衆浴場（現・ギャラリーミュージアム）などの主要文化施設が、地元の企業家の資金援助とウィーンの建築家による設計によって相次いで建設された。

このような中、商工会議所によって一九〇六年に開催された「ドイツ・ボヘミア博覧会」は、一二六万五四二三人の訪問者数を記録し、皇帝フランツ・ヨーゼフも訪問した。成功を収めたリベレツのドイツ人ブルジョワジーからは、「ドイツ・ボヘミア州 Provinz Deutsch-böhmen」の設立によってプラハと差別化し、リベレツを「ドイツ・ボヘミア人」の首都にすることを目指す声も現れるようになった[6]。帝政末期のリベレツは、強い経済力を背景に、ボヘミアはもとより、帝国全体においても独特の存在感を放った都市であった。その中で、リベレツのチェコ語話者は、数的には圧倒的に少数派で、政治的にも不利な立場に置かれていたが、世紀転換期には「マチツェ」や「ベセダ」と呼ばれる結社活動を通して政治的・経済的な組織化を進めるようになった。

2 世紀転換期の都市・住宅問題

(1) 建築家カミロ・ジッテの都市構想

一九世紀後半におけるリベレツの急激な工業化は、労働者層の増加による都市問題の発生をもたらした。当時の住居の多くは、間取りも狭く劣悪な衛生条件であったことに加え、労働者家族が家賃を賄うために、地方から出てきた単身労働者に対して寝室のみを提供する「ベッド貸し」と呼ばれる慣行が広がっていた[7]。労働者に対する住宅数が決定的に不足していた反面、行政による対策は不十分であった。

都市開発を進めるにあたって一八九三年に市当局が招聘したのが、『芸術的原理に基づく都市計画』(邦訳『広場の造形』)(一八八九年)で知られる建築家カミロ・ジッテ(一八四三〜一九〇三)であった[8]。彼は都市建築において、歴史的な広場の整備や公共空間の「美観」、モニュメントの芸術的要素を重視しており、一九世紀後半のウィーン都市開発「リングシュトラーセ」に対して批判的であった。ジッテは、リベレツの他にも、オロモウツ、オストラヴァ、チェシン、テプリツェなど、帝政期チェコの地方都市における都市計画にも携わっていた。

ジッテがリベレッツ都市計画において中心部の美観整備とともに最重要課題の一つとして取り組んだのが、労働者住宅の建設と環境改善であった。彼は、同市における住宅問題の原因を、借家人の多さに加えて、一部屋住宅の過密と不衛生に伴う住民のモラルに見出していた。彼の計算によれば、一九〇〇年当時の都市住民の三六％が市周縁部の一部屋住宅に居住しており、市内の住宅約八〇〇〇戸のうち、台所と二、三部屋を確保しうる「健康で安価な」住宅は二七〇〇戸で、全体の三分の一程度にとどまっていた。[9]

ジッテが提唱したのは、家主が利益を得られるような四〇平方メートルの「小住宅」の建設を、二四年間の税免除によって促進することであった。[10] 彼の構想は、「美しい台所と玄関を持つ一階に、家族の居間と子どもの寝室、クローゼットを配した二階、寝室として使える屋根裏」からなる庭付きの戸建てを、五〇〇〇フローリン程度の費用で建設することであった。ジッテはこのような設計であれば、ベッド借りであってもいずれは戸建て家屋に居住できると考えた。[11] ジッテの住宅改革構想はあくまでも、「貯蓄精神」および「教養を持った」「最低限の資本力のある借家人」に住宅を供給することであった。[12]

ジッテ自身は、一九〇一年にリベレッツ再開発計画を提出した後、リベレッツの住宅政策を見届けることなく一九〇三年に死去した。結果的に、リベレッツにおいてジッテの住宅建設・都市再開発計画は実現しなかったが、彼が去った後も、市議会において住宅問題は継続的に審議された。その中で現れた解決策の一つが、次に見る「田園都市」構想であった。

(2) 「田園都市」構想の影響

二〇世紀初頭、後に日本も含めて世界の都市計画において大きな影響を及ぼす理論がイギリスで誕生した。エベネザー・ハワードが発表した『明日の田園都市』および、レイモンド・アンウィンによる田園都市「レッチワース」である。ハワードが構想した「田園都市」とは、大都市の過密を逃れた農村に、民間有志による土地の賃貸しを通して、住宅を計画的に配置するというものであった。田園都市は、中心部に公共施設や庭園を配し、その周囲に住宅や学校を、さらに周辺部に工場が取り囲む、職住近接のライフスタイルを掲げた「都市と農村の結合」として提唱された。[13]実際に建設された田園都市レッチワースは、ロンドン郊外に位置し、鉄道を通して大都市との関係を維持する郊外住宅地という性格を有していた。住宅問題解決のための都市計画という発想は、他のヨーロッパ諸国においても注目を浴びることになった。

イギリス同様、住宅改革運動の試みがあったドイツでは、建築家ハンス・カンプフマイヤーによって「ドイツ田園都市協会」が一九〇二年に設立された。[14]このような動きは隣国ハプスブルク帝国にも伝えられていたが、特にチェコにおいて注目されたのが、地理的にも近いドレスデンの田園都市「ヘレラウ」であった。「ヘレラウ」は元来、ドレスデン工房の労働者コロニーとして建設された住宅地であったが、「新しい人間」の育成を目指す「リズム学校」の設立によって広く知られることになった。一九一二年に『英国田園都市』を著したチェコの住宅組合運営者カレル・ルドルフは、一九一一年に開催されたロンドン国際都市計画会議に参加した折、イギリスやドイツ、オランダ、ベルギーなどの住宅を視察するが、その中で模範とすべき住宅団地としてヘレラウを挙げていた。[15]一九一二年にチェコ語で出版された建築雑誌によれば、この当時チェコに紹介されていた田園都市の関連文献・記事は、チェコ語が一五本ほど、ドイツ語が七本、英語が八本であり、チェコにおいても田園都市理論はすでに知られていた。[16]

リベレツでは一九〇八年の市議会で、カンプフマイヤーのドイツ田園都市協会について報告がなされていた。リベレツにおいて大規模な労働者の「田園都市」を実現させたのは、自治体による公営住宅や、住宅組合による開発ではなく、織物工業で一時代を築いた当地随一の企業であった。

3 リービーグ織物工場による労働者住宅の建設――一九〇〇～一九一〇年代

(1) 織物工業の街、リービーグ織物工場の発展

リベレツは織物業によって栄えた街であったが、その中でも最大規模の企業が、一九世紀初頭に設立されたリービーグ社であった。創設者のヨハン・リービーグ（一八〇二～七〇）は、一八二八年に当地の貴族クラム＝ガラス伯が経営する織物工場の買収に成功した後、急速に事業を拡大した。二代目の息子ヨハン・リービーグ（一八三六～一九一七）を経て、一八歳の若さで経営を引き継いだ孫のテオドル（一八七二～一九三九）は、商工会議所においても主要な構成員であった。彼は自転車・自動車好きとして知られ、一九〇六年のドイツ・ボヘミア博覧会開催においても主要な役割を果たした。市中心部とパヴィリオンを結ぶ「リービーグ通り（現・フソヴァ通り）」と名づけられた道路のほか、前述の新市庁舎をはじめ、この時期の歴史的建造物の多くはリービーグ家の出資によるものであった。世紀転換期には三〇〇〇人の労働者を抱え、ブダペシュトやティミショアラなど領邦外にも進出した。市内には今も、この時期にリービーグ家が建てた大規模な館が残っており、織物工業の街リベレツにおいて同社の規模と影響力は際立っていた[17]。

このリービーグ織物工場について必ず触れられるのが、同社が展開した従業員に対する福利厚生の数々である。すでに一八四〇年代には、従業員の疾病時における無料の診察を導入していたほか、休職期間中も給料の半分が保証されていた。一八五〇年代には、従業員三〇〇人に対して五六戸の住宅を供給したほか[18]、従業員の子弟のための学校や児童施設、食堂やパン屋も整備した[19]。

同社による住宅建設が本格化するのは、住宅問題が市議会によって審議されるようになる一九〇〇年代であった。欧州各国の田園都市運動に呼応するかのように、リービーグ社は一九〇六年から一九〇八年にかけて、台所つき二～

四部屋住宅からなる五つの労働者向け集合住宅を建設した。その後、リービーグ社は一九一〇年代に入り、本格的な田園都市構想に乗り出すことになる。

(2) 労働者の田園都市「リービーグ・タウン」

リービーグ社が建設した住宅の中で最も田園都市的な要素を持ち、近年建築的価値が着目されているのが、労働者住宅のコロニー「リービーグ・タウン」であった。近年の研究成果（第五節で後述）に従って、簡単に紹介しよう。

当主テオドル・リービーグは一九一一年、新たな労働者住宅の建設にあたって、ニュルンベルクから一人の建築家を招聘した。その人物は、フランクフルト在住で美術品蒐集家であった叔父ハインリヒ・リービーグ（一八三九〜一九〇四）とつながりを持つ建築家ヤコブ・シュマイスネル（一八七四〜一九五五）であった[20]。シュマイスネルが企画した労働者住宅は、広場を中心としてその周囲に庭付き戸建て住宅を配する、文字通りの田園都市型の住宅であった。住宅建設にあたっては、織物工場を見下ろす丘の上が選定され、一九一一年から一九一四年にかけて、狭い曲線の道に四二家屋が建設された。この住宅団地においては、家屋のみならず商店や酒場、五クラスからなる女子学校も設置され、団地内で労働者の生活が完結するよう設計された。

さらに、第一次世界大戦中の一九一六年、リービーグ社は同工場から出征した兵士のための住宅団地「故郷の家」の建設に着手した。チェコスロヴァキア独立後の一九二一年に、リービーグ社は故郷の家を市に移管した後、同じく建築家シュマイスネルの設計によって、一九二六年までに二七家屋を建設した。故郷の家団地もリービーグ・タウンと同様、庭付き戸建て住宅によって構成されており、団地内には公衆浴場や理髪店、タバコ・雑貨屋、パン屋が置かれ、屋根裏は理容師や仕立屋の部屋として活用された[21]。

これらの団地に設けられた住宅はいずれも庭付きで、一階に居間と台所、浴室が配置され、屋根裏部屋と地下室も備えられていた。労働者住宅でありながら、集合住宅ではなくコテージタイプの戸建てを採用した点に、一九世紀の

写真 11-1　第一次世界大戦期に建設された「故郷の家」
出所）筆者撮影。

住宅改革議論・田園都市の影響が見て取れよう。その一方、リービーグ・タウンおよび故郷の家の住宅建築において特徴的だったのは、イギリス型の田園都市と異なり、木造の玄関と屋根の形態、窓枠の装飾において地域の「伝統的／民族的」様式が採用されたことにあった（二七三頁、本章扉写真参照）。これは、リベレツにおける冬季の積雪を考慮して、モダニズム建築より農村住宅の先鋭的な屋根型を採用した結果であった（写真11‐1）。リービーグ・タウンの広場の建築様式に顕著に見られるように、独特の屋根の形に加えて、壁のくぼみには聖人やパトロンの像が設けられるなど、装飾が重視されていた。このような住宅設計は、イギリスの田園都市の理論を基盤に、ジッテが重視した都市計画の美的感覚を重ね合わせたものであった。[22]

もっとも、従業員数千人を抱えるリービーグ工場において、このような労働者住宅に入居できる層はごく一握りであった。リベレツでジッテらが提起した都市計画・住宅改革と、国内外で勃興しつつあった田園都市運動の結節点での産物であったといえよう。

4　新国家チェコスロヴァキアでの住宅事情――一九二〇年代

(1)　チェコスロヴァキア独立とリベレツ／ライヘンベルク

一九一八年一〇月二八日、ハプスブルク帝国の崩壊を目前に、アメリカ大統領ウィルソンが提唱した「民族自決」に基づき、チェコスロヴァキア共和国の独立宣言が行われた。独立直後の新国家にとって最大の懸案事項が、民族混住地域における新国境の画定だった。チェコスロヴァキア新政権は、チェコの「歴史的権利」としてボヘミア、モラヴィア、シレジアの諸領邦全域の領有権を主張した。しかし、チェコスロヴァキアの独立を正当化した「民族自決」の論理は、リベレツをはじめとするチェコ内のドイツ系住民らによっても援用された。ドイツとの国境沿いの地域を中心に、「ドイツ・ボヘミア州政府」が結成され、チェコスロヴァキアからの分離運動が生じたのである。このように、チェコ北部では両民族の「民族自決」権が正面からぶつかることになったが、一九一九年初頭、チェコスロヴァキア軍によってドイツ人が多数派を占める国境地域が制圧され、その後のサンジェルマン条約において、同地域がチェコスロヴァキア領となることが確定した。

一九二一年に行われた「民族」統計によれば、リベレツ／ライヘンベルク市の人口三万四九八五人中、チェコ人四八九四人に対してドイツ人は二万七九二九人を数えており、依然として街の住民の大多数はドイツ系であった[23]。その一方で、新国家においては「チェコスロヴァキア民族」が国家形成民族であると位置づけられ、「ドイツ民族」は国内に三〇〇万人以上を数えながらも「マイノリティ」の地位に留め置かれた。このため、同市をはじめとするチェコスロヴァキア・ドイツ国境沿いの地域では、政治的にはマイノリティであるドイツ系住民が人口・経済力において多数派を占め、国家形成民族と目されたチェコ人がマイノリティとなる逆転現象が生じることになった。

このような政治的緊張を孕みながら、リベレツの織物工業は発展を続けた。一九三〇年には、チェコスロヴァキア全土における織物工場三万九九五三のうち、リベレツでは二六一の工場が操業していた。リベレツの織物生産の六〇%が輸出用であり、当地はもとより、新国家においても重要な産業であった。[24] 両大戦間期には市中心部に近代建築が続々と現れ、都市開発はさらに進められていった。[25]

もっとも、これらの都市開発によって労働者の住環境が劇的に改善されたわけではなかった。一九三〇年の統計によれば、市内の全住宅のうち水道が引かれているのは四五・七%、浴室があるのは二〇・二%、集中暖房は五%にすぎなかった。[26] 帝国崩壊と新国家成立という契機においても、都市社会の生活環境は依然として厳しいままであった。

(2) 一九二〇年代のリービーグ織物工場の福利厚生

一九世紀末より始まったリービーグ織物工場による労働者住宅の建設は、新国家においても継続された。一九二〇年代に、リービーグ社は労働者住宅の建設に一四〇〇万コルナを投じた結果、一九二〇年代末には同社が所有する社宅は一二五家屋四七〇戸を数え、入居者は一六〇〇人に達した。[27] もっとも、同社の全従業員数は五〇〇〇人ほどであったため、社宅に入居できた従業員の比率は三分の一程度であった。さらに、これらの社宅の中でも目玉であったリービーグ・タウンの入居者は、三〇〇人の労働者、四六人の親方、一一〇人の従業員という内訳であった。実際には、社宅の入居者のすべてがリービーグ社の従業員ではなく、また、同社が第一次世界大戦中に建設した故郷の家団地は、一九二〇年代に市に移管したことで、公務員住宅としても使われるようになっていた。

ここでは、リービーグが市内に建設した労働者住宅の住宅規約(全二〇項)の一部を紹介してみたい。ここは社宅の中でも比較的規模の大きな家屋であるが、定められた規則としては、屋根裏部屋の住居としての利用禁止、熱のこもった灰の廃棄禁止、犬を飼うことの禁止、窓などに棄損が生じた場合は入居者の負担となること、水回りや階段部分の各世帯における掃除割り当てなど、かなり詳細な規則が存在することがうかがえる。一九二六年の報告によれば、社宅内で飲食店を営む住民に対して、階段部分と倉庫の照明取り付け費用一一四コルナを賄うために一二五コルナ分の家賃への上乗せが通告された。[28]

市内各地の労働者住宅の住民構成については、史料に残された入居者リストからその一部を窺い知ることができる。ゲビルグス通りの社宅には一九〇人が入居していたが、史料に残る三五人の事例では、工場労働者のみならず、パン職人、飲食店経営者、教師や郵便局員、税務役人などの公務員などといった、地域社会の構成員も見受けられた。他方で、四二〇人を抱えるカールス通りの社宅四八人の入居者の事例では、工場労働者や工場の職人層が多くを占めていた。入居者の年齢構成については、両者とも、その多くは三〇代から四〇代の夫婦であり、単身者は二〇代の女性か高齢者に限られていた。また、名簿掲載者の苗字から判断する限りでは、入居者の大多数は「ドイツ系」であったと推測される。[29]

先に紹介した田園都市リービーグ・タウンの入居者については、残念ながら史料面の都合からアクセスすることができない。もっとも、リービーグ織物工場が抱える労働者住宅の規模から見れば、リービーグ・タウンはあくまでも一部にすぎない。実際には、先に見たように、工場労働者に限らず多様な職種の住民が共存しており、その意味では同社社宅は、リベレツにおける「都市内の都市」ともいえる空間を構築していた。

(3) リービーグ労働者住宅をめぐる評価

リービーグ織物工場による社宅建設は、住宅のみならず、田園都市構想に基づいてさまざまな社会施設を併設していたことにその特徴があった。入居費用・家賃は低く抑えられ、食料や生活必需品も安価に購入することができた。一九〇六年には、生後二か月から就学年齢までの従業員の子どもを預かる託児所が開設されたほか、一九二二年には女子従業員の寄宿舎を三二部屋、八〇人収容の宿泊施設へと拡張した。[30] このような規模の労働者住宅建設は、市内の他の織物工場には真似のできないものであった。従業員一〇〇〇人を抱える市内の有力織物工場の一つであったノイマン社においても、供給された社宅は四〇戸、リービーグ社の一二分の一にすぎなかったのである。[31] リービーグ社による労働者への福利厚生は、確かに際立っていたといえよう。

その一方で、第二次世界大戦後の共産党時代には、リービーグの社宅は結果的に労働者の会社への服従を強いるものであったと批判された。実際、入居者は雇用終了後四週間以内に立ち退かねばならず、市内では労働者層の入居を拒否する物件も多かったために、退去者が新居を見つけることはきわめて困難であった。このため、入居者は社宅からの退去を恐れるあまり、親方層とのもめ事を避けようとする傾向にあったという。

装飾に工夫を凝らした労働者住宅の建設は、同市随一の企業であるリービーグ社の財力の喧伝目的を兼ねていたと指摘されている。リービーグ社の目的は、あくまでも良質な従業員を確保するためにすぎず、青年教育や女子従業員の宿舎や託児所、学校建設も、福利厚生施設でのクリスマスや祝祭もまた、会社側が良質の労働者を将来にわたって確保するための手段にほかならなかったという。[32]

このような側面は、共産党政権当時の史料的バイアスを割り引いて考えなければならないだろう。リービーグ社の手厚い福利厚生は、傑出した企業業績によるものであり、同社の力を誇示するという目的があったことは否めない。田園都市建設が進められた理由として、社宅への建設投資と低家賃も、地域内の自給自足によって回収可能であり、結果的には会社の経済的利益になるからであるという指摘もなされている。とはいえ、リービーグ社の住宅建設は、庭付き戸建て住宅の建設という解決案を、当時の世界的な住宅政策の傾向を踏まえたうえで提起した例であった[33]と位置づけることはできるだろう。

5　帝国解体から一〇〇年後の労働者住宅の保全政策

(1)　体制転換・EU加盟以降のリベレッツ

一九三八年九月、ナチ・ドイツを中心に締結された「ミュンヘン協定」によって、チェコスロヴァキア国境地域のドイツへの割譲が定められた。翌年、リベレッツ／ライヘンベルク一帯はドイツ領「ライヒスガウ・ズデーテンラント」に再編され、同地におけるナチ支配の中心都市として位置づけられた。

一九四五年五月のドイツ敗北によって、リベレッツは再度チェコスロヴァキア領に復帰した。「ベネシュ布告（大統領令）」によって、国内のドイツ系住民は財産接収のうえ、国外「追放」となった。ドイツ系住民に対する「追放」政策と同時に、国内のチェコ系・スロヴァキア系住民の入植が始まったことで、同地の住民数は、戦前の一九三〇年における七万六一八一人から一九五〇年には五万六八九八人、一九五七年には六万六七九六人と大きく変動した。[34]

ドイツ人に対する財産接収はリービーグ社にも及んだ。労働者住宅を建設したテオドルの息子である戦時期の当主ヨハン・ヴォルフガング・リービーグ（一九〇四〜六五）は戦後、人民裁判にかけられ、一六か月の禁固刑の判決を受けた。チェコ当局の指令によって同家は織物工場の経営権を失い、一九四八年の共産党政権の成立前に国有化された。市内のリービーグ像は撤去され、ドイツ人都市「ライヘンベルク」の痕跡の抹消が進められた。一九四八年以前から当地で勢力を確立しつつあった共産党は、「解放地をつくりだす」「北部の心臓」というスローガンのもと、四〇年に及ぶ支配体制の下で徹底した「チェコ化」政策を進めた。[35]

一九八九年に生じた体制転換、いわゆる「ビロード革命」によって生じた共産党政権の崩壊と国境開放は、リベレツの社会に大きな変化をもたらした。一九九一年には、近隣のドイツ・ザクセン州およびポーランド・ドルノシロンスク県とチェコ・リベレツ県の間に、「ユーロリージョン・ナイセ／ニサ」が設立され、人的・物的交流が促進された。二〇〇四年にはEU加盟、二〇〇八年にはシェンゲン協定への加盟が認められ、国境の事実上の撤廃が行われた。この間、チェコでは急激な市場経済化と外資の導入が進められる一方、不採算部門の統廃合も進められた。二〇〇四年には、元リービーグの織物工場も操業を停止し、工場は解体された。

(2) チェコ国立文化遺産研究所による保全活動——二〇〇〇~二〇一〇年代

一九九〇年代以降のチェコスロヴァキア(一九九三年にはチェコ共和国とスロヴァキアに分離)における市場経済化によって、チェコ全国の諸都市は市街地再開発と歴史的地区・建造物の保全のジレンマという問題に直面した。同国において歴史的地区を文化財保全の中に位置づける動きは共産党政権末期の一九八〇年代に進み、保全対象となった市域は全国で三〇を超えていた[36]。リベレツにおいても、九〇年代初頭から市街地再整備が進められてきたが、EU加盟後の二〇〇六年に市が保全地区として位置づけたのが、地元の名士リービーグ家が建設した帝政期の労働者住宅であった。市はリービーグの労働者住宅について、当時主流だったアーバニズムの精神に基づく田園都市をモデルに開発された、快適な環境を住民に提供した住宅であり、一体的なコンセプトを体現した住宅団地であると評価した[37]。市は、二〇世紀初頭に欧州各国で展開された田園都市およびモダニズム都市計画の中に、リベレツの労働者住宅を位置づけようとしたのである。

この計画はドイツ人実業家リービーグ家の再評価につながり、社会主義期には放置されていた邸宅や工場跡の保全が打ち出された。同時期に、ベルリンでは一九二〇年代のモダニズム集合住宅がユネスコの世界遺産に登録されるなど、住宅団地そのものを歴史的建造物として捉える動きが世界的に広まっていたことも無縁ではないだろう。ウィーンの建築家カミロ・ジッテが同市の住宅政策とかかわっていたという歴史も相まって、帝政期に建設されたリービーグ・タウンはリベレツにとって、ヨーロッパ規模での近代都市文化の中に自都市を位置づけるうえで格好の歴史資源であった。

市の方針を受けて、第三節で紹介したリービーグ労働者住宅の研究を推進したのが、チェコ国立文化遺産研究所(Národní památkový ústav)リベレツ支部における一連のプロジェクトである。同研究所のペトラ・シュテルノヴァー、ヤン・モール、ヤロスラフ・ゼマンらは、二〇〇五年から二〇一一年にかけて、ハプスブルク末期の労働者住宅を含

写真 11-2 「リービーグ家の足跡」プロジェクトの案内パネル。上からチェコ語、ポーランド語、ドイツ語、英語で説明が記載されている。左側には QR コードも掲載されている

出所）筆者撮影。

む市内の歴史的建築に関する資料調査を行い、二七〇点を収めた電子データ化を完成させた[38]。シュテルノヴァーらは建築史の観点から、リービーグ労働者住宅の「伝統的／民族的」な装飾様式を評価した[39]。このような形で、リベレツにおける労働者住宅・歴史的建築の再評価が二〇〇〇年代にかけて進められていった。本章のこれまでの記述の多くは、これらの研究プロジェクトの成果に依るものである。

さらに、ユーロリージョン・ナイセ／ニサの地域プロジェクト第三期（CZ/PL 二〇〇七～二〇一三）から資金援助を受けて、二〇一五年に市と文化遺産研究所は、「リービーグ家の足跡」プロジェクトを打ち出した。これは、リービーグ家が残した邸宅、史跡、博物館、労働者住宅など計一七か所を指定し、QRコードとアプリの整備によって、これらの歴史的建造物についての情報を広く発信する試みである[40]。アプリ上の説明では、チェコ語のほかに、ポーランド語、ドイツ語、英語が併記されており、国際的に発信しようとする意図がうかがえる（写真11‐2）。

(3) 労働者住宅の保全政策をめぐって

最後に、二一世紀初頭のリベレツにおいて、帝政期に建設された労働者住宅の保全政策の意味を改めて問い直してみたい。老朽化が進む労働者住宅を保全地区に指定し、家屋修繕を行うことについては、費用および住民との合意が

必要なことから、実現が困難な状態である。二〇一七年には文化遺産研究所のスタッフと市の役員が、最小限の修繕によって家屋を保全する案について、労働者住宅の住民らと意見交換の場を設けた。[41]文化遺産研究所は修繕費の負担を市に求めたが、文化財一件につき一五万コルナの費用が見込まれることから、合意に至っていないという（二〇一九年現在）[42]。

ハプスブルク帝国末期に建設されたリービーグ労働者住宅ならびにリベレツの歴史的建築は、一〇〇年の時を超えて、保全地区として議論の只中にある（写真11－3）。リベレツの事例以外にも、一九二〇年代に製靴企業バチャがチェコ東部ズリーン市に建設した労働者住宅は、フランスのル・コルビュジェも着目したモダニズム都市計画として、その意義が喧伝されている[43]。

このような、「文化遺産産業」の存在が都市の魅力度を上げ、国際競争力を高めるという戦略は、デヴィッド・ハーヴェイが批判的に提唱した、他都市との競争によって経済成長を目指し、文化芸術をその中に組み込んでいく「企業家主義的都市」にも通底する[44]。リベレツの政策もまた、体制転換以降に起きたグローバル規模の都市間競争への適応を強いられていく事例として位置づけられるのではないだろうか。

写真 11-3　リベレツ市で展開される歴史的建築の保全活動「生きた記憶」の案内パネル
出所）筆者撮影。

他方で、文化遺産研究所によるリベレツ労働者住宅の保全プロジェクトにおいては、当時の入居者の多数を占めていたと思われるドイツ系住民についてはほとんど触れられておらず、第二次世界大戦後のドイツ人「追放」政策についての言及も見られない。社会主義期から一転して再評価の対象となったリービーグ家の歴史についても、リベレツ／ライヘンベルクの郷土史・文化史の観点からの語りが中心であり、チェコ現代史における歴史認識論争、「ズデーテン・ドイツ人」問題とのかかわりについては触れられていない。社会主義期ポーランドで建設された団地群を分析した菅原によれば、グローバルな規模での「近代化遺産」概念の広がりが保全運動の背景にあるとともに、社会主義の否定といった歴史認識問題を喚起するようなテーマは慎重に避けられているという。[45] 旧東欧圏におけるグローバル化の浸透が引き起こす建造物保全・再生政策と歴史認識問題の関係という点で、ハプスブルク帝国が残した労働者住宅は、一〇〇年後の「いま」を捉えなおす視角を提供するであろう。

注

1　二〇一一年チェコ統計局国勢調査による。ただし、「未回答者」の存在にも留意する必要がある。https://www.czso.cz/documents/10180/20534524/cz051_zvkr013.pdf/001a9b34-84fa-43af-aec3-55397170a87?version=1.0（最終閲覧二〇二〇年五月三日）

2　J. Křen *Konfliktní společenství: Češi a Němci 1780-1918*, Praha: Academia, 1990; P. M. Judson, *Guardians of the Nation: Activists on the Language Frontiers of Imperial Austria*, Cambridge: Harvard University Press, 2006; E. Glassheim, *Cleansing the Czechoslovak Borderlands: Migration, Environment, and Health in the former Sudetenland*, Pittsburgh: University of Pittsburgh Press, 2016.

3　御園生眞「一九世紀前半のボヘミアにおける綿布捺染業の展開」『獨協経済』一〇二巻、二〇一八年、五五〜六〇頁。

4　M. Melanová (ed.), *Liberec*, Praha: NLN, 2017, p. 214.

5　*Ibid*., pp. 224-225, 234-235.

6　*Ibid*., p. 233. この博覧会は、一八九五年にプラハで開催された「チェコ人」主導の工業博覧会に対抗して企画された。

7　S. Technik, *Liberec minulosti a budoucnosti*, Liberec: Severočeské krajské nakladatelství, 1961, p. 109.

8　新谷洋二・越澤明監修『都市をつくった巨匠たち――シティプランナーの横顔』ぎょうせい、二〇〇四年、一二八〜一三二頁。

9　C. Sitte und M. Schwarz, *Entwürfe und städtebauliche Projekte: das internationale Werk in Architektur, Kunstgewerbe und*

Städtebau, Wien: Böhlau, 2014, pp. 451-452; Melanová, *op. cit.*, pp. 223-225.

10 Technik, *op. cit.*, p. 122.

11 Sitte und Schwarz, *op. cit.*, p. 452.

12 Melanová, *op. cit.*, p. 224.

13 新谷・越澤、前掲書、九三～一〇一頁。

14 長谷川章『世紀末の都市と身体』ブリュッケ、二〇〇〇年、七二、一二四頁。

15 K. Rudolf, *Anglická zahradní města: Doncaster, Hull, New Earswick, Bournville, Romford, Hampstead*, Tábor: K. Rudolf, 1912, p. 3.

16 *Styl. Měsíčník pro architekturu, umělecké řemeslo a úpravu měst*, 4, 1912, p. 74.

17 *100 Jahre Johann Liebieg &Co*, 1928, p. 64.

18 Melanová, *op. cit.*, p. 166.

19 *100 Jahre Johann Liebieg &Co*, p. 68.

20 N. Goryczková, K. Hodaňová, Š. Koukalová, P. Šternová, Odborné poznávání, průzkum, vědecké hodnocení, soupis a dokumentace architektonického kulturního dědictví 19. a 20. století, *Zprávy památkové péče*, 70（2）, 2010, pp. 150-156.

21 J. Zeman, *Liberec: urbanismus, architektura, industriál, pomníky, objekty, památky*, Liberec: Knihy 555, 2011, p. 85.

22 L. Zeman, J. Konůpek, J. K. Horváthová, Z. Černý, L. Smola, M. Krsek, J. Zeman, Architektura ve službách národní emancipace: odraz myšlenky národní emancipace v artikulaci architektury s využitím etnografických a národopisných výzkumů, *Sborník muzea Karlovarského kraje*, 25, 2017, p. 97.

23 他に、一三〇人が「ユダヤ民族」であった。Melanová, *op. cit.*, pp. 188, 265.

24 *Ibid.*, pp. 265-268

25 K. Kerl（ed.）, *Die sudetendeutschen Selbstverwaltungskörper: eine Sammlung von Darstellungen der sudetendeutschen Städte und Bezirke und ihrer Arbeit in Wirtschaft, Finanzwesen, Hygiene, Sozialpolitik und Technik, Band 1, Reichenberg*, Berlin-

Friedenau: Deutscher Kommunal-Verlag, 1929; Zeman et al., op. cit., p. 106.

26 Technik, *op. cit.*, pp. 144-147.

27 *100 Jahre Johann Liebieg &Co*, p. 70.

28 Státní okresní archiv Liberec J. Liebieg & Co Liberec, no. 124.

29 *Ibid.*

30 *100 Jahre Johann Liebieg &Co*, pp. 70-73.

31 J. Joza, *Z minulosti a přítomnosti Textilany*, Praha: Práce, 1965, pp. 26-27

32 *Ibid.*, pp. 24-32.

33 Zeman et al., op. cit., pp. 99, 106.

34 A. Wiedemann, *"Komm mit uns das Grenzland aufbauen!" Ansiedlung und neue Strukturen in den ehemaligen Sudetengebieten 1945-1952*, Essen: Klartext, 2007, p. 411.

35 Melanová, *op. cit.*, pp. 326, 333-338; K. Kočová, Mimořádný lidový soud v Liberci a firma Johann Liebieg a Comp., *Fontes Nissae*, 6, 2005, pp. 86-115.

36 J. Rákosník, M. Spurný, J. Štaif, *Milníky moderních českých dějin: krize konsenzu a legitimity v letech 1848-1989*, Praha: Argo, 2018, p. 287.

37 チェコ国立文化遺産研究所ＨＰ（Zpráva o činnosti za rok 2006, vyr353-06. PDF, p. 20.）https://www.npu.cz/vyrocni-zpravy（最終閲覧二〇二〇年五月三日）

38 これらの研究成果は、チェコ国立文化遺産研究所リベレツ支部のデータベースを参照。http://previous.npu.cz/uop-li/dokumentacni-sbirky/; https://iispp.npu.cz/mis_public/homepage.htm（いずれも最終閲覧二〇二〇年五月三日）

39 P. Šternová, Minulost a současnost Liebiegova městečka v Liberci, in *Sborník Národního památkového ústavu v Ostravě 2010*, Ostrava: Národní památkový ústav, 2010, pp. 94-101; idem, Liebiegovo městečko v Liberci a jeho nejasná budoucnost, in *Technical monuments in Norway and the Czech Republic*, Ostrava: Národní památkový ústav, 2016, pp. 173-179; J. Mohr,

Liberecký územní plan Camilla Sitteho z roku 1901, in *Památky Libereckého kraje. Sborník Národního památkového ústavu, územního odborného pracoviště v Liberci*, 1, 2009.

40 P. Šternová（ed.）, *Liberec - po stopách Liebiegů; Jelení hora/Jelenia Góra - průmyslová architektura*, Liberec: Statutární město Liberec, 2015.

41 二〇一七年三月一〇日リベレツ市公式ＨＰ https://www.liberec.cz/cz/obcan/urad/odbory-magistratu/odbor-strategickeho-rozvoje-dotaci/aktuality/bude-z-liebiegova-mestecka-pamatkova-zona.html（最終閲覧二〇二〇年五月三日）、二〇一七年六月一五日『私たちのリベレツ』http://nasliberec.cz/aktuality-a-zajimavosti/2868-bude-liebiegovo-mestecko-nakonec-pamatkovou-zonou（最終閲覧二〇二〇年五月三日）

42 二〇一八年七月二四日『今日』https://www.idnes.cz/liberec/zpravy/liberec-majitele-historicke-domy-opravy-korupce.A180724_100954_liberec-zpravy_jape（最終閲覧二〇二〇年五月三日）、二〇一七年五月一七日リベレツ市公式ＨＰ https://www.liberec.cz/cz/obcan/aktuality/zpravy-z-mesta/do-navrhu-nove-pamatkove-zony-promluvi-verejnost.html（最終閲覧二〇二〇年五月三日）

43 M. Jemelka, O. Ševeček, *Tovární města Baťova koncernu: evropská kapitola globální expanse*, Praha: Academia, 2016.

44 笹島秀晃「創造都市と新自由主義――デヴィッド・ハーヴェイの企業家主義的都市論からの批判的視座」『社会学年報』四一巻、二〇一二年、七九～八九頁。東欧諸国の例では、市内に二〇〇体の「小人の像」を設置することで、観光資源として歴史を組み込み、投資を呼び込んだポーランド・ヴロツワフ市の「新自由主義的」な都市政策が挙げられる。H. Cervinkova The Kidnapping of Wroclaw's Dwarves: The Symbolic Politics of Neoliberalism in Urban East-Central Europe, *East European Politics & Societies* 27（4）, 2013, pp. 743-756.

45 菅原祥『ユートピアの記憶と今――映画・都市・ポスト社会主義』京都大学学術出版会、二〇一八年、二三六～二三八頁。

第12章

サラエヴォ事件の黒幕を求めて

オーストリア第一共和政における開戦責任論争

村上　亮

サンジェルマン城

出所）筆者撮影。

1　第一次世界大戦の開戦責任問題とオーストリア

(1)「自衛」戦争としての第一次世界大戦

オーストリア＝ハンガリー（以下、一部をハプスブルクと表記）は皇位継承者フランツ・フェルディナント大公夫妻の暗殺から一か月後の一九一四年七月二八日、セルビアに宣戦布告した。これに伴って列強諸国が連鎖的に参戦に踏みきった。しばらく後、アメリカ駐在ハプスブルク大使C・T・ドゥンバは一つの論考を公にする。ここで彼は、両国の衝突の背後にロシアの存在を指摘した。つまりセルビアの反オーストリア＝ハンガリーへの方針転換がロシアの影響によること、ロシアがオーストリア＝ハンガリー国内のスラヴ民族を煽動していることに触れつつ、セルビアをロシアがオーストリア＝ハンガリーに向けた「魚雷」になぞらえた。以上を踏まえてドゥンバは、サラエヴォ事件への中途半端な対抗策は危険を増幅させるとして開戦を根拠づけた[1]。セルビアとロシアとの戦争を自ら正当化する論理をここに看取できるだろう。

すでに知られているように、大戦に参戦した各国政府は、防衛戦争という側面を強調するために「色本」と呼ばれる外交文書を刊行した。オーストリア＝ハンガリーの『赤本』によれば「オーストリア＝ハンガリー帝国の唯一の目的は、われわれの王朝に向けられた、そしてセルビアの革命的な策動に起因するわれわれの領土に対するセルビアの爆弾の脅威に終止符を打つことにある。この目標の達成は、わが帝国の死活的問題であった」と記している[2]。他国と同様、ハプスブルク帝国でも学者の「精神的動員」[3]が行われ、自衛戦であることが力説された。

大戦の開戦責任をめぐっては、これまでに膨大な数の研究が蓄積されてきた。一連の経過においてはドイツの責任が重視されてきた一方、最初に宣戦布告したオーストリア＝ハンガリーはその陰に隠れてきた。実際、開戦に際してドイツの軍人や文民政治家が抱いていた世界帝国への野望を喝破するとともに、第二帝政期からヒトラーに至る連続性を唱えたフリッツ・フィッシャー『世界強国への道』をめぐる論争ではドイツに対する従属的な役割が割り当てられたため、大戦勃発におけるオーストリア＝ハンガリーの役割は不明瞭にされてきたといえる。[4]

(2) ハプスブルクの開戦決断に関する研究動向

ウィーンが宣戦布告に至る道程については、以下の三つの問題を列挙しておきたい。第一は、セルビアとの外交関係がボスニア・ヘルツェゴヴィナ併合以来悪化していたものの、ハプスブルクがセルビアとの戦争に舵を切った契機はサラエヴォ事件だったこと。第二は、その際にドイツによる無制限の支持、いわゆる「白紙小切手」が不可欠だったが、サラエヴォ事件から大戦までの時期（「七月危機」）の大半において主導権を握っていたのはベルリンではなくウィーンだったこと。第三は、ウィーンはベオグラード政府の暗殺への関与を疑っていたが、実際に支援したセルビア国内の民族主義的組織「統一か死か（黒手組）」を見抜けず、「民族防衛団」と誤認したことである。[5] 暗殺にまつわるウィーン側のベオグラード政府への疑念は「世界史における最大級の誤り」[6]とさえ評される。

これに関連していえば、ハプスブルクがセルビアに手交した最後通牒（一九一四年七月二三日）は、開戦の口実を得るために故意に拒絶を誘う厳しい内容であったが、ハプスブルクの思惑とは裏腹にセルビアが一連の要求をほぼ全面的に受諾したと説明されることが多かった。すなわち、ハプスブルクがセルビアの妥協的な態度を無視し、戦争に歩を進めたと見なされてきたのである。しかしながら、ドイツの責任を免じるとともに、ロシアとセルビアに批判の矛先を向けたC・クラークはかかる見方に異見を唱えており、これに限っては筆者も同意する。[7] クラークの立場に近いT・R・E・パドックは、ハプスブルクがバルカン戦争の際にセルビアを最後通牒によって屈服させた「軍事外交」の有効性を察知したことに触れたうえで、七月危機の段階ではセルビアとの戦争以外の選択肢がなかったこと、セルビアの後ろ盾となったロシアとフランスがウィーンにとって満足できる解決策を拒否したため、戦争に至ったことを書いている。[8]

(3)「最後通牒」と開戦責任問題

E・H・カーが「近代に締結された他のすべての条約に比べて、ヴェルサイユ条約における命令的要素は明白であった」[9]と記したように、パリ講和会議において戦勝国側とハプスブルク帝国の継承国家と見なされたドイツオーストリアが締結したサンジェルマン条約も、勝者により強要されたものであった。また、同条約第一七七条にはヴェルサイユ条約第二三一条と同じく、いわゆる「戦争責任条項」が盛り込まれている。通説的にはドイツとは異なり、オーストリアでは戦争(開戦)責任をめぐる議論は起きなかったとされ、サンジェルマン条約締結に際して開戦責任が問われたことの意義も検証されてこなかった。[10]オーストリアによる開戦責任への反論、具体的には戦前の外交文書集の編纂、開戦時のロシア外務相セルゲイ・サゾーノフの回顧録(『難しき六年間』)に対抗し、旧帝国の開戦責任を否定するために編まれた『サゾーノフ包囲網』の刊行は、先行研究において十分に注意されていない。[11]

本章で取り上げるのは『サゾーノフ包囲網』に寄稿した一人、ハプスブルクの元外交官F・ヴィースナー(一八七一～一九五一)である。彼は七月危機の際に共通外務省における国際法係官を務め、先述の最後通牒の正当性を各国に説明するための「覚書」を執筆した。[12]ヴィースナーは帝国崩壊後、なかんずく一九二〇年代には、オーストリアに帰せられた開戦責任の不当さを訴える論陣を張ることになる。開戦責任に関しては、大戦勃発時には各国の交戦権を規制する法規がなかったものの、「ヴェルサイユ条約第二三一条とそれと類似するサンジェルマン条約、トリアノン条約における条項が(開戦責任をめぐる)一連の法的問題について、大戦勃発に遡及する新たな規制を生み出した」とする。そのうえで、国際法の観点から、強制的に締結された条約の有効性に疑問を投げかけた。[13]大戦勃発に関しては、セルビアの領土回復運動の脅威に触れつつ「オーストリア＝ハンガリー政府が最後通牒においてセルビアに突きつけた諸々の非難は、まったくもって確固たるものであった」[14]と記し、その強硬姿勢を弁護したのである。

ヴィースナーがこれらの論考を書いた背景には、彼の手になるサラエヴォ事件に関する現地調査の報告(一九一四年七月二三日、以下、急送公電）をめぐって、彼が両大戦間期に「無能かつ無力」「きわめて不器用」そして「セルビア潔白の擁護者」などの非難の矢面に立たされたことが想起される。[15] ヴィースナーはどのような理由で非難を受け、それにいかにして立ち向かったのであろうか。当時サラエヴォ事件に関するセルビア政府の関知と連帯責任がヴェルサイユの戦争責任論を根本から揺るがす「アルキメデスの点」[16]と見なされた点に鑑みると、事件の背後関係の解明は重要な意義を有していたといえるだろう。

以上の内容を踏まえ本章では、まずサンジェルマン条約の制定過程と、その中で開戦責任が認定されるまでの経過をやや詳しく跡づける。そのうえで、ヴィースナーによるサラエヴォ事件にまつわる一連の反論文書を検討する。これらの作業を通じて、一九二〇年代オーストリアにおける開戦責任論争の一端を明らかにしてみたい。

2　サンジェルマン条約と開戦責任問題

(1)　ドイツオーストリア共和国の窮状

大戦勃発直後、オーストリア＝ハンガリーにおいても他の参戦国と同様に「城内平和」体制が構築され、皇帝の権限に基づく「戦時専制」[17]が導入された。しかしそれは国内外の情勢悪化の中で綻びはじめ、一九一八年に入ると急激に瓦解した。同年一月末、ハンガリーやガリツィアに始まったストライキはトリエステからクラクフに至る諸都市に広がり、オーストリア各地の武器工場や車両工場、造船所、鉱業の労働者など約七〇万人が参加したという。この原因として、ロシア革命に加え、ブレスト＝リトフスクに触発された講和への期待、選挙権の民主化や軍国主義化への反対に見られる社会主義化の進展、食糧不足をはじめとする物質的な窮乏が考えられる。[18]

大戦中に二回にわたって共通外務相を務めたI・ブリアーンは、後に「協調に基づく講和」[19]が外相再任時の唯一の目的であったと述懐する。彼はドイツとの合同会議（一九一八年九月五日）において、終戦工作を速やかに進める必要について「われわれは、臣民や世論が平和を要求し、そのために動くように望んでいることを座視できない」と弁じたという。そして議事録には次のように記されている。

さらなる沈黙は平和を切望し、苛立ちを募らせている世論に取返しのつかない雰囲気を誘発するに違いない。予定されている〔講和〕措置が焦眉の急である別の理由として、ブリアーンは政治的要因によってさらに悪化した絶望的な経済状況を挙げた。つまり食糧、衣服、家畜、あらゆる原材料の欠乏、補充兵員の不足ゆえに戦争のさらなる遂行は考えられない。[20]

もっとも、食糧供給については戦争終結後も危機的状況が続いた。ドイツオーストリア共和国の外務大臣O・バウアーにとって、連合国側からの食糧支援が不可欠であったことは明白といえよう。[21]

(2) パリ講和会議における開戦責任問題

一九一九年一月より始まったパリ講和会議には、「戦争を始めた者の責任および処罰の執行に関する委員会」(以下、戦争責任委員会)が設置された(一九一九年一月二五日)。アメリカ国務長官R・ランシングが議長を務め、五大国から二人ずつ、特にこの案件にかかわるベルギー、ギリシア、ポーランド、ルーマニア、セルビアから一人ずつ、合計一五人の委員から構成された。[22] S・R・ウィリアムソンは、ルシタニア号事件やツィマーマン電報事件によるアメリカ国内の対独感情の悪化を踏まえ、アメリカの外交官がヴェルサイユ条約の「戦争責任条項」において主な役割を演じたことは不思議ではないと論じる。またドイツからの賠償金は、アメリカが戦時中にイギリスやフランスに貸し付けた借款返済にも寄与するというアメリカ側の企図にも言及する。[23]

戦争責任委員会による報告書は、以下のようにまとめられる。①ドイツ皇帝ヴィルヘルム二世は、サラエヴォ事件以前より「平和の擁護者」ではなかったこと、②一九一四年七月五日のポツダムにおける「決定的な協議」（「白紙小切手」の振り出し）はセルビアに対し、非常に短い期限のきわめて強硬な内容の最後通牒の手交を決定したこと、③最後通牒は、ドイツとオーストリア＝ハンガリーが共同で作成したこと、④セルビアは作成者の期待に反し、一つの留保を除いて通牒の要求をすべて受け入れたこと、⑤ドイツは、ロシアとイギリスによる最後通牒の返答期限の延長要請を拒否したこと、⑥ドイツ政府が妥協の試みを組織的に破壊したことである。[24]

かかる理由に基づき、ドイツとオーストリア＝ハンガリーに開戦責任が認定された。すなわち大戦は、独墺両国とその同盟国トルコとブルガリアによって前もって計画され、これを不可避にするための行為の帰結であること、ならびに独墺両国が、協商国による和解の試みと戦争回避に向けたあらゆる努力を故意に水泡に帰せしめたことが明記された（同年三月二九日）。[25] もっとも後の研究が明らかにしたように、上記の中で②、③については誤りであり、④についても前述の通り疑義が呈されている。

同委員会が上記の決定を下すうえで、いくつかの文書が証拠として採用された。特にセルビアが提出した四つの文書のうちの一つが先述の急送公電である。同委員会報告書のアメリカ側の留保意見書（一九一九年四月四日）に収められた文書は以下のものである。

セルビア政府が〔大公の〕暗殺とその準備、武器の輸出に加担したことは証明されておらず、それは推測の域を出ない。むしろその可能性を排除する根拠がある。[26]

しかしセルビアから提出された急送公電は、セルビア側による暗殺犯への武器の提供や不法入国の幇助などを削除したものであり、本来の五一行から四行に大幅に縮減されていたにもかかわらず受理された。サラエヴォ事件がオーストリア＝ハンガリー臣民の犯行であり、セルビアの名誉を傷つけるものではない点、ウィーン側のセルビア人による加担の疑いに対し、セルビア政府が捜査協力の意向を有していた点が報告書に記された要因を考えるうえで、「無罪証明」としての急送公電は不可欠だろう。[27]

(3)「不当な?」サンジェルマン条約

講和条約の締結にあたり、戦勝国側はあくまでドイツとの条約交渉を優先したため、ドイツオーストリア共和国との折衝は大きく遅れた。実際に旧帝国から独立したチェコスロヴァキア、ポーランドなどを除いた領土に関する処遇は講和会議の当初には決まっていなかった。そのためサンジェルマン条約の起草も大幅に遅れ、ドイツオーストリア側に条約草案が手交された時点(六月二日)においても、イタリアやユーゴスラヴィア王国に関する条項、財政や軍事、賠償に関する項目は未完成であった。[28]同草案については、国際連盟規約や経済条項をはじめとする項目はヴェルサイユ条約から寄せ集められた「パッチワーク」[29]にたとえられている。また民族自決の原則にもかかわらず、旧帝国のドイツ人およそ一〇〇〇万人のうち、四〇〇万人がオーストリア以外の継承諸国に帰属させられたうえ、領土割譲を強いられたように、概して過酷な内容であったことは間違いない。

さらにドイツオーストリア代表K・レンナー宛の条約前文(一九一九年九月二日)には、最後通牒と関連づけるかたちでオーストリア＝ハンガリーの開戦責任が明記されている。

> オーストリア国民はその隣人、ハンガリー国民とともに最近五年間にわたってヨーロッパを苦しめた不幸についての大きな責任がある。戦争は、軽率にも最後通牒によって引き起こされた。それはウィーン政府がセルビアに対して、隣接する主権国家の独立を根絶せしめんとする四八時間という回答期限とともに突きつけた一連の要求である。セルビア王国政府は期限内に、自国の独立性を侵害しかねない条項以外のすべての要求を受け入れた。それにもかかわらず、オーストリア＝ハンガリー政府はセルビアの回答に基づくあらゆる交渉の提起、和解の提案を拒絶し、即座にセルビアに対する戦争

を始めた。このような熱慮のうえで、世界大戦へと至る道が切り開かれた。今や最後通牒は戦争を始めるための偽善的な口実にすぎないことは明らかである。戦争は以前の〔オーストリア＝ハンガリーの〕独裁的政府がドイツの権力者との密接な了解の下で長い時間をかけて周到に準備され、その火ぶたを切る時機が到来したと判断された。[30]

ドイツオーストリア共和国がハプスブルク帝国の継承国家とされ、その開戦責任が追及された諸理由は、以下のように整理できる。①開戦当時のウィーンにおける熱狂的な歓迎に見られるように戦争への抵抗がなく、オーストリア人は一貫して「熱狂的な戦争の同調者」だったこと、また戦争中に同盟国との分断をはかる試みもなかったこと、②戦前のオーストリア＝ハンガリーの政策は、ドイツ人とマジャール人による支配の創出、軍事的伝統を伴う専制体制を目指すものであったこと、かかる支配と圧政が戦争の最も根本的な原因であること、③これが旧帝国の周縁地域における領土回復運動を生みだしたこと、この結果、オーストリア＝ハンガリーはドイツへの依存を深め、それがコンスタンティノープルと近東への進出の障害となる独立国セルビアの自由を奪う政策を余儀なくされたことである。そのうえで「オーストリア国民は講和の調印まで敵国民であり続ける」との一文さえ添えられた。[31]もっとも「オーストリア人」の定義は曖昧であるうえ、開戦の報に歓喜し、戦場に向かったのはドイツ人（とマジャール人）だけではなかった。旧帝国の政策に関する理解にも疑問なしとしない。少なくとも以上の主張は、ドイツオーストリアにとっては不当と思われたこと、ハプスブルクに対する「諸民族の牢獄」という非難、あるいは最後通牒に関する通説の起原がここに認められることを確認しておきたい。

レンナーは、ドイツオーストリア共和国が一九一四年の時点で存在しておらず、それゆえ開戦責任はないと考えていたものの、講和会議においてそれを貫徹しうる立場にはなかった。フランス首相G・B・クレマンソーによる開戦責任の強調や国内の物質的危機も相まって、レンナーに交渉の余地はほとんど残されていなかったからである。サンジェルマン条約はオーストリア議会において批准されるとともに（同年一〇月二一日）、ドイツオーストリアはオーストリアへと国名を強制的に変更させられた。[32]

かかる経緯で誕生したオーストリアの将来はきわめて悲観的に捉えられていた。講和会議のオーストリア代表の一員F・クラインは、共通経済圏の崩壊や、負債と賠償による経済的な負担を踏まえ、独立国としてのオーストリアの存続に危機感を募らせていた。彼は戦勝国がオーストリアの政治的・国家的な抹殺と経済的・財政的な無力化、すなわち「生かしも殺しもしない」ことが目指されたと記したうえで、サンジェルマン条約の改正は「不可避」と結んでいる。[33] ここに条約への強い反発を見てとれるだろう。

3 開戦責任論争における潮目の変化

(1) ヴィースナーに対する非難の激化

ヴェルサイユ条約調印後から始まった、外交文書集『グローセ・ポリティーク』の刊行をはじめとするドイツの「無罪キャンペーン」は、参戦各国の集団責任論への道筋をつけたという点で「成功」したといえる。[34] この潮目の変化を生じさせた要因の一つとして、敗戦国の単独責任論に疑義を投げかけたS・B・フェイによるセルビア有責論の提起は無視できない。[35]

この中で、セルビアの「無罪」を立証した急送公電を作成したヴィースナーへの風当たりが強まった。開戦時のオーストリア＝ハンガリー軍参謀総長F・コンラート・フォン・ヘッツェンドルフは、回顧録において急送公電を引用しつつ、「ヴィースナー氏は、もっとも愚かなボスニア人でさえはっきりと認識している以下の事実に目を閉ざしているといえる。つまり『民族防衛団』と暗殺の関係、『民族防衛団』へのセルビア政府の後援、すなわちセルビア政府の共同責任である」[36] と書きつけた。以上に加え、先述の『サゾーノフ包囲網』においてもヴィースナーは批判を浴びた。同書の編者E・シュタイニツは、ヴィースナーがサラエヴォにおいてより時間をかけて広範な調査をすべきであったとしたうえで、ヴィースナーのいうセルビア政府の「無関係」はセルビアの公職者の違反行為に関する記述と矛盾すると記している。[37]

ヴィースナーが自身の急送公電によって陥った苦境については、両大戦間期に七月危機の当事者たちと会談したB・E・シュミットの証言を引いておこう。

〔現地調査の際に〕ヴィースナーは可能であれば、セルビア政府がかかわった証拠の発見を期待されていた。しかし彼はその手がかり、つまりセルビア政府の関与を裏づける明確な証拠をつかめず、その旨をウィーンに報告した。戦後、彼の報告は公表されてしまった。さらに電報の内容にもかかわらず、オーストリア＝ハンガリー政府がセルビアに戦争を仕掛ける目的を推し進めたような印象を与えた。〔中略〕ヴィースナーが私に語ったところでは、彼の電報は曲解されたという。ヴィースナーは調査で得られた証拠に基づき、サラエヴォでの暗殺の道義的責任がセルビア政府にあることを個人的には確信していた。しかしこの証拠は法に基づく裁判では採用されないと判断し、セルビアに突きつけることには消極的であった。ヴィースナー曰く、ウィーンに戻った後にこの旨を伝えた。そしてウィーンの外交当局が、故意にセルビア政府を無罪とした彼の主張を無視したとの批判を不当と見なした。ヴィースナーは勝利側、敗北側の両陣営を含めて私が話したすべての人々の中で、もっとも悲劇的な人物である。[38]

彼は急送公電に端を発する窮地をいかに打開したのだろうか。

(2) 戦争責任委員会への批判

管見の限りでヴィースナーによる最初の反論は『ノイエ・ライヒ』への寄稿である。[39] ここでの彼の論点は二点にまとめられる。第一は、ウィーンがサラエヴォ事件の前に戦争を決断していなかったことである。ヴィースナーはあらかじめセルビアへの侵略戦争を決断していたのであれば「大セルビアに関する文書を事前に集約、整理しており、――運命の瞬間を迎えたときに――政治的策略を欠く状況にならなかったであろう」[40]と反駁した。また七月危機におけるオーストリア゠ハンガリーの行動は正当なものであり、最後通牒は入念な調査に基づき作成されたとする。

第二は、戦争責任委員会への非難である。彼は同委員会が「大セルビア運動」に言及せず、セルビアを独墺両国の完全な犠牲者と位置づけたことを批判した。自身の急送公電の改竄はセルビアによるとしながらも、アメリカ代表団が情報源を確認しなかった怠慢に「著者が原典を確認することなく、他人による引用を引き写すような歴史叙述は、さらに長期間にわたって戦争責任問題の解決を妨げる災厄となるだろう」[41]と抗弁した。さらにセルビアによる最後通牒の全面受諾との認定にも異議を唱える。ヴィースナーから見ると、これこそ「オーストリア゠ハンガリーに下され、世界史上もっとも重大な司法殺人といえる死刑判決」[42]だった。パリ講和会議において開戦責任を否認しなかったレンナーへの指弾は、ヴィースナー自身への批判を念頭に置いたものと考えられる。

ヴィースナーの怒りの矛先は、アメリカ代表団にも向けられた。歪曲された急送公電のアメリカ代表団による不適切な利用の後も「不治の病」のごとく伝わり、「きわめて明白な罪の証拠」として使われたと論じる。さらに急送公電がプロパガンダ的な文献のみならず、元イギリス首相H・H・アスキスのような真摯な著作家にも用いられていることに強い不満を漏らした[43]。彼は急送公電の流出経路については、サラエヴォを占領したセルビア軍からと推測したうえで、アメリカ代表団に三つの疑問を呈した。すなわち、①急送公電の入手先、②入手した急送公電の形状、③急送公電を一部しか入手していない場合、その原本の確認の有無である[44]。

(3) サラエヴォ事件とセルビア政府の関係

続いてサラエヴォ事件の背景に関するヴィースナーの主張を『戦争責任問題』に掲載された彼の論考からたどってみよう。彼は問題を以下の二点、先述のセルビアに対する最後通牒と暗殺をめぐる状況に絞り込んでいる。

ヴィースナーは、大セルビア運動について、ハプスブルク帝国内の南スラヴ地域の分離運動をセルビア政府が放置したと見る。具体的にいえば、セルビア政府は「民族防衛団」に代表される諸団体の活動を黙認していた。さらに彼は、国家機関や官僚、軍人らがその運動に参画しており、メディアもその一翼を担っていたこと、セルビアの公教育がプロパガンダに加わっていることも指摘した。[45]

大公の暗殺については、①暗殺計画がベオグラードにおいて事件の実行犯プリンツィプ、チャブリノヴィチ、グラベジュにより、セルビア軍少佐タンコシチとセルビア国鉄職員チガノヴィチの協力の下で立てられたこと、②暗殺に用いられた拳銃と爆弾はこの両名から供与され、使用法を訓練されたこと、③ボスニアに潜入する際には両名の支援に加え、セルビア税関官吏グルヴィチの手引きがあったことが記されている。ヴィースナーはセルビアの公職者による幇助を強調したといえる。[46]

続いて暗殺をめぐる現状をおさえておく。セルビア政府は当初より暗殺に関知しない旨を明言し、フランツ・フェルディナント大公夫妻の殺害はハプスブルク支配に対する不満の表出と主張してきた。[47]これに対してヴィースナーは反論を加えてゆく。暗殺計画については、セルビア軍諜報部長D・ディミトリエヴィチ（通称アピス）によるイニシアティヴで立案され、プリンツィプら「青年ボスニア」を単なる実行犯と位置づけた。前述のように武器の調達は「黒手組」によるものとされ、ディミトリエヴィチの命令のもと、チガノヴィチの仲介を経てタンコシチから実行犯に引き渡されたという。[48]

またセルビア政府は、大公暗殺について何らかの情報を得ていながら、ウィーン駐在公使J・ヨヴァノヴィチに曖昧な警告しか伝えさせなかった。つまりヨヴァノヴィチはボスニア統治を職掌する共通財務相L・ビリンスキに大公の訪問中止を希望したにとどまったのである。[49]ヴィースナーはサラエヴォ事件時にセルビア内閣の一員だったL・ヨヴァノヴィチによる後年の証言などを勘案し、セルビア政府は大公の暗殺計画を遅くとも一九一四年五月末か六月初旬には把握したと判断する。かかる理由から、ヴィースナーは暗殺を阻止するためにできる限りの安全措置を講じたとするL・ヨヴァノヴィチの主張を退けた。[50]

以上を踏まえてヴィースナーは、解明されていない点があることに同意しつつも「セルビア政府にフランツ・フェルディナント大公暗殺の完全な責任があり、それゆえ――開戦責任について語るならば――暗殺が戦争につながっている限りにおいて開戦の責任を負う」と結論づけた。[51] すなわち暗殺へのセルビア政府の直接的な関与ではなく、暗殺の背景となったプロパガンダの奨励や複数の官吏や軍人による暗殺への支援、暗殺計画の通報の怠慢を非難したといえる。彼は以上のような筋書きを描くことでハプスブルク帝国の戦争を正当化したのである。

4　未完の論争のゆくえ

(1)　今日の開戦責任問題との関連性

K・H・ヤラウシュは、大戦の戦後処理について「中央同盟の〔ドイツ以外の〕国々はさらに厳しい条件の受諾を強いられた。なぜなら〔ハプスブルク帝国の継承国家である〕新たな国民国家群はまずもってそれらの国々を犠牲にして創られたからである」[52]と記す。この一節を念頭に置きシュミットのいうヴィースナーの「悲劇」をまとめるならば、改竄された急送公電がオーストリア＝ハンガリーの開戦責任を立証し、ひいてはその解体を根拠づけたことだといえる。ヴィースナー自身の言葉を借りれば「私の電報〔急送公電〕の誤った引用によって〔戦争責任委員会の〕アメリカ代表団は開戦責任問題に大きな混乱を引き起こし、君主国政府にまったくいわれのない非難を浴びせた」[53]。さらに急送公電の主旨がヴィースナーの意思とは異なる形で受け止められた点も付け加えるべきだろう。すなわちヴィースナーは急送公電において「セルビア政府に有利になるような確固たる立場を示したのではなかった」[54]にもかかわらず、彼の企図は正しく理解されなかった。

サラエヴォ事件にかかわるヴィースナーの主張は、あくまでハプスブルク側から論じられたものであるが、彼の慎

写真 12-1　カプティーナー教会に掲示されるフランツ・フェルディナント大公夫妻の墓碑
出所）筆者撮影。

重な見方への先述のコンラートらによる厳しい批判に鑑みると一定の信頼性は認められるだろう。なおヴィースナーの所論には、今日の研究状況に通じる要素が含まれている。すなわち大公暗殺の発案者や首謀者については断定できないものの、セルビアの複数の公職者が事件において一定の役割を演じたことである[55]。ここまでの内容に鑑みると、確かにセルビア政府が暗殺に直接かかわったわけではない。しかしながら、セルビアの公職者の支援やセルビア政府の怠慢なしにサラエヴォ事件の「成功」は考えられないことを明記してよいだろう。

(2)　オーストリアにおける開戦責任論争のその後

その後のオーストリアでは、外交文書集の編纂にかかわったL・ビトナーとH・ユーバースベルガーなどがセルビアへの批判を続けた。もっとも冒頭で言及したように、第二次世界大戦後は第一次世界大戦勃発をめぐる問題に従事する研究者がほぼ皆無の時代が見られた。その一因としては、ビトナーとユーバースベルガーのナチへの傾倒が想起されるだろう[56]。一九五五年に独立を回復したオーストリアが永世中立国となったことも顧慮せねばなるまい。つまり「冷戦期の平和的で中立のオーストリアは、ハプスブルク帝国の断固たる態度を閑却する傾向を生み出した」[57]。その一方、セルビアの立場は旧ユーゴスラヴィア内戦やコソヴォ紛争を通じて悪化することになる。自身の著書でセルビアを扱き下ろしたクラークはこの文脈に置くべきであろう。[58]

昨今のオーストリアにおいても、大戦の開戦責任を否定的に捉える論者が存在する。その一人であるA・ズパンは、ハプスブルクがセルビアを除けば宣戦布告をされた側であり、開戦責任の追及は矛盾したものとする。そのためオーストリアやハンガリーに課された戦争責任を「悪名高い」ものと見なすのである。[59] この問題については、サラエヴォの犠牲者フランツ・フェルディナント大公夫妻の墓碑に目を向けてみたい。大公夫妻は彼の居所アルトシュテッテンに葬られており、ハプスブルク家の墓所カプティーナー教会には写真12‐1の墓碑（一九八六年）が掛けられている。ここに刻まれている、大公夫妻を「第一次世界大戦の最初の犠牲者」とする一節は、旧帝国の開戦責任に対するオーストリアの消極的な態度を示す。P・ミラーが的確に言いあてたように「結局のところ、オーストリア人が第二次世界大戦の開戦責任を回避しえないとしても、第一次世界大戦については、神話化された帝国の責任を受け入れる用意はほぼなかった」。[60] そしてその見地は、理想化、あるいは神話化されたハプスブルク像が目立つ今日においても概ね続いているように思われる。

注

1 C. T. Dumba, Why Austria is at War with Russia, *The North American Review*, 200 (706), 1914, pp. 346-352. 開戦当初のオーストリア＝ハンガリーでは、戦争の主な責任がロシアにあるという認識で一致していたという。G. Ramhardter, *Geschichtswissenschaft und Patriotismus: österreichische Historiker im Weltkrieg 1914-1918*, Wien: Geschichte und Politik, 1973, p. 13.

2 *Österreichisch-ungarisches Rotbuch: Diplomatische Aktenstücke zur Vorgeschichte des Krieges 1914*, Wien: Manz, 1915, p. 6.

3 H. J. W. Kuprian, Die Pariser Friedensverträge und die österreichische Geschichtswissenschaft während der Zwischenkriegszeit, *Mitteilungen des Instituts für Österreichische Geschichtsforschung*, 114, 2006, p. 130.

4 S. R. Jr. Williamson and E. R. May, An Identity of Opinion: Historians and July 1914, *The Journal of Modern History*, 79（2）, 2007, p. 353; G. Kronenbitter, Keeping a Low Profile: Austrian Historiography and the Fischer Controversy, *Journal of Contemporary History*, 48（2）, 2013, p. 342.

5 村上亮「オーストリア＝ハンガリー二重君主国による『最後通牒』（一九一四年七月二三日）再考――F・ヴィースナーの『覚書』にみる開戦決断の背景」『境界研究』七号、二〇一七年、三〜五頁。

6 M. Schneider, *Das Attentat: Kritik der paranoischen Vernunft*, Berlin: Matthes & Seitz, 2010, p. 374.

7 村上亮「第一次世界大戦をめぐる開戦責任問題の現在――クリストファー・クラーク『夢遊病者たち』によせて」『ゲシヒテ』一二号、二〇一九年、三五〜四三頁。

8 T. R. E. Paddock, *Contesting the Origins of the First World War: An Historiographical Argument*, Abingdon: Routledge, 2020, pp. 40-61.

9 E. H. Carr, *International Relations Between the Two World Wars: 1919-1939*, London: Macmillan, 1950, p. 4.

10 F. Fellner, Der Vertrag von Saint Germain, in Ders, *Vom Dreibund zum Völkerbund: Studien zur Geschichte der internationalen Beziehungen, 1882-1919*, Wien: Verlag für Geschichte und Politik, 1994, p. 295; L. Rathmanner, Die Pariser Friedensverhandlungen und die deutschösterreichische Friedensdelegation, *Zeitgeschichte*（*Eine Friedensordnung für Europa?: Der Vertrag von St. Germain im Kontext der Pariser Vororte-Verträge*）, 46（3）, 2019, pp. 321-342.

11 一連の経緯については以下を参照。村上亮「一九二〇年代オーストリアにおける世界大戦をめぐる開戦責任論争――元ロシア外務大臣セルゲイ・サゾーノフの回顧録をめぐって」『九州歴史科学』四七号、二〇一九年、一〇九〜一一九頁。

12 J.-P. Bled, *L'agonie d'une monarchie: Autriche-Hongrie, 1914-1920*, Paris: Tallandier, 2014, p 78.『覚書』の内容、ならびにヴィースナーの経歴については村上「最後通牒」を参照。

13 F. R. von Wiesner, Zur Frage der rechtlichen Beurteilung des Versailler Vertrages, *Die Kriegsschuldfrage: Monatsschrift für internationale Aufklärung*, 5, 1927, pp. 187-192（引用は p. 188）以下、引用文中の〔　〕は引用者による補足を示す。

14 F. R. von Wiesner, Austria's Life and Death Struggle against Irredentism, *Current History*, 28, 1928, pp. 630-633（引用は p. 633）.

15 F. Würthle, *Die Spur führt nach Belgrad: die Hintergründe des Dramas von Sarajevo 1914*, Wien: Molden, 1975, pp. 139-140.

16 A. von Wegerer, Die Widerlegung der Versailler Kriegsschuldthese, *Die Kriegsschuldfrage*, 6, 1928, p. 14.

17 木村靖二「ドイツ革命とオーストリア革命」歴史学研究会編『強者の論理――帝国主義の時代（講座世界史　五）』東京大学出版会、一九九五年、二九九頁。

18 W. Bihl, *Der Erste Weltkrieg: 1914-1918*, Wien: Böhlau, 2010, pp. 209-210.

19 S. G. Burián, *Drei Jahre aus der Zeit meiner Amtsführung im Kriege*, Berlin: Ullstein, 1923, p. 275.

20 Haus- Hof- und Staatsarchiv Wien, Politisches Archiv I., Karton 505. Aufzeichnung über eine am 5. September 1918 unter Vorsitz Seiner Exzellenz des Herrn k. u. k Ministeres des Aeußern Grafen Burián stattgehabte Besprechung. 当時のオーストリア＝ハンガリーの状況については以下も参照。馬場優「オーストリア＝ハンガリー帝国の解体とウィルソン主義」『国際政治』一九八号、二〇二〇年、二一～三三頁。

21 H. Haas, Österreich und die Alliierten 1918-1919, in Wissenschaftliche Kommission zur Erforschung der Geschichte der Republik Österreich（ed.）, *Saint-Germain 1919: Protokoll des Symposiums am 29. und 30. Mai 1979 in Wien*, Wien: Verlag für Geschichte und Politik, 1989, p. 28.

22 Commission on the Responsibility of the Authors of the War and on Enforcement of Penalties, *The American Journal of International Law*, 14, 1920, pp. 96-97. この問題については以下の文献も参照した。大沼保昭『戦争責任論序説――「平和に対する罪」の形成過程におけるイデオロギー性と拘束性』東京大学出版会、一九七五年、三七～六九頁。

23 S. R. Jr. Williamson, July 1914 revisited and revised: the Erosion of the German Paradigm, in J. S. Levy and J. A. Vasquez（eds.）, *The Outbreak of the First World War: Structure, Politics, and Decision-Making*, Cambridge: Cambridge University Press, 2014, p. 31.

24 Commission on the Responsibility, pp. 99-104.

25 Ibid., p. 107.

26 Ibid., pp. 130-131.

27 Ibid., p. 99.

28 F. S. Marston, *The Peace Conference of 1919: Organization and Procedure*, London: Oxford University Press, 1944, pp. 200-214.

29 K. R. Stadler, *The Birth of the Austrian Republic: 1918-1921*, Leyden: A. W. Sijthoff, 1966, p. 47.

30 *Der Staatsvertrag von St. Germain samt Begleitnote vom 2. September 1919 und einem alphabetischen Nachschlagverzeichnisse*, Wien: Österreichische Staatsdruckerei, p. III.

31 Ibid., pp. III-IV.

32 J. Leonhard, *Der überforderte Frieden: Versailles und die Welt 1918-1923*, München: C.H. Beck, 2018, pp. 1064-1066; W. Rauscher, *Die verzweifelte Republik: Österreich 1918-1922*, Wien: Kremayr & Scheriau, 2017, pp. 139-140.

33 F. Klein, Der Friedensvertrag mit Deutschösterreich, in G. Anschütz et al.（eds.）, *Handbuch der Politik*, Bd. 2, Berlin: W. Rothschild, 1920, pp. 340-345. 戦後処理を厳しく批判したことで知られるジョン・メイナード・ケインズが、サンジェルマン条約についてもオーストリア側の怒りに理解を示したことを付記しておく。ケインズ『平和の経済的帰結（ケインズ全集　第二巻）』早坂忠訳、東洋経済新報社、一九七七年、一九五～一九六頁。

34 A. Mombauer, *The Origins of the First World War: Controversies and Consensus*, London: Longman, 2002, p. 106.

35 S. B. Fay, Serbia's Responsibility for the World War, *Current History*, 23, 1925-1926, pp. 41-48; idem, The Black Hand Plot that led to the World War, *Current History*, 23, 1925-1926, pp. 196-207.

36 F. G. C. von Hötzendorf, *Aus meiner Dienstzeit 1906-1918*, Bd. 4, Wien: Rikola, 1923, p. 82.

37 E. R. von Steinitz, Einleitung, in idem（ed.）, *Rings um Sasonow*, Berlin: Verlag für Kulturpolitik, 1928, p. 27.

38 B. E. Schmitt, *Interviewing the Authors of the War*, Chicago: Chicago Literary Club, 1930, pp. 22-23.

39 F. R. von Wiesner, Der Sarajevoer Mord und die Kriegsschuldfrage, *Das Neue Reich: Wochenschrift für Kultur, Politik und Volkswissenschaft*, 6（44）, 1924, pp. 969-976.

40 Ibid., p. 969.

41 Ibid., p. 974.

42 Ibid., p. 975.

43 F. R. von Wiesner, Der fälschte und der echte Text des Dokument Wiesner. *Die Kriegsschuldfrage*, 3, 1925, pp. 642-643.

44 Ibid., pp. 647-648.

45 F. R. von Wiesner, Die Schuld der serbischen Regierung am Mord von Sarajewo, *Kriegsschuldfrage*, 6, 1928, pp. 309-312. ヴィースナーは、別稿においてセルビア国内の有力紙『ポリティカ（Politika）』が外務省のスポークスマン的な役割を果たし、国内の反ハプスブルク的な風潮を煽っていたことを批判した。F. R. von Wiesner, Serbiens Kriegswille: Bekenntnisse der Belgrader "Politika", *Kriegsschuldfrage*, 7, 1929, pp. 355-360.

46 Wiesner, Die Schuld der serbischen Regierung, pp. 312-317.

47 Ibid., pp. 317-318.

48 Ibid., pp. 318-327. ヴィースナーは、セルビア政府がオーストリア＝ハンガリーの最後通牒で名指しされたチガノヴィチの存在を否定したが、実際には彼をダニロヴィチへと改名させ、セルビア国鉄に勤務させ続けていた旨を指摘する。F. R. von Wiesner, Milan Ciganović, *Kriegsschuldfrage*, 5, 1927, p. 1047.

49 Wiesner, Die Schuld der serbischen Regierung, pp. 355-362.

50 Ibid., pp. 362-372.

51 Ibid., p. 372.

52 K. H. Jarausch, *Out of Ashes: A New History of Europe in the Twentieth Century*, Princeton: Princeton University Press, 2015, p. 137.

53 Wiesner, Austria's Life and Death Struggle, p. 633.

54 F. R. von Wiesner, Meine Depesche von 13. Juli 1914, in Steinitz（ed.）, *Rings um Sasonow*, p. 184.

55 Paddock, *op. cit.*, pp. 50-51.

56 ビトナーは第二次世界大戦終結時に自殺し、ユーバースベルガーはベルリン大学を解雇された。両者の経歴については以下を参照。T. Just, Ludwig Bittner（1877-1945）Ein politischer Archivar, in K. Hruza（ed.）, *Österreichische Historiker: Lebensläufe*

und Karrieren 1900-1945, Bd. 1, Wien: Böhlau, 2008, pp. 283-305; A. Suppan und M. Wakounig, Hans Uebersberger（1877-1962）, in A. Suppan et al.（eds.）, *Osteuropäische Geschichte in Wien: 100 Jahre Forschung und Lehre an der Universität*, Innsbruck: Studien Verlag, 2007, pp. 91-165.

57 Kronenbitter, op. cit., p. 349.

58 セルビアに対する視線は、サラエヴォ事件の犯人G・プリンツィプの評価の変化とも連動する。村上亮「ガヴリロ・プリンツィプ像の過去と現在——第一次世界大戦開戦一〇〇周年からの回顧」『社会科学』四九巻四号、二〇二〇年、一三一〜一四一頁。

59 A. Suppan, Die imperatistische Friedensordnung Mitteleuropas in den Verträgen von Saint-Germain und Trianon, in H. Rumpler（ed.）, *Die Habsburgermonarchie 1848-1918*, Bd. 11-2, Wien: Verlag der Österreichischen Akademie der Wissenschaften, 2016, pp. 1326, 1340.

60 P. B. Miller, "The First Victim of the First World War": Franz Ferdinand in Austrian Memory, in P. Miller and C. Morelon（eds.）, *Embers of Empire: Continuity and Rupture in the Habsburg Successor States after 1918*, New York: Berghahn Books, 2019, pp. 304-306（引用はp. 305）.

あとがき

二〇二〇年はさすがに新型コロナウィルスへの対応で通常の形での開催は難しかったが、毎年八月になると皇帝家の別荘があったバードイシュルでは一八四八年から一九一六年まで皇帝であったフランツ・ヨーゼフの誕生日週間が盛大に祝われる。日曜日のミサが教区教会で行われるが、中に入れない人たちがそれぞれの衣装に身を包み、教会を幾重にも取り巻いている。ミサが終わるとハプスブルク家の後裔を先頭に、ハプスブルク時代のそれぞれの連隊の制服を着たもの、当時の役人の服装をしたもの、貴族になりきったものたちが別荘まで行進する。別荘に着くと各連隊が捧げ銃をしてハプスブルク家の末裔に敬意を表し、最後に一斉射撃をする。ハプスブルクノスタルジーそのままの光景がそこにある。

ところがハプスブルク帝国が崩壊して一〇〇年後の二〇一八年、最近の研究に即して帝国を総括するような企画はオーストリアでは見られなかった。オーストリア・アカデミーが第一次世界大戦と中東欧の再編に関するシンポジウム「時代の転換点を読み解く――ヨーロッパと世界から見た一九一八年」を開いたのはその年の一一月三日だった。一〇〇年前のその日、オーストリアはイタリアに停戦を申し入れた。オーストリアにとっての第一次世界大戦の終結だった。そこにオーストリアがドイツ史（一一月一一日、コンピエーニュにおける停戦）とは異なる第一次世界大戦の終結を主張しようとした意図があることは理解できる。そしてこのシンポジウムに参加していたハプスブルク帝国の継承国家の研究者にも、日付はそれぞれに違いがあったとしてもそれは共有できる認識だった。

その中で衝撃的だったのはエール大学のＪ・ウインターの提言だった。それは、「第一次世界大戦」は一九一七年に大きな構造転換（ロシアの革命、アメリカ合衆国、中国の参戦）を経験し、それを折り返し点として一九二三年ころまで続くというテーゼだった。そして一九一七年までを「第一次グレートウォー」そのあと一九二三年までを「第二次グレートウォー」と呼ぶことを提唱した。これはシベリアを中心にロシアで展開された戦争やソヴィエトとポーランドとの戦争を含めて一つの継続する戦争と捉えようとする見方で、シベリアで戦う旧ハプスブルク兵や中東欧の再編の過程における武力紛争を考えたとき、本来中東欧の研究者こそがその提唱者にならなければならない考え方だった。しかしこのシンポジウムに集った研究者が示したのはウインターに対する強い拒否反応だった。彼らが「代表する」継承諸国家は「一九一八年」が画期でなければ成立しない。ナショナルセルフディタミネーションが今日に至るまで人々の意識を拘束しているといえる。

本書はハプスブルクノスタルジーに陥るのでもなく、それぞれの国民史観に与するのでもなく、中東欧という多様な世界で展開される個々の社会の継続と断絶を見ることでこの地域の現代史を再構成しようとするものである。しかし一度個々の社会に分解したものを再構成して一つの歴史像を作り出す作業は容易なことではない。本書は「完成品」ではなくそのための「出発点」だといえる。しかし個々の論考が作る世界が二次元の世界だとすると、ほかの論考と組み合わせることによって三次元の世界が見えてくるはずである。そしてそれが可能になったのは、昭和堂編集部の工藤雅史氏の手腕によるところが大きい。記して謝意を表したい。

なお本書は日本学術振興会科学研究費助成事業基盤研究（A）（一般）研究課題名「一九一八～一九年像の再構築——継続と変容」（研究期間二〇一七年度～二〇一九年度）の研究成果に拠るものである。

編　者

■執筆者紹介（執筆順）

大津留厚（おおつる あつし）
＊編者紹介を参照。

野村真理（のむら まり）
金沢大学名誉教授。博士（社会学）。専門はヨーロッパ近現代史。主な著作に『ウィーンのユダヤ人――19世紀末からホロコースト前夜まで』（御茶の水書房、1999年）、『ガリツィアのユダヤ人――ポーランド人とウクライナ人のはざまで』（人文書院、2008年）ほか。

柴　宜弘（しば のぶひろ）
城西国際大学大学院国際アドミニストレーション研究科特任教授、東京大学名誉教授。西洋史修士。専門はバルカン近現代史、東欧地域研究。主な著作に『ユーゴスラヴィア現代史』（岩波新書、1996年）、『図説　バルカンの歴史』増補4訂新装版（河出書房新社、2019年）ほか。

米岡大輔（よねおか だいすけ）
中京大学国際学部准教授。博士（文学）。専門はハプスブルク帝国期のボスニア・ヘルツェゴヴィナ。主な著作に『近代・イスラームの教育社会史』（分担執筆、昭和堂、2014年）、「ボスニア・ヘルツェゴヴィナ文書館が燃えた日――内戦後の歩みの中で」（『歴史評論』783号、2015年）ほか。

辻河典子（つじかわ のりこ）
近畿大学文芸学部准教授。博士（学術）。専門はハンガリー・中央ヨーロッパ近現代史。主な著作に「『亡命者』によるパリ講和会議主導の中・東欧国際体制への対案――ペーチでのユーゴ軍占領継続要求運動をめぐって（1919-1921年）」（『東欧史研究』35号、2013年）、「ハンガリーにおける体制転換の公的記憶とその起点――『第三の共和国』をめぐって」（『文学・芸術・文化』（近畿大学文芸学部論集）30巻1号、2018年）ほか。

篠原　琢（しのはら たく）
東京外国語大学大学院総合国際学研究院教授。Ph.D.（歴史学）。専門はチェコを中心とする中央ヨーロッパ近現代史。主な著作に『国民国家と市民社会』（共編著、山川出版社、2009年）、『ハプスブルク帝国政治文化史』（共編著、昭和堂、2012年）、『ユーラシア世界第5巻　国家と国際関係』（共著、東京大学出版会、2012年）ほか。

桐生裕子（きりゅう ゆうこ）
神戸女学院大学文学部准教授。博士（学術）。専門は東中欧近現代史。主な著作に『近代ボヘミア農村と市民社会――19世紀後半ハプスブルク帝国における社会変容と国民化』（刀水書房、2012年）ほか。

ボシティアン・ベルタラニチュ（Boštjan BERTALANIČ）

城西大学現代政策学部准教授。博士（国際関係）。専門は国際関係論、ユーゴスラヴィア外交史。主な著作に『スロヴェニアを知るための60章』（分担執筆、明石書店、2017年）、*The 20th Century through Historiographies and Textbooks: Chapters from Japan, East Asia, Slovenia and Southeast Europe*（分担執筆、INZ、2018年）ほか。

飯尾唯紀（いいお ただき）

東海大学文化社会学部准教授。博士（文学）。専門はハンガリー近世史、東中欧地域研究。主な著作に『近世ハンガリー農村社会の研究——宗教と社会秩序』（北海道大学出版会、2008年）、The Religious Factor in Symbiosis in the Hungary-Slovakia Border Region（*Slavic Eurasian Studies*, 27, 2014年）ほか。

馬場　優（ばば まさる）

福岡女子大学国際文理学部教授。博士（法学）。専門は外交史。主な著作に『オーストリア＝ハンガリーとバルカン戦争』（法政大学出版局、2006年）、「オーストリア＝ハンガリー帝国の解体とウィルソン主義」（『国際政治』198号、2020年）ほか。

森下嘉之（もりした よしゆき）

茨城大学人文社会科学部准教授。博士（学術）。専門はチェコ・東欧近現代史。主な著作に『近代チェコ住宅社会史——新国家の形成と社会構想』（北海道大学出版会、2013年）、「『ヒトラーの新秩序』とその後がもたらした地域社会の変容——チェコ工業都市オストラヴァを事例に（1938-1948年）」（『歴史と経済』60巻3号、2018年）ほか。

村上　亮（むらかみ りょう）

福山大学人間文化学部准教授。博士（歴史学）。専門は近代ハプスブルク帝国史。主な著作に『ハプスブルクの「植民地」統治——ボスニア支配にみる王朝帝国の諸相』（多賀出版、2017年）、「第一次世界大戦をめぐる開戦責任問題の現在——クリストファー・クラーク『夢遊病者たち』によせて」（『ゲシヒテ』12号、2019年）ほか。

事項索引

あ行

か行

さ行

た行

な行

は行

ま行

や行

ら行

アルファベット

地名・国名索引

あ行

か行

さ行

た行

な行

は行

ま行

や行

ら行

人名索引

あ行

か行

さ行

た行

な行

は行

ま行

や行

ら行

■編者紹介

大津留厚（おおつる あつし）

1952年生。東京大学大学院社会学研究科国際関係論専攻博士課程単位取得退学。大阪教育大学教育学部助教授、神戸大学大学院人文学研究科教授を経て、現在、神戸大学名誉教授。国際学修士。専門はハプスブルク近代史。

主な著作：

『ハプスブルク帝国』（山川出版社、1995年）

『ハプスブルクの実験――多文化共存を目指して』（中公新書、1995年）

『民族』（編著、ミネルヴァ書房、2003年）

『中央ヨーロッパの可能性――揺れ動くその歴史と社会』（編著、昭和堂、2006年）

『青野原俘虜収容所の世界――第一次世界大戦とオーストリア捕虜兵』（共著、山川出版社、2007年）

『ハプスブルクの実験――多文化共存を目指して』増補改訂版（春風社、2007年）

『捕虜が働くとき――第一次世界大戦・総力戦の狭間で』（人文書院、2013年）

『ハプスブルク史研究入門――歴史のラビリンスへの招待』（共編、昭和堂、2013年）

The East Asian Dimension of the First World War: Global Entanglements and Japan, China and Korea, 1914-1919（分担執筆、Campus Verlag、2020年）

「民族自決」という幻影
――ハプスブルク帝国の崩壊と新生諸国家の成立

2020年11月30日　初版第1刷発行

編　者　大津留厚

発行者　杉田啓三

〒607-8494　京都市山科区日ノ岡堤谷町3-1

発行所　株式会社　昭和堂

振替口座　01060-5-9347

TEL（075）502-7500／FAX（075）502-7501

ホームページ　http://www.showado-kyoto.jp

印刷　モリモト印刷

ISBN978-4-8122-2001-6

＊乱丁・落丁本はお取り替えいたします。

Printed in Japan